重要事項＆用語　図解

最新 会社で使う
社会保険・給与計算・労務法律用語辞典

重要解説＋**用語辞典**の2つの機能を1冊に集約

社会保険労務士　加藤 知美　監修

「難しい」「複雑」「わかりにくい」

社会保険・労働保険から給与計算、労働法まで。
会社で扱う各種事務で必要な法律や制度の
全体像と知っておきたい法律用語が短時間でわかる！
平成28年3月の
雇用保険法、育児・介護休業法などの
法改正にも対応！

本書の特徴

【第1部】：
見開き構成で社会保険事務と
雇用管理に必要な基本43項目を
平易に解説

【第2部】：
これだけは知っておきたい！
実務上重要な約550用語を厳選収録。

【巻末】：日常業務で使う届出書式集

●本書で取り扱うおもな分野●
労災保険／雇用保険／健康保険／厚生年金保険／労働契約と就業規則／採用・退職の事務
／労働安全衛生／ストレスチェック／労働保険料の算定と納付／社会保険料の決定方法／
割増賃金の計算／年末調整／源泉徴収票の作成／マイナンバー制度

三修社

本書に関するお問い合わせについて
本書の内容に関するお問い合わせは、お手数ですが、小社
あてに郵便・ファックス・メールでお願いします。
なお、執筆者多忙により、回答に1週間から10日程度を
要する場合があります。あらかじめご了承ください。

はじめに

　会社には小規模なものから大規模なものまで様々な会社がありますが、どのようなタイプの会社であっても、組織を存続・繁栄させるために日々企業活動を行っている点では共通しています。会社の事業主や各部門の責任者は会社の存続・発展に必要な社内体制を整えなければなりません。企業において重要な課題の1つとなるのが雇用管理です。雇用管理においては社会保険や税金、労務の知識をふまえた上で労働者を取りまとめていくことが重要です。65歳定年や、平成28年10月に控えているパート労働者への社会保険適用の拡大など、社会の制度は日々変化していきます。経営者や管理監督者は労働者という「人」と協力し、かつ管理していく上で、必要になる各種のルールを理解していなければなりません。

　本書は、おもに雇用管理とかかわる社会保険や労務、税金についての基本事項を一から理解し、学ぶための入門実務書です。初めての人にもわかるように三部構成になっています。

　第1部では、社会保険の基本、社会保険料の算定、源泉徴収、年末調整といった事項について図解を用いて一から解説し、制度や実務上のポイントがイメージできるようにしています。ストレスチェックやマイナンバーなど比較的最近問題になってきた事項についても項目を置いています。また、平成28年3月に行われた雇用保険法や育児・介護休業法等の改正や、平成28年度の税制改正もふまえた上で記載を見直しています。第2部では、基本から応用まで知っておきたい重要用語を掲載しました。用語約550語を五十音順にカバーしているため、用語辞典としても活用していただくことができます。社会保険や給与計算では年金事務所などに一定の届出を行うことになりますが、採用・退職や給与計算など日常業務で用いる重要書式を第3部に掲載しました。

　本書をご活用いただき、企業の労務管理などに役立てていただければ監修者として幸いです。

　　　　監修者　エスプリーメ社労士事務所　社会保険労務士　加藤知美

Contents

はじめに

第1部　図解でわかる社会保険と雇用管理事務

1	公的社会保険制度の全体像	14
2	労働保険	16
3	労災保険	18
4	雇用保険	20
5	雇用保険の雇用継続給付	22
6	社会保険	24
7	健康保険	28
8	国民健康保険	30
9	厚生年金保険	32
10	在職老齢年金	34
11	労働契約	36
12	就業規則の作成・変更	38
13	採用時の社会保険関係の手続き	40
14	退職時の社会保険関係の手続き	42
15	産休や子どもの養育と社会保険料についての手続き	44
16	労使協定・労働協約	46
17	健康診断	48
18	ストレスチェック	52
19	パートタイマーの雇用管理	56
20	高年齢者雇用安定法と高齢者の雇用	58
21	会社員の税金	60

22	給与計算の流れとスケジュール	64
23	パート・アルバイトと源泉徴収	66
24	所得税における所得	68
25	給与所得控除	70
26	割増賃金	72
27	割増賃金の計算方法	74
28	欠勤・遅刻・早退と賃金	76
29	年次有給休暇	78
30	給与計算の準備	80
31	給与からの控除額の計算	84
32	労働保険料の算定と納付	86
33	社会保険料の決定方法	88
34	賞与の源泉徴収と社会保険料	92
35	退職金の税務	96
36	所得税・住民税の源泉徴収事務	100
37	住民税の徴収方法	104
38	年末調整	106
39	所得控除	110
40	税額控除	114
41	年末調整に必要な書類	116
42	源泉徴収票の作成	118
43	マイナンバー制度	120
Column	休職者がでた場合の給与計算事務	124

第2部 用語解説編

……あ……

アウトソーシング	126
あっせん	126
アルバイト	126
安全委員会	126
安全衛生管理規程	127
安全衛生教育	127
安全衛生推進者	127
安全衛生責任者	127
安全管理指針	128
安全管理者	128
安全配慮義務	128

……い……

ERP	128
育児・介護休業法	128
育児休業	129
育児休業給付	129
育児時間	129
意見書	129
遺族基礎年金	130
遺族厚生年金	130
遺族補償給付	130
一元適用事業	130
1年単位の変形労働時間制	131
一部負担金	131
1か月単位の変形労働時間制	131
1週間単位の変形労働時間制	131
一斉休暇	132
逸脱	132
一定期日払いの原則	132
一般拠出金	132
一般保険料率	132

医療費控除	132

……え……

衛生委員会	126
衛生管理者	133
衛生推進者	127
ADR	133
延滞金	133

……お……

乙欄	133
オワハラ	133

……か……

解雇	134
介護休業	134
介護休業給付	134
戒告	134
解雇事由	134
介護保険	134
介護補償給付	135
解雇予告	135
解雇予告の除外認定	135
概算保険料	136
改定請求	136
加給年金	136
確定拠出年金	136
確定申告	136
確定保険料	137
過重労働	137
課税所得	137
家族手当	137
家族埋葬料	137
家族療養費	137
合算対象期間	138

寡婦	138
寡夫	138
寡婦控除	138
寡婦年金	138
仮眠時間	138
仮処分	139
過労死	139
過労自殺	139
看護休暇	139
還付	140
管理職	140

……き……

企業年金	140
基礎控除	140
基本給	140
休暇	140
休業	141
休業手当	141
休業補償給付	141
休憩時間	141
休日	141
休日労働	141
休職	141
求職者給付	142
求職者支援制度	142
給付基礎日額	142
給与規程	142
給与計算	142
給与支払いの5原則	143
給与支払報告書	143
給与所得控除	143
給与所得者の	

扶養控除等異動申告書	143	公共職業訓練	149	財形貯蓄	155
給与所得の源泉徴収税額表	143	控除証明書	149	在職老齢年金	155
給与明細書	143	厚生年金基金	149	在宅勤務制度	156
協会管掌健康保険	143	厚生年金保険	149	最低賃金法	156
協議組織	144	公的年金	150	歳入徴収官	156
強制貯金の禁止	144	公的保険	150	裁判員休暇	156
強制適用事業所	144	合同労働組合	150	裁量労働	156
強制労働の禁止	144	高年齢求職者給付金	150	差額ベッド代	157
協定控除	144	高年齢継続被保険者	150	さかのぼり昇給	157
業務災害	144	高年齢雇用継続基本給付金	151	作業環境測定	157
金種表	145	高年齢雇用継続給付	151	作業主任者	157
......け......		高年齢再就職給付金	151	差引支給額	157
経過規定	145	高年齢者雇用安定法	151	三六協定	157
経過措置	145	公民権の行使	151	産業医	158
経過的寡婦加算	145	甲欄	152	産前産後の休業	158
刑事免責	145	高齢任意加入制度	152	算定基礎届	158
継続雇用制度	145	高齢任意加入被保険者	152	算定基礎届総括表	158
継続事業	145	国民健康保険	152	算定基礎日額	158
消印	146	国民年金	152	算定対象期間	158
月給	146	国民年金基金	153	暫定任意適用事業	159
減給	146	個人年金	153	......し......	
健康診断	146	個人番号	153	資格取得時決定	159
健康保険	147	個人番号関係事務実施者	153	資格の取得	159
健康保険組合	147	個人番号利用事務実施者	153	資格の喪失	159
健康保険被扶養者異動届	147	雇用	153	時間外労働	159
譴責	147	雇用確保措置義務	154	時間給制	160
源泉徴収	147	雇用継続給付	154	時間単位の年次有給休暇	160
源泉徴収簿	148	雇用調整	154	時季指定権	160
......こ......		雇用調整助成金	154	時季変更権	160
コアタイム	148	雇用保険	154	支給期間	160
高額医療・高額介護合算療養費	148	雇用保険二事業	154	支給制限	160
高額療養費	148	雇用保険料率	155	支給調整	160
後期高齢者医療制度	148	......さ......		支給停止	161
公共職業安定所	149	災害補償	155	事業場	161

用語	頁	用語	頁	用語	頁
事業場外のみなし労働時間制	161	出産	167	職務給	172
事業場外労働	161	出産育児一時金	167	職務発明	173
時効	161	出産手当金	167	女性活躍推進法	173
事故休職	162	ジョイントベンチャー	167	所定給付日数	173
自己都合休職	162	障害一時金	167	所定労働時間	173
自己都合退職	162	障害基礎年金	168	所得控除	173
私傷病休職	162	障害厚生年金	168	ジョブ・ローテーション	173
辞職	162	障害者控除	168	書類送検	174
下請負人	216	障害者雇用納付金	168	申告監督	174
下請契約	162	障害者差別解消法	168	人事委員会	174
下請事業者	162	障害手当金	169	人事異動	174
失業	163	障害補償給付	169	人事考課	174
失業等給付	163	昇格	169	申請免除	174
失権	163	試用期間	169	深夜労働	174
支払基礎日数	163	小規模企業共済等掛金控除	169	……… す ………	
死亡一時金	163	使用者	170	随時改定	175
社会復帰促進等事業	163	使用者責任	170	ストレスチェック	175
社会保険	164	昇進	169	スライド制	175
社会保険事務所	164	使用人	170	……… せ ………	
社会保険審査会	164	傷病手当	170	税額控除	175
社会保険料の控除証明書	164	傷病手当金	171	成果主義賃金	175
若年支給停止	164	傷病補償年金	171	正社員	176
週休2日制	165	消滅時効	161	整理解雇	176
就業規則	165	賞与	171	生理休暇	176
就業規則の記載事項	165	常用就職支度手当	171	セクシュアル・ハラスメント	176
就業規則の不利益変更	165	賞与支払届	171	是正勧告	176
就業規則変更届	166	賞与支払届総括表	172	是正勧告書	176
従業員	166	所轄	172	是正報告書	176
従前額保障	166	職業性疾病	172	船員保険	177
住宅借入金等特別控除	166	職種給	172	全額払いの原則	177
住宅手当	166	嘱託社員	172	全額免除	177
出勤停止	166	職長教育	172	全国健康保険協会	177
出勤簿	167	職能給	172	前借金相殺の禁止	177
出向	167	職能資格制度	172	専従休職	177

専属	177	中高齢寡婦加算	183	転記	189
専門業務型裁量労働制	178	中小企業退職金共済	183	転給	189
専門26業種	178	中小企業倒産防止共済	183	転勤	189
……………… そ ………………		中断	183	電子申請	189
増加概算保険料	178	懲戒解雇	183	店社安全衛生管理者	190
総括安全衛生管理者	178	懲戒処分	184	転籍	190
早期希望退職	178	長期要件	184	……………… と ………………	
総合振込依頼書	178	徴収高計算書	184	同一労働・同一賃金法	190
葬祭料	178	直接払いの原則	184	統括安全衛生責任者	190
総支給額	179	賃金	184	当月引去	190
総報酬制	179	賃金控除	185	同日得喪	191
……………… た ………………		賃金支払基礎日数	185	特定機械等	191
第1号被保険者	179	賃金台帳	185	特定業務従事者	191
待期期間	179	賃金日額	185	特定個人情報	191
代休	179	賃金の非常時払い	185	特定支出	191
代行返上	179	……………… つ ………………		特定疾病	191
第三者行為災害	180	追徴金	186	特定受給資格者	191
退職	180	通貨払いの原則	186	特定の寡婦	192
退職勧奨	180	通勤	186	特定元方事業者	192
退職強要	180	通勤災害	186	特別加入	192
退職金	180	通勤手当	187	特別加入保険料	192
退職金規程	180	通知カード	187	特別教育	192
退職証明書	181	積立方式	187	特別支給金	192
退職所得	181	……………… て ………………		特別障害者	192
タイムカード	181	定期監督	187	特別条項付き三六協定	193
多数該当	181	定期健康診断	187	特別徴収	193
短期雇用特例被保険者	181	定時決定	187	特別徴収税額の通知書	193
短時間労働者	182	定昇	188	特別療養費	193
男女雇用機会均等法	182	停職	188	努力義務	193
団体保険	182	出来高払い	188	……………… な ………………	
……………… ち ………………		適用事業	188	内定取消し	194
チェック・オフ	182	適用除外	188	名ばかり管理職	194
治ゆ	182	手待時間	189	……………… に ………………	
中間搾取の禁止	183	テレワーク	189	二元適用事業	194

二次健康診断等給付	194	半額免除	200	平均所定労働時間	206
日給	194	·········· ひ ··········		平均所定労働日数	206
入院時食事療養費	195	非課税所得	201	平均賃金	207
任意継続被保険者	195	非工業的事業	201	平均標準報酬額	207
任意包括加入	195	非常時災害の特例	201	平均標準報酬月額	207
任意包括被保険者	195	一人親方	201	併合認定	207
妊産婦	196	被扶養者	201	変形週休制	208
認定決定	196	被保険者	202	変形労働時間制	208
·········· ね ··········		日雇派遣	202	変動的給与	208
年休の計画的付与	196	日雇労働被保険者	202	·········· ほ ··········	
ねんきん定期便	196	標準賞与額	202	ポイント制退職金	208
ねんきんネット	196	標準賃金日額	202	報酬	208
年次有給休暇	197	標準報酬	203	法人番号	209
年次有給休暇の消滅	197	標準報酬日額	203	法定外福利	209
年少者	197	日割計算	203	法定休日	209
年度更新	197	·········· ふ ··········		法定控除	209
年俸制	197	付加金	203	法定3帳簿	209
年末調整	197	付加年金	203	法定16業種	209
年齢要件	198	復職	204	法定調	210
·········· の ··········		服務規律	204	法定内残業	210
能力向上教育	198	福利厚生	204	法定福利	210
ノーワーク・ノーペイの原則	198	福利厚生費	204	法定免除	210
·········· は ··········		普通解雇	204	法定労働時間	210
パートタイマー	198	普通徴収	204	ボーナス特別支給金	210
パートタイム労働指針	198	物価スライド	205	保険者	211
パートタイム労働法	199	扶養控除	205	保険者算定	211
配偶者	199	扶養親族	205	保険年度	211
配偶者控除	199	振替加算	205	保険料	211
配転命令	199	振替休日	205	保険料控除申告書	211
派遣切り	199	フレックスタイム制	206	保険料納付済期間	212
派遣労働者	200	分割納付	206	保険料免除期間	212
端数処理	200	紛争調整委員会	206	保護具	212
パパ・ママ育休プラス	200	·········· へ ··········		母性健康管理のための措置	212
パワー・ハラスメント	200	ベア	188	ホワイトカラーエグゼンプション	212

ま

埋葬費	213
埋葬料	213
毎月1回以上払いの原則	213
マイナンバー制度	213
マクロ経済スライド	213
孫請負人	214
マタニティ・ハラスメント	214

み

未支給の給付	214
みなし残業制度	214
みなし労働時間	214
身元保証	215

め

メタボ健診	215
メリット制	215
免税所得	215
面接指導	215
メンタルヘルス	216

も

持株会	216
元請負人	216
元方安全衛生管理者	216
元方事業者	216

や・ら・わ行

役員	217
役員賞与	217
役職手当	217
雇入れ時・作業内容変更時教育	217
雇止め	217
有害物質	217
有期事業	218
有給休暇	218
諭旨解雇	218
ユニオン	218
ユニオンショップ制	218
翌月引去	219
呼び出し調査	219
離婚時の年金分割	219
離職票	219
リスクアセスメント	219
療養の給付	219
療養費	219
療養補償給付	220
臨検	220
労災隠し	220
労災病院	220
労災保険料率	220
労使委員会	220
労使協定	221
労働安全衛生法	221
労働安全コンサルタント	221
労働委員会	221
労働衛生コンサルタント	221
労働関係調整法	221
労働基準監督署	222
労働基準法	222
労働基本権	222
労働供給契約	222
労働協約	222
労働局	223
労働組合	223
労働組合法	223
労働契約	223
労働契約法	223
労働契約申込みみなし制度	224
労働災害	224
労働災害防止計画	224
労働三権	224
労働三法	224
労働時間	224
労働者	225
労働者災害補償保険	225
労働者死傷病報告	225
労働者代表	225
労働者年金保険	225
労働者の心の健康の保持増進のための指針	226
労働者派遣法	226
労働者名簿	226
労働条件	226
労働審判	226
労働法	227
労働保険	227
労働保険事務組合	227
労働保険料	227
労務管理	227
労務費率	227
老齢基礎年金	228
老齢厚生年金	228
割増賃金	228

巻末　日常業務で使う届出書式集

1 採用・退職・住所変更にかかわる書式　　230
- 書式1　雇用保険被保険者資格取得届　　235
- 書式2　健康保険厚生年金保険被保険者資格取得届　　236
- 書式3　健康保険被扶養者（異動）届　　237
- 書式4　国民年金第3号被保険者資格取得・種別変更・種別確認（3号該当）届　　238
- 書式5　健康保険厚生年金保険被保険者資格喪失届　　239
- 書式6　雇用保険被保険者資格喪失届　　240
- 書式7　離職証明書（月給労働者が転職により自己都合退職する場合）　　241
- 書式8　健康保険・厚生年金保険被保険者住所変更届　　243

2 給与計算・源泉徴収にかかわる書式　　244
- 書式9　算定基礎届（正社員とパートタイム労働者がいる場合）　　249
- 書式10　算定基礎届総括表（正社員とパートタイム労働者がいる場合）　　251
- 書式11　算定基礎届総括表附表（正社員とパートタイム労働者がいる場合）　　252
- 書式12　健康保険厚生年金保険被保険者賞与支払届　　253
- 書式13　健康保険厚生年金保険被保険者賞与支払届総括表　　254
- 書式14　労働保険概算・確定保険料申告書　　255
- 書式15　確定保険料算定基礎賃金集計表　　256
- 書式16　給与所得の所得税徴収高計算書（一般分）　　257
- 書式17　給与所得の所得税徴収高計算書（納期特例分）　　257
- 書式18　給与所得・退職所得に対する源泉徴収簿　　258

3 その他労働関係の書式　　259
- 書式19　時間外労働・休日労働に関する協定届（特別条項付）　　261
- 書式20　就業規則変更届　　262
- 書式21　意見書　　263

第1部

図解でわかる
社会保険と雇用管理事務

第1部 ① 公的社会保険制度の全体像

社会保険は加入が義務付けられた保険である

◆ 公的保険制度の概要

　一般の企業で給与計算事務を行う場合、労働者（従業員）の給与（収入）から、公的保険である雇用保険料、社会保険料を差し引いた金額を労働者に手渡すことになります。

　公的保険は労働保険と社会保険に分けることができます。労働保険は労災保険と雇用保険の２つからなります。社会保険は健康保険、厚生年金保険、国民年金、国民健康保険、介護保険などのことをいいます。公的保険制度の概要は以下の通りです。

① 労働者災害補償保険（労災保険）

　労働者が仕事中や通勤途中に発生した事故などによって負傷したり、病気にかかった場合に治療費などの必要な給付を受けることができます。また、障害などの後遺症が残った場合や死亡した場合などについても保険給付があります。

② 雇用保険

　労働者（被保険者）が失業した場合や本人の加齢（年をとること）、家族の育児・介護などのため勤め続けることが困難になった場合に手当を支給する制度です。また、再就職を円滑に進めていくための支援も行われます。

③ 健康保険

　被保険者とその家族が病気やケガをした場合（仕事中と通勤途中を除く）に必要な医療費の補助を行う制度です。出産した場合や死亡した場合にも一定の給付を行います。

④ 厚生年金保険

　被保険者が高齢になり働けなくなったとき、体に障害が残ったとき、死亡したとき（遺族の所得保障）などに年金や一時金の支給を行います。

◆ 公的保険は国や公法人によって運営される

　生命保険や損害保険などの私的保険は企業などによって運営されていますが、公的保険は国（政府）または公法人（地方公共団体・全国健康保険協会・健康保険組合・国民健康保険組合）によって管理・運営されています。公的保険で給付が行われる場合の財源は、国が負担するものの他、会社などの事業所で働く労働者から徴収する保険料によってまかなわれています。

　国などのように保険を運営する主体を保険者といいます。また、保険に加入する者（労働者）のことを被保険者といいます。

　公的保険（労働保険と社会保険）の制度は、国または公法人が保険者ですが、実際の窓口は保険ごとに違います。労災保険と雇用保険では、窓口になるのは、国の出先機関である労働基準監督署（労基署）や公共職業安定所（ハローワーク）です。健康保険の窓口になるのは全国健康保険協会（協会けんぽ）の都道府県支部や各企業の健康保険組合です。厚生年金保険の窓口は、年金事務所となっています。

■ 労働保険と社会保険の管轄と窓口

	保険の種類	保険者	管轄	窓口
労働保険	労災保険	国（政府）	都道府県労働局	労働基準監督署
	雇用保険		都道府県労働局	公共職業安定所（ハローワーク）
社会保険	健康保険	全国健康保険協会	全国健康保険協会	協会の都道府県支部年金事務所内の協会けんぽ窓口
		健康保険組合	健康保険組合	健康保険組合
	厚生年金保険	国（政府）	日本年金機構	年金事務所

第1部 2

労働保険

事業ごとに適用される

◆ 事業を単位として適用を受ける

　労働者保護の観点から設けられた公的保険である労働保険は、労働者災害補償保険（労災保険）と雇用保険の総称です。

　労働保険では、1人でも労働者を使用する事業は、事業主の意思に関係なく、原則として適用事業となります。公的保険として強制的に加入しなければなりません。

　労働保険は「事業」を単位として適用を受けます。事業とは、仕事として反復継続して行われるものすべてをさします。たとえば、本社の他、支社、支店、工場、営業所、出張所などがある会社では、本社だけでなく、支社から出張所に至るまでそれぞれが別々に事業として成立していることになります。そのため、それぞれの事業が個別に労働保険の適用を受けることになり、必要な手続きについても事業ごとに個別に行います。これが原則です。ただし、支店や営業所において労働保険の手続きを行うことのできる適任者がいないなどの理由がある場合は、本社などの上位の事業所で一括して手続きを行うこともできます。この場合、所定の届出が必要です。

◆ 労災保険では継続事業と有期事業を区別している

　労働保険のうち労災保険では、事業の内容によって継続事業と有期事業の2つに分けられています。

　継続事業とは通常の事業所のように期間が予定されていない事業をいいます。一方、有期事業とは、建設の事業や林業の事業のように、

一定の予定期間に所定の事業目的を達成して終了する事業のことをいいます。継続事業と有期事業は労働保険料の申告書なども違いますので、どちらの事業にあたるのかを確認する必要があります。

◆ 労災保険と雇用保険は普通一緒に取り扱う

労働保険の保険給付は、労災保険の制度と雇用保険の制度でそれぞれ別個に行われています。

しかし、保険料の申告・納付は、原則として２つの保険が一緒に取り扱われます。このように、雇用保険と労災保険の申告・納付が一緒に行われる事業のことを一元適用事業といいます。一般的には会社などの事業所を設立して１人でも労働者を雇った場合には、労災保険と雇用保険の両方の保険に同時に加入することになります。

ただ、労災保険と雇用保険のしくみの違いなどから、事業内容によっては個別の保険関係として取り扱うことがあります。これを二元適用事業といい、図の①〜⑤に掲げる事業が該当します。

なお、労災保険の有期事業に該当する事業は、必ず二元適用事業に該当することになります。

二元適用事業に該当した場合は、保険料の申告時には労災保険分については所轄の労働局または労働基準監督署、雇用保険分については所轄の労働局に、それぞれ提出しなければなりません。

■ 二元適用事業

① （国を除く）都道府県と市区町村の行う事業
② 都道府県に準ずるものと市区町村に準ずるものが行う事業
③ 東京や横浜などの６大港における港湾運送関係の事業
④ 農林水産などの事業
⑤ 建設の事業

第1部 3

労災保険

仕事中にケガをしたときの補償である

◆ 労災保険は仕事中・通勤途中の事故を対象とする

　労働者災害補償保険（労災保険）は、仕事中や通勤途中に発生した労働者のケガ、病気、障害、死亡に対して、迅速で公正な保護をするために必要な保険給付を行うことを主な目的としています。また、その他にも負傷労働者やその遺族の救済を図るために様々な社会復帰促進等事業を行っています。つまり、労災保険は労働者の稼得能力（働いて収入を得る能力）の損失に対する補てんをするために、必要な保険給付を行う公的保険制度ということになります。

◆ 労災保険は本社（本店）・支社など事業所ごとに加入する

　労災保険は事業所ごとに適用されるのが原則です。本社の他に支社や工場などがある会社については、本社も支社も、それぞれ独自に労災保険に加入することになります。ただ、支店などで労働保険の事務処理を行う者がいないなどの一定の理由がある場合には、本社で事務処理を一括して行うこともできます。

◆ 1人でも雇うと自動的に労災保険が適用になる

　労災保険は労働者を1人でも使用する事業を強制的に適用事業とすることにしています。つまり、労働者を雇った場合には自動的に労災保険の適用事業所になります。したがって、届出があってはじめて労災保険が適用されるわけではありません。

◆ 労災保険が適用される労働者と保険料

　労災保険の対象となる労働者については、その事業所で労働者として働いている者すべてに労災保険が適用されます。労働者とは、正社員であるかどうかにかかわらず、アルバイト・日雇労働者や不法就労外国人であっても、賃金を支払われているすべての人が対象となります。ただ、代表取締役などの会社の代表者は労働者ではなく、使用者であるため、原則として労災保険は適用されません。工場長や部長などの兼務役員については、会社の代表権をもたないことから、労災保険の適用があります。労働者にあたるかどうかの判断は、①使用従属関係があるかどうかと、②会社から賃金（給与や報酬など）の支払いを受けているかどうかによって決まります。

　労災保険の保険料は、業務の種類ごとに、1000分の2.5～1000分の88まで定められています。保険料は全額事業主が負担しますので、給与計算事務において、労働者の給与から労災保険料を差し引くということはありません。

■ 労災保険の給付内容

目　的	労働基準法の災害補償では十分な補償が行われない場合に国（政府）が管掌する労災保険に加入してもらい使用者の共同負担によって補償がより確実に行われるようにする	
対　象	業務災害と通勤災害	
業務災害 (通勤災害) 給付の種類	療養補償給付(療養給付)	病院に入院・通院した場合の費用
	休業補償給付(休業給付)	療養のために仕事をする事ができず給料をもらえない場合の補償
	障害補償給付(障害給付)	身体に障害がある場合に障害の程度に応じて補償
	遺族補償給付(遺族給付)	労災で死亡した場合に遺族に対して支払われるもの
	葬祭料(葬祭給付)	葬儀を行う人に対して支払われるもの
	傷病補償年金(傷病年金)	療養開始後1年6か月を経過し一定の場合に休業補償給付または休業給付に代えて支給されるもの
	介護補償給付(介護給付)	介護を要する被災労働者に対して支払われるもの
	二次健康診断等給付	二次健康診断や特定保健指導を受ける労働者に支払われるもの

第1部 **4**

雇用保険

失業した場合などに一定の給付がある

◆ 雇用保険の給付の概要と被保険者の種類

　雇用保険の給付については、失業時に支給される基本手当など、求職者給付と呼ばれる給付が中心です。また、失業した労働者の再就職の促進のための給付（就職促進給付）や、高齢者や育児・介護を行う労働者の雇用の継続を促進するための給付（雇用継続給付）、一定の教育訓練を受けたときに支給される給付（教育訓練給付）もあります。

　雇用保険の制度に加入することになる者（労働者）を被保険者といいます。雇用保険の適用事業所に雇われる労働者であれば、適用除外に該当しない限り、労働者自身の意思には無関係に法律の上で例外なく被保険者となります。

　被保険者は、次の4種類（種別）に分けられます。

① **一般被保険者**

　次の②〜④までの被保険者以外の被保険者で、ほとんどの被保険者がこれに該当します。一般被保険者とは、1週間の所定労働時間が20時間以上で、31日以上雇用される見込みのある者のことです。フリーターやパートタイム労働者も、この要件を満たせば雇用保険の被保険者になります。

② **高年齢継続被保険者**

　同一の事業主の適用事業に、65歳に達した日の前日から引き続いて65歳に達した日以降の日に雇用されている者です。ただ、③と④に該当する者は除きます。

　なお、平成28年3月の雇用保険法の改正により、65歳以降の被雇用

者については「高年齢被保険者」として雇用保険が適用されることになりました（平成29年1月施行予定）。

③ **短期雇用特例被保険者**

冬季限定の清酒の醸造や夏季の海水浴場での業務など、その季節でなければ行えない業務のことを季節的業務といいます。季節的業務に雇用される者のうち、雇用期間が4か月以内の者と週の労働時間が30時間未満の者を除いた者が短期雇用特例被保険者として扱われます。ただ、④に該当する者は除きます。

④ **日雇労働被保険者**

雇用保険の被保険者である日雇労働者のことです。日雇労働者とは、日々雇い入れられる者や30日以内の短い期間を定めて雇用される者のことです。

■ 雇用保険の給付の概要

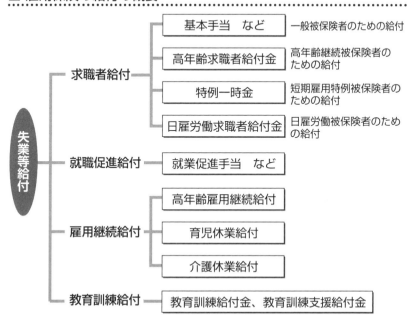

第1部 5

雇用保険の雇用継続給付

高年齢雇用継続基本給付金と高年齢再就職給付金がある

◆ 失業を予防するための給付

　少子高齢化に伴う雇用情勢の変化の中で、労働者に様々な問題が起きています。加齢による労働能力の低下といった事情により、賃金収入が減少する、あるいはなくなることがあります。

　こうした状況を放置してしまうと、労働者の雇用継続が困難となり、失業してしまうことも十分に考えられます。

　そこで、雇用保険では、「雇用の継続が困難となる事由」が生じた場合を失業の危険性があるものとして取り扱うことにしました。雇用の継続が困難となる事由が生じた場合に一定の給付を行うことによって、失業を未然に回避できるようにしたのです。これが雇用継続給付です。

　雇用継続給付には、高年齢者の雇用継続を目的とした高年齢雇用継続給付、育児休業後の職場復帰を支援することを目的とした育児休業給付、被保険者が家族（配偶者や父母、子など一定の家族）を介護するために、介護休業を取得した場合に支給される介護休業給付があります。退職を決意する前にこのような給付があることを知っていれば、安易に職を辞めずにすんだといったケースがあるかもしれません。

◆ 高年齢雇用継続給付には2種類ある

　今後の急速な高齢者の増加に対応するために、労働の意欲と能力のある60歳以上65歳未満の者の雇用の継続と再就職を援助・促進していくことを目的とした給付が高年齢雇用継続給付です。

高年齢雇用継続給付には、①高年齢雇用継続基本給付金と、②高年齢再就職給付金の2つの給付があります。

① 高年齢雇用継続基本給付金とは

高年齢雇用継続基本給付金が支給されるのは、60歳以上65歳未満の一般被保険者です。被保険者（労働者）の60歳以降の賃金が60歳時の賃金よりも大幅に低下したときに支給されます。

具体的には、60歳時点に比べて各月の賃金額が75％未満に低下した状態で雇用されているときに、下図のような額の高年齢雇用継続基本給付金が支給されます。図中のみなし賃金日額とは、60歳に達した日以前の6か月間の賃金の総額を180で割った金額のことです。

高年齢雇用継続基本給付金が支給される期間は、原則として、被保険者が60歳に到達した日（60歳到達日）が属する月から65歳に達する日が属する月までの間です。

② 高年齢再就職給付金とは

雇用保険の基本手当を受給していた60歳以上65歳未満の受給資格者が、基本手当の支給日数を100日以上残して再就職した場合に支給される給付のことです。高年齢再就職給付金の支給要件と支給額については、高年齢雇用継続基本給付金と同じです。

■ 高年齢雇用継続基本給付金の支給額

支払われた賃金額		支　給　額
みなし賃金日額×30の	61％未満	実際に支払われた賃金額×15％
	61％以上75％未満	実際に支払われた賃金額×15％から一定の割合で減らした率
	75％以上	不支給

第1部 6

社会保険

健康保険や厚生年金保険のことである

◆ 健康保険と厚生年金保険の手続きは一緒に行われる

　社会保険の実務では、通常、労働者災害補償保険と雇用保険を労働保険と呼び、健康保険、厚生年金保険、介護保険などのことを社会保険と呼びます。健康保険と厚生年金保険は、給付の目的や内容が異なりますが、適用事業所など多くの部分で共通点があることから、健康保険と厚生年金保険の手続きを一緒に行うケースが多くあります。健康保険と厚生年金保険は一般的に同時にセットで加入しますので、健康保険の適用事業所と厚生年金保険の適用事業所は原則として同じです。

　たとえば、新しく正規の従業員が入社した場合などは、健康保険・厚生年金に同時に加入する必要がありますので、1枚の書類で同時に手続きを行います。ただし、健康保険組合に加入している会社の場合は、組合独自の様式の書類が必要となるケースがあります。

　社会保険は事業所単位で適用されます。事業所というのは、本店（本社）の他、支店、出張所、工場など、一定の場所のことです。そこで働く従業員への賃金の支払いや、人事・労務管理などが独自に行われている場合には、それぞれが適用事業所となります。ただ、出張所や工場などで社会保険の事務を処理することができないような場合は、本社で一括して事務処理を行うこともできます。

　社会保険の適用事業所は、①強制適用事業所と、②任意適用事業所の2つに分類することができます。

① **強制適用事業所**

　強制的に社会保険が適用される事業所を強制適用事業所といいます。

会社などの法人の場合は、事業の種類に関係なく1人でも従業員がいれば、社会保険に加入しなければなりません。

法人の代表者は法人に使用されている者と考えるため、従業員には、一般の社員に限らず、法人の代表者（社長）やその家族従事者、役員（取締役）なども含みます。

一方、個人事業主の事業所の場合は、強制的にすべての事業者が社会保険に加入しなければならないわけではありません。個人の事業所の場合、一定の業種（工業や金融業などの16業種）の事業所で、5人以上の従業員（個人の場合、事業主本人は加入できないため、5人の中には含みません）がいるときに社会保険の適用事業所となります。

② 任意適用事業所

強制適用事業所に該当しない事業所であっても社会保険に加入することができます。強制適用事業所でない事業の事業主が社会保険への加入を希望する場合は、被保険者となることができる従業員の2分の1以上の同意を得て、年金事務所に加入申請を行う必要があります。そして、事業所を管轄する年金事務所長の認可を受けることによって適用事業所となることができます。このようにして社会保険に加入することになった事業所を任意適用事業所といいます。

また、任意適用事業所の場合は、被保険者の4分の3以上の同意が

■ 適用事業

⇒ 法人の場合、1人でも従業員がいれば
　社会保険に加入する

②任意適用事業所

⇒ 被保険者となることができる従業員の
　2分の1以上の同意を得て、年金事務所に
　加入申請を行う

ある場合は、事業主の申請に基づき、年金事務所長の認可を受け、任意適用を取り消すことができます。この場合、従業員の全員が被保険者資格を喪失します。

◆ 健康保険の被保険者になる人とならない人

　社会保険に加入するときは、原則として、健康保険と厚生年金保険の２つの保険にセットで加入することになります。

　適用事業所に常勤で使用される労働者は、原則としてすべて被保険者となります。役職や地位には関係ありません。

　代表者や役員も法人に使用されるものとして被保険者になります。また、会社についてはどのような会社であっても社会保険の強制適用事業所となるため、社長１人だけの会社であっても健康保険に加入しなければなりません。一方、個人事業者の場合の事業主は被保険者にはなれず、同居の親族も原則として被保険者にはなれません（適用除外）ので注意が必要です。

　また、パートタイマーやアルバイトなどの労働者は、必ずしも被保険者となるわけではありません。アルバイトやパートタイマーは、その就業実態を総合的に考慮して判断されますが、正規の社員（労働者）の勤務時間と勤務日数の概ね４分の３以上勤務する場合には一般的に被保険者となります。

　たとえば、正社員の所定労働時間が１日８時間の会社で、勤務日数は１か月20日と正社員とほぼ同様に働いていたとしても、１日の勤務時間が４時間（８時間の４分の３未満）のパートタイマーは社会保険未加入者となります。これに対して、１か月の勤務日数が16日、勤務時間が６時間（８時間の４分の３）であれば、勤務日数・勤務時間共に正社員の４分の３以上となるので一般的には社会保険の加入者となります。

◆ 厚生年金の被保険者になる人とならない人

　74歳まで加入できる健康保険と異なり厚生年金保険の被保険者は70歳未満の者とされています。つまり、70歳以上の者が適用事業所に勤務していた場合、その人は、健康保険については被保険者になりますが、厚生年金保険については被保険者としては扱われません。

　ただし、70歳になっても年金の受給資格期間（25年）を満たさず、年金を受給できない場合には、70歳以降も引き続き厚生年金に加入できる「高齢任意加入」という制度を利用することができます。

◆ 加入基準についての法改正

　前述したように、現在のところ、「勤務時間と勤務日数の概ね4分の3」が社会保険への加入基準となっています。この加入基準について、平成24年8月に行われた厚生年金法などの改正により、①週20時間以上、②月額賃金8.8万円以上（年収106万円以上）、③勤務期間1年以上の要件を満たす労働者に緩和されることになりました。新しい加入基準の施行時期は平成28年10月の予定ですが、労働者の雇用や採用を考えるにあたり知っておく必要はあるでしょう。

■ 健康保険の被保険者となる者

	非正規の従業員	左の者が被保険者となる場合
①	②〜⑤以外の正社員	常に被保険者となる
②	アルバイト・パートタイマー	正社員の勤務時間と日数の概ね4分の3以上勤務する者
③	日雇労働者	1か月を超えて引き続き使用される者
④	季節労働者	4か月を超えて引き続き使用される者
⑤	臨時的事業に雇用される者	6か月を超えて引き続き使用される者

第1部

健康保険

業務外の事故で負傷した場合に治療などを受けることができる

◆ どんな場合に必要になるのか

　健康保険は、被保険者と被扶養者がケガ・病気をした場合や死亡した場合、さらには分娩した場合に必要な保険給付を行うことを目的としています。

　健康保険と厚生年金保険は、給付の目的や内容が異なりますが、適用事業所など多くの部分で共通点があることから、前述のように健康保険と厚生年金保険の手続きを一緒に行うケースが多くあります。

　健康保険を管理・監督するのは、全国健康保険協会または健康保険組合です。これを保険者といいます。これに対し、健康保険に加入する労働者を被保険者といいます。さらに、被保険者に扶養されている一定の親族などで、保険者に届け出た者を被扶養者といいます。健康保険の納付内容は、図（次ページ）の通りです。業務上の災害や通勤災害については、労災保険が適用されますので、健康保険が適用されるのは、業務外の事故（災害）で負傷した場合に限られます。

◆ 健康保険は協会・健保組合が管理・監督する

　保険者である全国健康保険協会と健康保険組合のそれぞれの事務処理の窓口について確認しておきましょう。

① **全国健康保険協会の場合**

　全国健康保険協会が保険者となっている場合の健康保険を全国健康保険協会管掌健康保険（協会けんぽ）といいます。保険者である協会は、被保険者の保険料を適用事業所ごとに徴収したり、被保険者や被

扶養者に対して必要な社会保険給付を行います。

　窓口は全国健康保険協会の都道府県支部になります。しかし、現在では各都道府県の年金事務所の窓口でも申請書類等を預かってもらえます。

② 健康保険組合の場合

　健康保険組合が管掌する場合の健康保険を組合管掌健康保険といいます。組合管掌健康保険の場合、実務上の事務手続きの窓口は健康保険組合の事務所になります。組合管掌健康保険に加入している事業所は年金事務所に届出などを提出することができません。健康保険組合の保険給付には、健康保険法で必ず支給しなければならないと定められている法定給付と、法定給付に加えて健康保険組合が独自に上乗せ給付する付加給付があります。

■ 健康保険の給付内容

種類	内容
療養の給付	病院や診療所などで受診する、診察・手術・入院などの現物給付
療養費	療養の給付が困難な場合などに支給される現金給付
家族療養費	家族などの被扶養者が病気やケガをした場合に被保険者に支給される診察や治療代などの給付
入院時食事療養費	入院時に提供される食事に要した費用の給付
入院時生活療養費	入院する65歳以上の者の生活療養に要した費用の給付
保険外併用療養費	先進医療や特別の療養を受けた場合に支給される給付
訪問看護療養費	在宅で継続して療養を受ける状態にある者に対する給付
高額療養費	自己負担額が一定の基準額を超えた場合の給付
移送費	病気やケガで移動が困難な患者を移動させた場合の費用給付
傷病手当金	業務外の病気やケガで働くことができなくなった場合の生活費
埋葬料	被保険者が業務外の事由で死亡した場合に支払われる給付
出産育児一時金	被保険者およびその被扶養者が出産をしたときに支給される一時金
出産手当金	産休の際、会社から給料が出ないときに支給される給付

第1部 8

国民健康保険

企業の退職者自身が手続きを行う必要がある

◆ どんな特徴があるのか

　国民健康保険とは、社会保障や国民の保健を向上させるために設けられた医療保険の制度で、略して「国保」ともいいます。加入者の負傷、疾病、出産、死亡などに関して給付が行われます。国民健康保険と健康保険の大きな違いは、加入対象者と保険料の決定法です。国民健康保険の加入対象は、健康保険や船員保険などが適用されない農業者、自営業者、企業の退職者などで、現住所のある市区町村ごとに加入します。扶養制度はなく、人数に応じて保険料を納めます。

　手続きの期限は退職後14日以内です。料率は市町村により異なり、被保険者の前年の所得や世帯の人数などを加味した上で定められます。また、給付内容は図（次ページ）のように健康保険とほぼ同じです。

◆ 国民健康保険への加入の検討

　企業を退職した場合、その退職者が再就職するまでの期間は、①任意継続被保険者、②国民健康保険、のいずれかの方法をとります。

　従業員が退職する場合、加入する医療保険の保険者が退職者についての退職手続きを行います。保険者とは、保険制度を運営し保険料の徴収や保険給付を行う事業主体のことで、健康保険の場合は全国健康保険協会と健康保険組合です。

　退職手続きは、全国健康保険協会管掌であれば年金事務所、組合管掌ではそれぞれの健康保険組合の事務所が窓口となり、事業主や担当者が手続きをします。一方、国民健康保険の手続きの窓口は、住所地

の市区町村役場となるため、加入する場合は退職日の翌日から14日以内に住所地にある市区町村役場の国民健康保険窓口に「国民健康保険被保険者資格取得届」を提出します。

国民健康保険に加入する場合、健康保険の「資格喪失証明書」などの退職を証明する書類の添付が必要な場合があるため、企業としてはあらかじめ退職者に確認した上で作成する必要性が生じます。

また、退職後にも、加入していた保険制度に関する手続きが必要となる場合があります。企業は退職者に対し、保険者名や退職前の健康保険証に記載されている記号番号、年金事務所や健康保険組合の住所・電話番号などを伝えておくとよいでしょう。

■ 国民健康保険の給付内容

種類	内容
療養の給付	病院や診療所などで受診する、診察・手術・入院などの現物給付
入院時食事療養費	入院時に行われる食事の提供
入院時生活療養費	入院する65歳以上の者の生活療養に要した費用の給付
保険外併用療養費	先進医療や特別の療養を受けた場合に支給される給付
療養費	療養の給付が困難な場合などに支給される現金給付
訪問看護療養費	在宅で継続して療養を受ける状態にある者に対する給付
移送費	病気やケガで移動が困難な患者を医師の指示で移動させた場合の費用
高額療養費	自己負担額が一定の基準額を超えた場合の給付
高額医療・高額介護合算療養費	医療費と介護サービス費の自己負担額の合計が著しく高額となる場合に支給される給付
特別療養費	被保険者資格証明書で受診した場合に、申請により、一部負担金を除いた費用が現金で支給される
出産育児一時金	被保険者が出産をしたときに支給される一時金
葬祭費・葬祭の給付	被保険者が死亡した場合に支払われる給付
傷病手当金	業務外の病気やケガで働くことができなくなった場合の生活費
出産手当金	産休の際、会社から給料が出ないときに支給される給付

第1部 9

厚生年金保険

パートやアルバイトの加入については条件がある

◆ 厚生年金の保険料

　厚生年金は一定の条件を満たす被保険者やその遺族に対し、生活費となる現金を給付する制度です。厚生年金は国民年金に加算して支給されますので、国民年金にしか加入していない自営業者などよりも手厚い保障を受けられることになります。

　なお、厚生年金の受給資格があるか、受給金額がいくらになるかは、被保険者の加入期間と掛けていた保険料によって異なります。

　厚生年金の保険料は、毎月の給与や、賞与から天引きされます。天引きされた金額と同額の保険料を会社がさらに拠出し、両方の金額が厚生年金保険料として会社から国に納められます。厚生年金の保険料の決め方は、給与や賞与に国が決めた保険料率を掛けて算出します。保険料率は平成16年9月までは13.58％でした。したがって、従業員本人と会社が6.79％ずつ負担していたわけです。しかし、年金保険の財政がひっ迫したため、平成16年10月からは13.934％となり、その後も、国民年金保険料の値上げにあわせて保険料率は毎年0.354％ずつ平成29年まで引き上げられることになっています。

◆ 厚生年金の種類

　厚生年金の給付は大きく以下の3つに分類することができます。

① **老齢厚生年金**

　老齢厚生年金は年をとった場合に支給される厚生年金です。

　もともと厚生年金保険は60歳（女性は55歳）から支給されていまし

たが、昭和61年に年金制度の改正が行われ、支給開始年齢が国民年金の支給開始年齢である65歳にあわせて繰り下げられることになりました。

ただ、一斉に65歳としてしまうのではなく、生年月日によって段階的に支給開始年齢を遅らせるという措置がとられています。その結果、支給開始年齢が65歳となるのは、男性の場合は昭和36年4月2日以降生まれの人、女性の場合は昭和41年4月2日以降生まれの人、ということになります。

② 障害厚生年金

厚生年金に加入している被保険者が事故や病気に遭い、身体に障害が残った場合に行われる給付が障害厚生年金です。障害厚生年金は、国民年金法施行令に定められている障害状態の1～3級に該当する場合に支給が行われます。

③ 遺族厚生年金

厚生年金に加入している会社員が死亡した場合に、一定の遺族に支給されるのが遺族厚生年金です。

■ 厚生年金保険料（平成27年9月分以降）の決め方

標準報酬		報酬月額	保険料（全額）
等級	月額		
⋮	⋮	⋮	⋮
11	180,000	175,000以上　185,000未満	32,090.40
12	190,000	185,000以上　195,000未満	33,873.20
13	200,000	195,000以上　210,000未満	35,656.00
14	220,000	210,000以上　230,000未満	39,221.60
15	240,000	230,000以上　250,000未満	42,787.20

Aさんの給与　19万5000円　　Bさんの給与　20万9000円

どちらも同じ枠の中にはいるので、同じ標準報酬となり負担する保険料も同じになる

第1部 10

在職老齢年金

働く受給者の場合は収入に応じて年金額が減額される

◆ 在職老齢年金とは

　我が国の年金制度は、老後や病気やケガ、家族が亡くなった場合などの生活保障のために存在します。したがって、年金を受給できる年齢に達した場合にある程度の給与等による収入がある場合は、年金の支給を一部または全部停止するという「在職老齢年金」という制度があります。これは、収入がある高齢者は年金制度に頼らなくても生計維持が可能だと考えられるために定められています。

◆ 年齢に応じて計算式が異なる

　在職老齢年金は「60歳から64歳まで」と、「65歳以降」で計算式が異なります。

　60歳代前半の在職老齢厚生年金のしくみは、基本月額と総報酬月額相当額の合計額が28万円を超えているかどうかと、総報酬月額相当額が47万円を超えているかをもとにして判断します。

　基本月額とは、受給している老齢厚生年金額（加給年金を除く）を12で割った月額換算した額のことで、総報酬月額相当額とは、年金受給者が勤務先から受け取る賃金と過去1年間に受け取った賞与の合計額を12で割った額のことです。

　年金受給者が働いていても総報酬月額相当額と基本月額の合計額が28万円に達するまでは年金の全額が支給されます。総報酬月額相当額と基本月額の合計額が28万円を上回る場合は、総報酬月額相当額の増加分の半額に該当する年金額が停止されます。

総報酬月額相当額が47万円を超える場合は、さらに総報酬月額相当額が増加した分だけ年金が支給停止されます。
　60歳から64歳までの在職老齢年金については、収入によっては全額カットされる可能性もあります。

◆ 60歳台後半の老齢厚生年金のしくみ

　60歳代後半の在職老齢厚生年金のしくみは60歳台前半の在職老齢年金とは異なり、図のようになります。なお、厚生年金の被保険者は原則として70歳未満の者ですが、70歳を過ぎても厚生年金が適用される事業所に雇用され、健康保険の被保険者となっている場合には、60歳代後半の場合と同様の方法で年金額が調整されます。
　65歳以降の在職老齢年金については、給与収入がある場合に支給が停止されるのは老齢厚生年金だけであり、老齢基礎年金については全額が支給されます。60歳台前半の在職老齢年金と異なり、その人が受け取る年金の全額が支給停止されるということはありません。

■ 60歳台後半の老齢厚生年金のしくみ

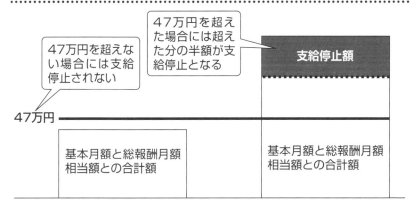

第1部 11

労働契約

労働条件の明示や中間搾取の禁止などの約束事を規定している

◆ 必ず書面で明示する必要がある

　労働契約は労働者（被雇用者）が使用者に労務の提供をすることを約束し、使用者がその対価として賃金を支払う契約です。契約という意識がなくても、「雇います」「雇われます」という合意だけで契約は成立します。

　ただ、お互いが合意さえすれば、どんな内容の労働契約を結んでもよいというわけではありません。労働契約は様々な法令の制約を受けます。その中で主な基準となるのは労働基準法、労働組合法による労働協約や就業規則で、これらに違反しない範囲の労働契約は有効です。

　労働基準法によると、労働条件は労働者と使用者が対等の立場で決めるべきだとしています（2条1項）。また、労働者を保護するために、合意された内容のうち労働基準法で定める最低基準に満たないものは無効です。この場合は同法に規定される内容がそのまま契約内容になります（13条）。使用者は労働契約の締結にあたり、労働条件を明示しなければなりません。明示する内容は賃金や労働時間などです。なお、一定の事項については書面による交付が義務付けられています（次ページ図）。

　労働契約の内容は、法律や規則あるいは書面により決定されます。契約内容が記された就業規則を備え付けるなどの方法による職場での明示が義務付けられています。さらに労働基準法は、労働者を雇い入れる際に、賃金、労働時間などの重要な労働条件を明確に説明することを義務付けています（15条1項）。労働条件の明示は口頭でもかま

いませんが、そのうち「賃金の決定、計算、支払いの方法、締切、時期」などの一定の事項については、書面（労働条件通知書）を交付して明示しなければなりません。また、パートタイム労働者を雇用する場合には、それらの事項に加えて、①昇給の有無、②退職手当の有無、③賞与の有無について、文書、あるいは電子メールなどによって明示することが必要です。

◆ 何をしてもらうのかを明示する

「明示すべき労働条件」の中で、特にあいまいになりやすいのが、従事すべき業務に関する事項です。この点で会社側と従業員側の認識にズレがあると、「採用する人材に求めていた能力を持っていない」などの問題が発生するため、注意しましょう。たとえば事務員としての採用であっても、繁忙時には工場内での作業を手伝うこともあるといった場合には、雇用契約書にその旨を明記しておく必要があります。

■ 明示が必要な労働条件

書面で明示しなければならない労働条件	●労働契約の期間に関すること ●期間の定めのある労働契約を更新する場合の基準に関する事項 ●就業場所、従事すべき業務に関すること ●始業・終業の時刻、所定労働時間を超える労働の有無、休憩時間、休日、休暇、交替勤務制の場合の交替について ●賃金(※)の決定、計算・支払の方法、賃金の締切、支払の時期、昇給に関すること ●退職・解雇に関すること
右に示した事項を定めている場合には使用者が明示しなければならない労働条件	●退職手当の定めが適用される労働者の範囲、退職手当の決定、計算・支払の方法、退職手当の支払の時期に関すること ●臨時に支払われる賃金（退職手当を除く）、賞与・賞与に準ずる賃金、最低賃金に関すること ●労働者の負担となる食費、作業用品などに関すること ●安全、衛生に関すること　　●職業訓練に関すること ●災害補償、業務外の傷病扶助に関すること ●表彰、制裁に関すること　　●休職に関すること

※　退職手当、臨時に支払われる賃金、賞与等の賃金を除く

就業規則の作成・変更

10人以上の会社では就業規則を作成しなければならない

◆ 労働者10人以上の会社では就業規則の作成が義務

常時10人以上の労働者を使用する使用者は、就業規則を作成し、行政官庁（労働基準監督署）に届け出なければなりません（労働基準法89条）。就業規則に必ず明記しなければならない事項には、以下の3種類があります。

① 絶対的必要記載事項

必ず記載しなければならず、そのうちの1つでも記載がないと30万円以下の罰金という刑事罰に処されます。始業・終業の時刻、休憩時間、休日、休暇、賃金の締切り・支払時期に関する事項などをいいます。

② 相対的必要記載事項

規定することが義務付けられてはいないものの、何らかの定めをする場合は、必ず記載しなければならない事項です。退職手当や安全衛生、その事業場の労働者すべてに適用する定めを作る場合はその事項などをいいます。

③ 就業規則の任意的記載事項

記載することが任意とされているものです。たとえば、就業規則制定の目的や趣旨、用語の定義、従業員の心得、職種や職階などがこれに該当します。

◆ 就業規則の変更により労働条件を不利益に変更する場合

就業規則を変更した場合は、作成する時と同様、労働基準監督署に届出をすることが労働基準法により定められています。

変更する際には、労働者代表の意見を聴いた上で「意見書」を添付する必要があります。

しかし、就業規則の変更が労働者に不利益になる場合は、労働者代表の意見を聴くだけでは足りず、労働契約法の原則に従った「合意」を得られなければ、原則として変更することはできません。

◆ 労働者の合意を得ずに不利益変更ができるケース

一定の要件を満たした場合には、労働者との合意を得ないまま、就業規則を変更し、労働条件を不利益に変更することが可能です。

ただし、この場合は、変更後の就業規則の内容を労働者に周知させる（広く知らせる）ことが必要です。さらに、就業規則の変更内容が、①労働者の受ける不利益の程度、②労働条件の変更の必要性、③変更後の就業規則の内容の相当性、④労働組合との交渉の状況、などの事情を考慮した上でのものであり、合理的であると認められなければいけません。

このような要件を満たす変更であれば、労働者を不当に不利にする就業規則の変更とはみなされず、労働者との合意を得ずに変更することも可能です。

■ 就業規則の作成にあたっての注意事項

作成義務	常時10人以上の労働者を使用している場合には、作成義務がある
意見聴取義務	作成・変更に際しては、労働者代表の意見を聞かなければならない
周知義務	労働者に周知させなければならない
規範的効力	就業規則で定める基準に達しない労働契約は、その部分につき無効となり、無効部分は就業規則で定めた基準による

第1部 13

採用時の社会保険関係の手続き

社会保険や雇用保険の手続きが必要

◆ 三帳簿と新入社員に提出してもらう書類

　会社などの事業所で新たに従業員を採用した場合には、様々な書類を作成します。このような書類には法律による書式の規定が設けられていないため、原則として事業所の必要にあわせて自由に作成することができます。ただ、人を雇用する事業所として、法律上、備え付けが義務付けられている書類もあります。これを法定三帳簿（または雇用三帳簿）といいます。法定三帳簿とは、①出勤簿またはタイムカード、②賃金台帳、③労働者名簿の３つの書類です。これらの書類は、雇用保険に関する手続きの際などの場合に、従業員の就労状況を把握するため、提出が求められるケースあります。また、労働基準監督署が行う調査が実施される場合などもこれらの帳簿の提出が必要となり、これらの帳簿をもとに従業員の長時間時間や未払い残業代の調査が行われます。従業員を採用した事業所は、これらの法定三帳簿を必ず作成しなければなりません。

　また、会社などの事業所で従業員を採用した場合にその従業員から提出してもらう書類には、一般的に、①履歴書（自筆、写真貼付）、②最終学歴の卒業証明書（新卒者の場合）、③誓約書（仕事の内容による）、④身元保証書、⑤個人番号または通知カード（提出を求める場合は就業規則の変更が必要）などの書類があります。

◆ 新しく社員を雇ったときの社会保険の手続き

　新しく社員を雇った時の手続きには以下のものがあります。

① 雇用保険の手続き

　雇用保険は、採用した従業員の雇用形態や年齢、従業員と会社との間の雇用契約の内容によって、加入できるか（被保険者に該当するか）を判断します。従業員を採用したときに公共職業安定所（ハローワーク）に提出する書類は「雇用保険被保険者資格取得届」です。

② 健康保険と厚生年金保険の手続き

　原則として、健康保険と厚生年金保険は同時加入が義務付けられているため、健康保険と厚生年金保険は、手続きも同時に行われます。

　新しく従業員を採用した場合、「健康保険厚生年金保険被保険者資格取得届」を所轄年金事務所に提出します。健康保険組合がある会社については、その健康保険組合にも提出します。

　被保険者資格取得届には、基礎年金番号を記入します。採用した従業員が年金手帳を紛失したために番号がわからない場合は、「年金手帳再交付申請書」を取得届と同時に提出します。

　採用した従業員に被扶養者がいる場合は、「健康保険被扶養者（異動）届」を提出し、被扶養者分の保険証の交付を受けます。

　なお、70歳以上の従業員は健康保険のみの加入です。

■ 社員を採用した場合の各種届出

事由	書類名	届出期限	提出先
社員を採用したとき（雇用保険）	雇用保険被保険者資格取得届	採用した日の翌月10日まで	所轄公共職業安定所
社員を採用したとき（社会保険）	健康保険厚生年金保険被保険者資格取得届	採用した日から5日以内	所轄年金事務所
採用した社員に被扶養者がいるとき（社会保険）	健康保険被扶養者（異動）届	資格取得届と同時提出	所轄年金事務所
労働保険料の申告（年度更新）	労働保険概算・確定保険料申告書	毎年6月1日から7月10日まで	所轄労働基準監督署

第1部 14
退職時の社会保険関係の手続き

資格喪失届や離職証明書の提出などの手続きが必要になる

◆ 作成しなければならない書類はたくさんある

　退職した社員が会社に対して退職証明書の交付を請求した場合は、会社には速やかに交付を行う義務があります。退職証明書とは、社員が退職に至るまでの経緯を証明する書類です。

　また、社員が離職した場合には、社会保険（健康保険・厚生年金保険）と労働保険の資格喪失手続きをしなければなりません。さらに、離職した人が雇用保険の失業等給付を受けられるようにするための手続きも、本人の希望などにより必要になる場合があります。

・健康保険厚生年金保険被保険者資格喪失届

　社員が離職したときは健康保険と厚生年金保険の資格も喪失します。資格の喪失日は原則として離職した日の翌日になります。

　事業主は、労働者が社会保険の資格を喪失した日（離職した日の翌日）から5日以内に管轄の年金事務所へ「健康保険厚生年金保険被保険者資格喪失届」を提出します。

　添付書類としては、健康保険被保険者証が必要になります。離職した者と連絡がつかない場合などには被保険者証を回収できないこともあります。そのような場合は、「資格喪失届」の他に「健康保険被保険者証回収不能届」を提出します。

・雇用保険被保険者資格喪失届

　社員が離職したときは、雇用保険の資格を喪失させる手続きを行います。主な離職理由には、①自己都合、②契約期間満了、③定年、④取締役就任、⑤移籍出向、⑥解雇があります。

事業主が、離職した日の翌日から10日以内に雇用保険被保険者資格喪失届を、管轄の公共職業安定所へ届け出ます。原則として「雇用保険被保険者離職証明書」を添付しますが、本人が離職票の交付を希望しないときは添付する必要がありません。ただ、59歳以上の人の場合は必ず離職証明書を添付します。その他の添付書類には、①労働者名簿、②出勤簿、③賃金台帳、などがあります。また、離職理由によっては事実確認のための書類の提出が必要になることがあります。

・離職証明書

　離職者が失業等給付を受けるためには、離職票が必要になります。離職票の交付を受けるために作成しなければならない書類が離職証明書です。離職者が雇用保険の失業給付を受けるために離職票の交付を希望したときは、資格喪失届に加えて雇用保険被保険者離職証明書を作成します。事業主は、離職日の翌日から10日以内に管轄の公共職業安定所に離職証明書を届け出ます。添付書類は、ⓐ雇用保険被保険者資格喪失届、ⓑ労働者名簿、ⓒ賃金台帳、ⓓ出勤簿、ⓔ退職届のコピーまたは解雇通知書など（離職理由が確認できる書類）です。

■ 社員の退職の際に必要になる手続き

雇用保険	退職前	・雇用保険被保険者証を退職者に返却する ・失業等給付を受給する手続きと求職の申込みについての説明をする
	退職後	・退職者への離職票の交付、資格喪失届の提出
社会保険	退職前	・退職者から健康保険証を返却してもらう ・年金手帳を預かっている場合には、退職者に返還し、年金の切り替え手続きについてアドバイスをする
	退職後	・退職者が任意継続被保険者になる場合、その旨の手続きの説明を行う ・年金事務所への厚生年金の資格喪失届の提出

第1部 15

産休や子どもの養育と社会保険料についての手続き

保険料負担増や年金額減額を防ぐための様々な制度がある

◆ 産前産後休業の社会保険料免除とは

　女性労働者が産前産後休業を取得した場合、労働者の申し出により休業期間中(産前産後休業の開始月より終了予定日翌日の月の前月)までの保険料の納付が免除されます。事業主が、事業所を管轄する年金事務所に「健康保険・厚生年金保険産前産後休業取得者申出書」を産前産後休業が終了する前に提出すれば足り、その他添付書類はありません。

◆ 産前産後休業の終了後に賃金が低下した場合

　産前産後休業後、労働者が労働日数・時間を短縮して職場復帰した場合、賃金が減額されます。ここで産前の社会保険料が適用されると、労働者に大きな負担となる可能性があります。そこで、産前産後休業後に復職し、賃金が下がった場合には、3か月の賃金の平均の標準報酬月額(標準報酬月額表に実際の総支給額をあてはめて算出する額で、厚生年金保険料や健康保険料を算出する際の給与報酬とみなされる月額のこと)が従前額と比較して1等級以上の差がある場合は、4か月目から標準報酬月額が改定されます。ただし、産前産後休業終了日の翌日の属する月以後3か月中に17日以上の賃金支払基礎日数が必要です。

　また、産前産後休業取得後に育児休業を取得する場合は上記制度の対象外です。これは、育児休業終了後、3歳未満の子を養育している場合に限り、固定的賃金の変動がなくても標準報酬月額の改定が可能であるためです。

◆ 育児休業中の社会保険料の免除制度とは

育児休業期間中は働けないため、労働者の収入が減少します。このため、社会保険料の納付が免除される制度が設けられています。

免除される社会保険料は、健康保険、介護保険、厚生年金保険で、労働者本人の負担分・会社負担分共に免除されます。免除期間は育児休業と子が3歳になるまでの休業期間です。社会保険料の支払いが免除されてもその期間中は保険料を支払ったものとして扱われますので、健康保険や介護保険の給付を受けることは可能です。

◆ 養育期間標準報酬月額特例申出書を提出する

厚生年金の場合、標準報酬月額が下がり年金保険料が減額されると、その分将来受け取る年金額も減少します。このため、3歳未満の子を養育している期間中に標準報酬月額が低下する場合は、申し出時から2年間前までの養育期間について、特例として子の養育開始月の前月の標準報酬月額を使用して年金額を計算することができます。申請方法としては、事業主が厚生年金保険養育期間標準報酬月額特例申出書を提出します。添付書類として、戸籍謄本（抄本）または戸籍記載事項証明書、住民票の写しが必要です。なお、2以上の事業所に勤務していた場合にはそれぞれの事業所での被保険者期間ごとに申請します。

■ 産前産後休業における保険料免除期間の一例

例：出産予定日が6月30日の場合

5月	6月	7月	8月
5/20～6/29	6/30	7/1～8/25	
産前休業	出産予定日	産後休業	

 産後休業終了予定日の翌日の月の前月＝8/26の前月
つまり、5月～7月分の保険料が免除される

第1部 16

労使協定・労働協約

労使の利害を調整するためのもの

◆ 労使協定とは

労使協定とは、事業場に労働者の過半数で組織する労働組合があるときはその労働組合、労働者の過半数で組織する労働組合がないときは労働者の過半数を代表する者との書面による協定をいいます。労使協定には、労働基準監督署への届出が義務付けられているものとそうでないものがあります。たとえば、労働時間については1日8時間、週40時間という制限がありますが、労使協定を結び労働基準監督署に届け出た場合は、1日8時間以上の労働を命じても違法にはなりません。

◆ 労働協約とは

労使間での団体交渉の結果、労働組合と使用者との間で労働条件が決定されると、その内容は、当事者の署名・押印と共に書面に残されます。これが労働協約です。

労働協約は、使用者側と労働者側の間で作成される書面の中では、就業規則や労働契約書などに比べ非常に強い効力を持ちます。

労働協約は、労働組合と使用者の合意によって締結されます。ただ、その内容に効力をもたせるには、正式に書面にして当事者双方が署名・押印をする必要があります。労働協約に定める労働条件その他労働者の待遇についての基準に違反する就業規則や労働契約は、その部分が無効になります。そして、無効となった部分の効力は、労働協約の定める基準に従い判断します。また、労働契約で定められていない部分についても労働協約に従います。1つの事業場に常時使用される

同種の労働者の4分の3以上の者が、1つの労働協約の適用を受ける場合には、その事業場の残りの労働者にも、その労働協約が適用されることになります。この効力を一般的拘束力といいます。

◆ 労使委員会とは

労働基準法によって、労使の間に入って協議を進める担当機関として、労使委員会を設置することが認められています。

労使委員会の目的は、賃金、労働時間などの事業場における労働条件について調査審議し、事業主に対して意見を述べることです。労使委員会は、継続的に設置される機関で、使用者と事業場の労働者を代表する者から構成されます。

労使委員会の決議には、労使委員会の委員の5分の4以上の多数決によることで労使協定の代替とすることが認められる場合があります。たとえば、1年・1か月・1週間単位の変形労働時間制や時間外労働を導入する場合には労使協定が必要ですが、労使委員会の決議があれば、労使協定を定める必要はなくなります。

■ 労使協定および労使委員会の決議が必要な事項

① 貯蓄金の管理、② 賃金の一部控除、③ 1か月単位の変形労働時間制、④ フレックスタイム制、⑤ 1年単位の変形労働時間制、⑥ 1週間単位の非定型的変形労働時間制、⑦ 休憩時間の与え方に関する協定、⑧ 時間外・休日労働、⑨ 割増賃金の支払いに代えて付与する代替休暇、⑩ 事業場外労働のみなし労働時間制、⑪ 専門業務型裁量労働のみなし労働時間制、⑫ 時間単位の年次有給休暇の付与、⑬ 年次有給休暇の計画的付与制、⑭ 年次有給休暇に対する標準報酬日額による支払い、⑮ 企画業務型裁量労働のみなし労働時間制、⑯ 育児休業の適用除外、⑰ 介護休業の適用除外、⑱ 子の看護休暇の適用除外、⑲ 介護休暇の適用除外、⑳ ③から⑭までの協定に代わる労使委員会の決議を行う場合

健康診断

事業主には健康診断を行う義務がある

◆ 健康診断の種類

　事業主は、労働者に対して健康診断を受けさせなければならないという、法律上の義務があります。そして、健康診断の結果に基づき、労働者の健康を維持するための措置について医師の意見を聴く必要があり、その上で医師の意見をふまえて、労働者の健康を維持するために必要がある場合には、就業場所の変更や深夜業の回数の減少など必要な措置を講じることになります。

　健康診断には、労働者に対して定期的に実施する一般健康診断と、危険な業務に従事する労働者に対して行う特殊健康診断があります。一般健康診断の種類は、次ページの図の通りとなっています。

◆ 定期健康診断・海外派遣者の健康診断

　１年以内ごとに定期的に１回、または常時使用する労働者を雇い入れるときは、定期健康診断を行う必要があります。

　定期健康診断の受診項目は、①既往症および業務歴の調査、②自覚・他覚症状（医師の検査で判明する症状）の有無、③身長、体重、腹囲、視力・聴力の検査、④胸部エックス線検査、⑤血圧の測定、⑥貧血検査（赤血球数、血色素量）、⑦肝機能検査（GOT、GPT、γ-GTP）、⑧血中脂質検査、⑨血糖検査、⑩尿検査（尿中の糖および蛋白の有無の検査）、⑪心電図検査、となっています。なお、３か月以内に医師による診断を受けている場合は、その項目についての健康診断を省略することができます。

また、労働者を6か月以上海外に派遣するときは、あらかじめ一定項目の健康診断を行わなければなりません。また、6か月以上海外勤務した労働者を帰国させ、国内の業務に就かせるときも、健康診断が必要です。実施すべき検査項目は、定期健康診断の各項目に加え、次の、①腹部画像検査（胃部エックス線検査、腹部超音波検査）、②血中の尿酸の量の検査、③B型肝炎ウイルス抗体検査、④ABO式およびRh式の血液型検査（派遣前に限る）、⑤糞便塗抹検査（帰国時に限る）、のうち医師が必要と認めるものです。

◆ 健康診断の時間や費用はどうなる

　健康診断にかかる費用は、原則として事業者が負担します。これは、健康診断の実施が法律で定められた事業者の義務であるためです。

　一方、健康診断に必要な時間については、健康診断の種類によって取扱いが異なります。まず、雇入れ時の健康診断や定期健康診断の場合、業務に関連するものとはいえず、事業主に賃金の支払義務はないとされています。つまり、健康診断の時間は就業時間扱いとはならないということです。しかし、労働者の多くが事業場を抜けて健康診断

■ 一般健康診断の種類

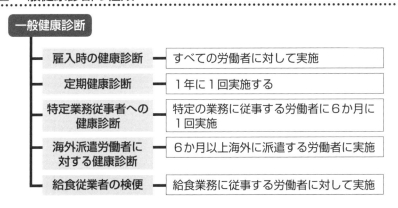

を受けるということになると、業務が円滑に進みません。このため、労使で協議の上、就業時間中に健康診断を実施し、事業主が受診に要した時間の賃金を支払うことが望ましいというのが厚生労働省の見解です。次に、特定業務従事者の健康診断ですが、こちらは業務に関連して実施すべきものであるため、所定労働時間内に実施し、賃金を支払うべきとされています。

◆ 健康診断の結果通知や保険指導

　会社は、労働者の健康を維持するという観点から、異常の所見の有無にかかわらず健康診断の結果を労働者へ通知しなければなりません。

　労働者が、健康診断の結果に応じて健康維持のために必要なことを把握するためです。例外として、HIVへの感染が発覚した事例について、「検診結果を通知することが、かえって従業員の人権を侵害するような場合には、会社はこれを従業員に通知してはならない」という判断をした裁判例があります（東京地裁平成7年3月30日判決）が、少し前の判断であることをふまえると、現在そのままあてはまるとは限りません。重病であることが発覚した場合の対処については、厚生労働省や専門家に確認し、マニュアルを策定しておくとよいでしょう。

◆ 医師による面接指導が行われる場合とは

　過重労働による健康障害を防止するため、すべての規模の会社に対して、長時間労働者に対しての医師による面接指導の実施が義務付けられています。面接指導の対象となる労働者は、週40時間を超えて労働した場合で、その超えた時間が1か月当たり100時間を超え、かつ、疲労の蓄積が認められる労働者です。

　前述の要件に該当する労働者から申し出があった場合には、事業者は、原則として医師による面接指導を行わなければなりません。

　また、面接指導の実施後、会社側は労働者の健康を守るために行う

べき措置について医師の意見を仰ぎます。その上で、必要性に応じて、作業転換や労働時間の短縮措置などの実施をしなければなりません。

また、事業者は、週40時間を超える労働が1か月当たり80時間を超えたことにより疲労の蓄積が認められ、または健康上の不安を有している労働者に対しても面接指導、あるいはそれに準じる措置を行うように努めなければなりません。

◆ 自発的な健康診断とは

労働安全衛生法では、原則として午後10時から午前5時までの間における業務（深夜業）に従事する労働者が一定の要件を満たす場合、自ら受けた健康診断の結果を証明する書面を事業者に提出することができると規定しており、これを自発的健康診断といいます。

自発的健康診断結果の提出には期限が設けられており、健康診断の受診後の3か月以内です。深夜業という特殊な労働環境にあって、自らの健康に不安を抱く労働者が自発的に健康診断を受け、事業者に結果を提出した場合、事業者は事後措置等を講じる義務を負います。

■ 健康診断の実施手順

① **健康診断の実施**
必要な健康診断を実施後、労働者ごとに「異常なし」「要観察」「要医療」等の診断区分に関する医師等の判定を受ける

② **二次健康診断の受診勧奨等**
医師の診断結果により二次健康診断対象者を把握し、受診の勧奨・二次健康診断結果の提出の働きかけを行う

③ **医師等の意見聴取**
事業者は必要に応じて労働者の作業環境や作業負荷の状況、過去の健康診断の結果等の情報を提供した上で、医師から健診結果への意見聴取を行う

④ **就業上における措置決定**
意見聴取後、労働者自身の意見を聞いて十分に話し合い、就業区分に応じた措置を決定する

第1部 18

ストレスチェック

労働者が50人以上の会社には義務付けられている

◆ 安全衛生法改正によるストレスチェックの義務化

　近年、仕事や職場に対する強い不安・悩み・ストレスを感じている労働者の割合が高くなりつつあることが問題視されています。これに伴い、仕事による心理的な負担によって精神障害を発症するケースや、最悪な場合は自殺するケースなどがあり、労災の認定が行われる事案も増えています。

　こうした状況を受けて、労働安全衛生法が改正され、平成26年6月に可決成立しました。この改正で、以前から課題となっていた「職場におけるストレスチェック（労働者の業務上の心理的負担の程度を把握するための検査）の義務化（当面は、従業員50名以下の事業所は努力義務）」が実現しました。

◆ ストレスチェックとは

　ストレスチェックとは、いわば定期健康診断のメンタル版で、会社側が労働者のストレス状況を把握することと、労働者側が自身のストレス状況を見直すことができる効果があります。

　具体的には、労働者にかかるストレスの状態を把握するため、アンケート形式の調査票に対する回答を求めます。内容は、仕事状況や職場の雰囲気、自身の状態や同僚・上司のコミュニケーション具合など、様々な観点の質問が設けられています。ストレスチェックで使用する具体的な内容は、会社が自由に決定することができますが、厚生労働省のホームページから「標準的な調査票」を取得することも可能です。

職場におけるストレスの状況は、職場環境に加え個人的な事情や健康など、様々な要因によって常に変化するものです。
　そのため、ストレスチェックは年に一度以上の、定期的な実施が求められています。まずは、平成28年11月末までに第1回目のストレスチェックを実施することが求められています。

◆ ストレスチェックの対象となるのは

　平成27年12月より、ストレスチェック制度が義務付けられます。その対象となるのは、労働者が50人以上いる会社です。この要件に該当する場合は、年に1回以上のストレスチェックの実施が求められています。さらに、労働者が50人以上いる会社の場合は、ストレスチェックの実施後に「検査結果等報告書」を労働基準監督署長へ提出する必要があります。この報告書へは、検査の実施者が面接指導の実施医師、検査や面接指導を受けた労働者の数などを記載します。
　なお、対象となる労働者は、常時雇用される労働者で、一般健康診断の対象者と同じです。無期雇用の正社員に加え、1年以上の有期雇用者で、正社員の4分の3以上の時間に働いているパートタイム労働者やアルバイトもストレスチェックの対象です。ただし、派遣労働者

■ ストレスチェックの流れ

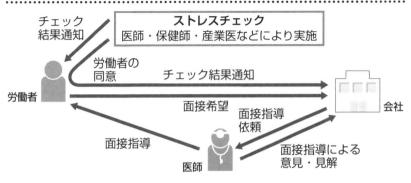

の場合は、所属する派遣元で実施されるストレスチェックの対象となります。

◆ ストレスチェックは労働者の義務なのか

ストレスチェックは、常時50人以上の労働者を雇用する会社に対して義務付けられた制度です。しかし、ストレスチェックを受けることは労働者の義務ではありません。

つまり、労働者にストレスチェックを強要することはできず、拒否する権利が認められています。しかし、ストレスチェックはメンタルヘルスの不調者を防ぐための防止措置であるため、会社は拒否をする労働者に対して、ストレスチェックによる効果や重要性について説明した上で、受診を勧めることが可能です。

なお、ストレスチェックを拒否した労働者に対して、会社側は不当な解雇や減給などの不利益な取扱いを行ってはいけません。

◆ ストレスチェック実施時の主な流れとは

ストレスチェックについては、厚生労働省により、前述の調査票をはじめとした様々なルールが定められています。

その具体的な内容については、主に次の通り定められています。

① 会社は医師、保健師その他の厚生労働省令で定める者（以下「医師」という）による心理的負担の程度を把握するための検査（ストレスチェック）を行わなければならない。

② 会社はストレスチェックを受けた労働者に対して、医師からのストレスチェックの結果を通知する。なお、医師は、労働者の同意なしでストレスチェックの結果を会社に提供してはならない。

③ ストレスチェックを受けて医師の面接指導を希望する労働者に対して、面接指導を行わなければならない。この場合、会社は当該申し出を理由に労働者に不利益な取扱いをしてはならない。

④ 会社は面接指導の結果を記録しておかなければならない。
⑤ 会社は、面接指導の結果に基づき労働者の健康を保持するために必要な措置について、医師の意見を聴かなければならない。
⑥ 医師の意見を勘案（考慮）し、必要があると認める場合は、就業場所の変更・作業の転換・労働時間の短縮・深夜業の回数の減少などの措置を講ずる他、医師の意見の衛生委員会等への報告その他の適切な措置を講じなければならない。
⑦ ストレスチェック、面接指導の従事者は、その実施に関して知った労働者の秘密を漏らしてはならない。

会社では、前述のように定められたルールに沿ってストレスチェックの実施を行うことが求められています。これまでにメンタルヘルス疾患や過重労働についての対策をとっていた会社の場合も、これまで以上に体系的な従業員へのストレス状況への対応が求められることになります。

■ ストレスチェックの対象労働者

事業所規模	雇用形態	実施義務
常時50人以上	正社員	義務
	非正規雇用者（パート・アルバイト等）	義務
	1年未満の短期雇用者	義務なし
	派遣労働者	派遣元事業者の規模が50人以上なら義務
常時50人未満	正社員	努力義務
	非正規雇用者（パート・アルバイト等）	努力義務
	1年未満の短期雇用者	義務なし
	派遣労働者	派遣元事業者の規模が50人未満なら努力義務

パートタイマーの雇用管理

契約期間のルールを熟知し、適切な雇用管理を行う

◆ 契約期間にはルールがある

　労働基準法では、有期労働契約の期間として原則3年、厚生労働省が認める高度な専門技術を持つ者や満60歳以上の労働者は5年という上限が定められています。また、契約した期間は雇用関係が成立するため、原則として契約期間中は退職できません。しかし、期間の初日から1年を経過すれば、労働者は申し出によりいつでも退職が可能な、任意退職という暫定ルールが設けられています。ただし、この任意退職は契約期間の上限が5年である専門技術を持つ者や満60歳以上の者には適用外です。また、完了までに一定の期間が必要な場合は、定めを超えた労働契約を交わすことができます。

◆ 103万円、130万円といった壁と雇用管理

　特に主婦のパートタイマーには、働ける環境にある中あえて労働時間を制限している人がいます。これは、生計を維持する夫の扶養から外れることのないよう、収入を制限しているためです。この収入制限がいわゆる103万円、130万円といった「壁」です。1年間の収入が103万円以下であれば、税法上の扶養対象となります。

　また、年間収入が130万円未満であれば、社会保険上の扶養対象となります。ただし、平成28年10月より、パートタイマーの社会保険加入要件が緩和される予定です（①週の勤務時間が20時間以上、②月収が88,000円以上（年収106万円以上）、③1年以上の継続勤務、④職場の社員数が501名以上、のすべてに該当すれば加入が可能になる予定）。

当初は従業員が500人を超える企業のみが対象となり、それ以外の企業に適用されるのは平成31年以降の予定です。多くの中小企業に適用されるのは平成31年以降と考えておけばよいでしょう。

年間収入130万円以上のパートタイマーは夫（または妻）の被扶養者としては扱われなくなるため、単独で加入することになり、原則として雇用する事業主も保険料を折半して負担することになります。

このような事情から、週の所定労働時間、労働日などを雇用契約書であらかじめ定めることが必要になります。特に社会保険の場合は、単に年間130万円未満であっても、雇用条件によっては加入が必要な場合があります。社会保険の加入対象であるパートタイマーを加入させない場合、使用者に罰則が課される可能性もあるので、適切な雇用管理が非常に重要です。

◆ パート契約から無期労働契約へ転換するケースもある

有期労働者の場合でも、同じ使用者と交わした労働契約の通算期間が5年を超えれば、労働契約を無期契約に転換するように申し込むことができます。使用者側には、この申込みを拒否する権利はありません。また、無期契約転換時の労働条件は、原則として有期の労働契約時と同じ内容になります。

■ パートタイマーと労働保険・社会保険の適用

保険の種類		加入するための要件
労働保険	労災保険	なし（無条件で加入できる）
	雇用保険	31日以上引き続いて雇用される見込みがあり、かつ、1週間の労働時間が20時間以上であること
社会保険	健康保険	パートタイマーの1日または1週間の労働時間と1か月の労働日数が、正社員の概ね4分の3以上であることをひとつの目安とした上で、就労形態・職務内容といったその他の事情を総合的に検討して判断する
	厚生年金保険	

高年齢者雇用安定法と高齢者の雇用

高年齢者の雇用を確保することが定められている

◆ 65歳までの労働者の雇用確保が義務付けられる

　高年齢者雇用安定法の改正により、各企業には高年齢の労働者に対して次のような雇用確保制度が義務付けられます。
① 　定年に関する制限（60歳以下の定年年齢の定めは禁止）
② 　高年齢者の雇用確保措置（定年年齢が65歳未満の定年年齢の場合、定年年齢の引上げ・継続雇用制度の導入・定年の廃止のいずれかを講じる必要あり）
③ 　高年齢者雇用推進者の選任

◆ 継続雇用制度を用いる場合

　継続雇用制度とは、労働者の希望に応じて定年後も雇用を続ける制度のことで、労使協定を締結することで実施できます。再雇用制度と勤務延長制度の２種類の方法があり、再雇用制度とは、定年者をいったん退職させ、その後に雇用形態を問わず再雇用する制度です。一方、勤務延長制度とは、定年者を退職させず、引き続き雇用する制度です。雇用契約は消滅せず引き継がれます。

　ただし、継続雇用制度には適用年齢に関する経過措置が認められています。60歳に定年を迎えた者が年金を受給できるまでの期間について、収入確保のために継続雇用を希望した場合はその全員を再雇用しなければなりません。一方、65歳までの間に年金の受給が開始される者については、労使協定を用いて継続雇用者の要件を定めることが可能になります。

◆ 導入の手順とは

　再雇用制度や勤務延長制度は、就業規則や労働協約で定めることで導入することができます。手続きとしては、まず企業と労働者との間で労働契約を締結します。雇用形態や労働条件などについての定めはなく、原則として労働関係法令に抵触せず、労働者が65歳になるまで雇用するのであればどのような形でも問題はありません。

　雇用期間については、労働者の立場からすれば、できるだけ長い期間雇用してもらいたいと考えます。しかし、雇用期間途中で再雇用した者の能力に問題が生じた場合の対応に窮することになり得るため、通常は、雇用期間を１年間として、１年ごとに雇用契約を更新していきます。１年ごとに雇用契約が更新されるとしても、労働者の年齢が65歳になるまで更新され続けるのであれば問題はありません。

　また、再雇用者に与える業務内容については、いったん雇用契約を解消した高年齢者であることを考慮し、役職からは離脱させることが適切な場合もあります。ただし、再雇用者が優秀で後任に適当な人材がいない場合には、引き続き高年齢者に役職を継続してもらうこともあります。

■ 再雇用契約を結ぶときに注意すること

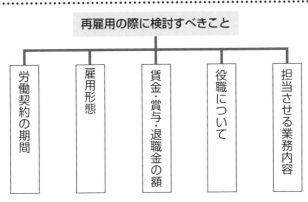

再雇用の際に検討すべきこと
- 労働契約の期間
- 雇用形態
- 賃金・賞与・退職金の額
- 役職について
- 担当させる業務内容

第1部 21

会社員の税金

通勤手当の非課税などをまとめる

◆ 通勤手当

　労働者が通勤する際に必要とする費用を会社が支給する「通勤手当」は、月々受け取る給料とは異なるものですが、労働基準法上は「賃金」として扱われます。通勤手当に対する税金の扱いについてですが、「役員や使用人に通常の給料に加算して支給する通勤手当などは非課税」とされています。もっとも、どれだけ高額な通勤費の支給を受けても、全く税金がかからないというわけではなく、限度額が設定されています。電車やバスなどの交通機関を利用している人とマイカーや自転車などを使っている人の通勤手当等において非課税となる限度額については、以下の通りです。

① **電車やバスなどの交通機関を利用して通勤している場合**

　この場合の非課税となる金額は「1か月当たりの合理的な運賃等の額」です。限度額は、通勤手当や通勤定期券などの金額のうち、1か月当たり15万円までの金額です。

　この合理的な運賃等の額とは、経済的で最も合理的な経路で通勤した場合の通勤定期券などの金額をいいます。また、この合理的な運賃等の額には、新幹線を利用した場合の特別急行料金は含まれますが、グリーン車を利用した場合の料金は含まれません。

② **マイカーや自転車などを使って通勤している場合**

　この場合の非課税限度額は、片道の通勤距離に応じて、図（次ページ）のように定められています。

③ **電車やバスなどの交通機関とマイカー等を利用している場合**

１か月当たりの合理的な運賃等の額と前述の②に掲げる金額との合計額です。ただし、最高限度額は15万円です。
　このように税法上認められた１か月当たりの非課税限度額を超えて通勤手当や通勤定期券などを支給している場合には、超える部分の金額が給与として課税されます。この超える部分の金額は、通勤手当や通勤定期券などを支給した月の給与の額に上乗せして所得税及び復興特別所得税の源泉徴収を行います。

◆ 社宅家賃への課税

　会社が従業員に対して無償（タダ）または低額の賃貸料で会社所有の社宅や寮を貸すことにより支給する現物給与については、その年度の家屋および敷地の固定資産税の課税標準額を基に計算した「賃料相当額」と、その従業員から徴収している賃貸料の額との差額が給与所得とされます。これは、借上社宅（元々は民間のアパート・マンショ

■ 通勤費の非課税限度額

区分			非課税限度額
1	交通機関を利用している場合		
	a	支給する通勤手当	１か月当たりの合理的な運賃等の額
	b	支給する通勤用定期券・乗車券	（最高限度15万円。平成28年時点）
2	マイカーや自転車などを利用している場合		
	（片道の通勤距離）		
	２ｋｍ未満		全額課税
	２ｋｍ以上１０ｋｍ未満		4,200円
	１０ｋｍ以上１５ｋｍ未満		7,100円
	１５ｋｍ以上２５ｋｍ未満		12,900円
	２５ｋｍ以上３５ｋｍ未満		18,700円
	３５ｋｍ以上４５ｋｍ未満		24,400円
	４５ｋｍ以上５５ｋｍ未満		28,000円
	５５ｋｍ以上		31,600円

ンだったものを会社が借りて従業員用の社宅とすること）の場合も同様の取扱いです。「賃料相当額」は次の①、②の合計額と定められています。

① その年度の家屋の固定資産税の課税標準額×0.2％＋12円×家屋の総床面積/3.3㎡
② その年度の敷地の固定資産税の課税標準額×0.22％

　ただし、従業員から徴収している賃貸料が、その計算した賃料相当額の50％以上である場合には、その差額については課税されません。また、固定資産税の課税標準額が改訂された場合であっても、その改訂後の課税標準額が現に賃料相当額の計算の基礎となっている課税標準額に比して20％以内の増減にとどまるときは、現在計算の基礎となっている課税標準額を基とする取扱いをして差し支えないとされています。なお、この算式は使用対象者、家屋の面積、使用目的等によって異なります。

◆ 海外勤務と課税

　海外で勤務する場合、「居住者」と「非居住者」のいずれに該当するかによって、課税される所得の範囲や課税方法が異なります。居住者とは、日本国内に住所を有する個人か、日本国内に現在まで引続き1年以上居所を有する個人をいい、すべての所得が課税の対象となります。非居住者とは、居住者以外の個人をいい、国内源泉所得だけが課税の対象になります。

　「住所」とは、一般に各人の生活の本拠となる場所のことをいい、生活の本拠となる場所であるかどうかは客観的な事実によって判定されます。海外勤務者については、その者が国外において継続して1年以上居住することを通常必要とする職業を有する場合には、その者は日本国内に住所を有しない者と推定することになっています。

　海外勤務者が非居住者に該当する場合、日本における課税所得の範

囲は、所得税法上の「国内源泉所得」と呼ばれる特定の所得に限定されます。国内源泉所得とは、簡単にいえば国内で生じた所得という意味です。したがって、国内において行う勤務がない場合の給料や賞与は、それが国内で留守家族に支払われようと国内源泉所得には該当せず、日本では課税されません。会社員の場合、通常、出向した海外の現地法人から給与をもらいますので、日本の税法でなく滞在国の税法が適用されます。非居住者が日本で留守宅手当などをもらっていたとしても、日本では課税されず、源泉徴収もされません。

　なお、役員の場合は、国外で行う勤務も国内で行う勤務に含まれます。役員としての業務は、場所ではなく法人に帰属するものと判断されるためです。したがって、会社役員については、例外的に、国内でも報酬や賞与の20.42％の源泉所得税がかかりますが、勤務している国でも税金をかけられるため二重課税となってしまいます。この場合、勤務している外国での確定申告の際、収めるべき税金から国内で源泉徴収された20.42％の税金を差し引いた後の納税額で済ませることができます。これを外国税額控除（租税条約を結んだ相手国側の外国税額控除のこと）といいます。

■ 居住者と非居住者との区分

所得税の納税義務者（個人）
- 居住者 ……… 次のいずれかに該当する者をいう
  - ①日本国内に住所を有する個人
  - ②日本国内に現在まで引き続き1年以上居所を有する個人
  - ※課税所得は「すべての所得」
- 非居住者 ……… 居住者以外の個人をいう（日本国内に住所も1年以上居所も有しない個人）
  - ※課税所得は「国内源泉所得」

第1部 22

給与計算の流れとスケジュール

社会保険料や源泉所得税の控除などの各種事務を行う

◆ 事業主は締め日までの給与を計算して支給する

　給与計算とは、一定のルールに従って決定された支給額から、税金や社会保険料などの様々な控除すべき金額を差し引いて、手取額を計算する事務のことです。

　事業主は締め日までの給与を計算して、毎月決められた日（給料日）に従業員に対して給与を支給します。

　事業主は従業員に支給する給与の中から、健康保険・介護保険料・厚生年金保険・雇用保険などの保険料や所得税・住民税などの税金を控除します。

　健康保険・介護保険・厚生年金保険・雇用保険料については、労働者と使用者が共同で負担するため、従業員から預かった保険料に事業主が負担する保険料を上乗せして、国などに納めることになります。

　一方、所得税・住民税などの税金については、事業主が期日までに国や市区町村に納付します。この点で事業主は国や市区町村の徴収事務を代行しているといえます。給与や報酬・料金など特定の所得を支払う者（会社員なら会社）がその支払時に、あらかじめ税金分を差し引くことを源泉徴収といいます。源泉徴収された税金は、所得税の概算的な前払いですので、最終的には確定申告時（一般的な会社員の場合は年末調整時）に精算されます。住民税についても多くの会社では特別徴収という方式をとっており、その場合、所得税と同様に給与から住民税額が天引きされます。

　給与計算をする上で、事業主は、「給与明細書の作成」「給与の支

給」「社会保険料や源泉所得税などの納付」といった一連の毎月の業務を行います。

また、通常は、4月1日〜翌年3月31日までの1年間を一保険年度として給与計算関連事務を行います。

■ 毎月の事務のまとめ

1	人事情報の確認	採用、退職、結婚、出産、転居、死亡などを確認
2	勤務時間数の算出	締切日に出勤簿またはタイムカードで勤務時間数を算出
3	給与の計算	基本給(固定)＋諸手当(変動)で総支給額を決定
4	控除額の計算	社会保険料、源泉所得税、住民税を計算
5	差引き支給額の決定	各従業員の支給額(手取り)を決定
6	給与明細書の作成	支給項目、控除項目、勤怠項目を記入
7	差引支給額の支給	口座振込の場合も給与明細書は手渡し
8	賃金台帳への記載	支給総額と控除額は毎月記録
9	社会保険料・雇用保険料	事業主負担分とあわせて毎月末までに納付
10	税金の納付	翌月10日までに納付

■ 給与計算事務の年間スケジュール

月	毎月の事務	重要事務
4月	給与計算	新入社員に関する手続き
5月	給与計算	
6月	給与計算	住民税の額の改定
7月	給与計算	賞与の計算、算定基礎届の提出、年度更新と労働保険料納付（第1期）
8月	給与計算	
9月	給与計算	
10月	給与計算	定時決定に基づく社会保険料の改定、労働保険料を延納する場合の納期（第2期）
11月	給与計算	
12月	給与計算	賞与の計算、年末調整
1月	給与計算	労働保険料を延納する場合の納期（第3期）、給与支払報告書事務、法定調書作成
2月	給与計算	
3月	給与計算	賞与の計算（※）

（※）決算期などに賞与が支給される事業所もある

第1部 23

パート・アルバイトと源泉徴収

年収103万円以下であれば本人の所得税は一切課税されない

◆ パートタイム労働者とは

　パートタイム労働者の一般的なイメージとしては、スーパーのレジ係や工場などに勤める主婦などが浮かぶのではないでしょうか。

　どのような労働者をパートタイム労働者というのかについては、法律や役所の調査によって定義の仕方が異なるようですが、大まかにいうと正社員と比べて短い時間で働く人がパートタイム労働者と解釈すれば間違いにはならないようです。

　パートタイム労働者をはじめとする短時間労働者の労働環境を改善することを目的として制定された「短時間労働者の雇用管理の改善等に関する法律」（通称パートタイム労働法）は、「短時間労働者」を1週間の所定労働時間が同一の事業所に雇用される通常の労働者の1週間の所定労働時間と比較して短い労働者をいうと定義しています。

　パートタイム労働法の「短時間労働者」が、常にパートタイム労働者を意味するとは限りませんが、一つの目安にはなるでしょう。

◆ パートやアルバイトでも源泉徴収される場合とは

　パートタイム労働者、アルバイトの定義を明記している法律はないのですが、パートタイム労働者もアルバイトもパートタイム労働法が定める短時間労働者にあたります。では、パートタイム労働者やアルバイトの場合には、所得税は源泉徴収されるのでしょうか。

　よく会社員の妻がパートに出る場合、年収を気にして年収103万円以下になるように時間数などを調整しますが、その理由は、年収103

万円以下であれば本人の所得税は一切課税されないこと、そして夫の控除対象配偶者にもなれることが起因となっています。

　これは、給与収入から控除される「給与所得控除額」が最低65万円、すべての人に認められている基礎控除額が38万円なので、年収103万円以下であれば課税される給与所得金額が「ゼロ」になるというしくみを利用したものです。

　したがって、仮に所得税が毎月源泉徴収されていても、年末調整で徴収された所得税は戻ります。なお、妻の年収が103万円を超えても配偶者特別控除が受けられます。これは、年収103万円を超えても段階的に控除額を減らしていき、年収141万円以上で控除ゼロとなるものです。

　まとめると、年収103万円以下であれば、本人の所得税は課税されず、夫の控除対象配偶者になり、103万円超141万円未満であれば本人は所得税が課税されますが、夫は配偶者特別控除が受けられる、ということになります。

　パートタイム労働者やアルバイトである妻が働いた分だけ、納税者である夫の所得税の控除額は減少します。しかし、その分配偶者が得る給与額が増加しているため、その家庭にとっては、一概にどちらが得とはいえないのが現状です。

■ 税金や社会保険に関する収入要件

	対象	制限の内容
98万円を超えると	住民税	保育園、公営住宅の優先入所、医療費助成などの自治体のサービスの一部が制限される場合がある
103万円を超えると	所得税	夫（妻）が所得税の配偶者控除が受けられなくなる
130万円を超えると	社会保険	健康保険など、夫（妻）の被扶養者にはなれない

第1部

所得税における所得

収入金額から必要経費を差し引いて算出する

◆ 所得とは

　一般に所得とは、収入から必要経費を引いたもののことです。所得税は、あくまでも収入ではなく「所得」に対して課税されます。普通、収入と所得は同じ意味のように考えられていますが、収入と所得は全く違います。たとえば、会社員の場合、会社からもらう「給与所得の源泉徴収票」の「支払金額」が収入金額です。そして、「給与所得控除後の金額」が所得金額です。給料の場合は、必要経費とは呼ばずに給与所得控除額と呼んでいます。このように収入と所得は税金上では全く意味が異なり、所得税は収入ではなく所得にかかります。

　所得税法では、10種類の所得について、具体的にその所得の金額の計算方法を定めています。

◆ 必要経費の意味

　所得の金額は、原則として、収入金額から必要経費を差し引いて算出します。所得の種類によっては、「必要経費」と言わず、別の言い方をしていることがありますが、内容的には必要経費と同じです。

　たとえば、給与所得では「給与所得控除額」といいます。給与所得控除額とは、会社員の必要経費と考えられているもので、年間の給与等の収入金額に応じて控除額が決まっています。

　よく会社員は、個人事業主のように必要経費が認められていないから不公平だと言う話を耳にしますが、それは間違いで、この給与所得控除額が会社員の必要経費だといえます。

◆ 非課税所得や免税所得にはどんなものがあるのか

　本来は所得だが、国民感情や所得の性質などから所得税の課税対象としていないものを非課税所得といいます。主な非課税所得には、図に挙げるものがあります。

　また、本来課税されるべきものであっても、国の政策を推進するための特別の取扱いとして特に所得税が免除されているものを免税所得といいます。たとえば肉用牛の売却による農業所得は免税所得の例ですが、免税所得は非課税所得と異なり免税の適用を受けるための手続きが必要です。

■ 所得税は利益に課される

収入 － 必要経費 ＝ 所得（利益）

- 収入：個人事業者であれば売上や雑収入のこと。給与所得者であれば給与の総支給額のこと
- 必要経費：個人事業者であれば必要経費のこと。給与所得者であれば給与所得控除のこと
- 所得（利益）：ここに所得税が課される

■ 主な非課税所得の例

- 給与所得者の通勤手当
- 給与所得者の出張旅費
- 国外勤務者の在外手当
- 生活用動産の譲渡による所得
- 身体の傷害や心身に加えられた損害に基因する損害保険金や損害賠償金
- 葬祭料、香典
- 労働基準法による遺族補償
- 健康保険や国民健康保険の保険給付
- 雇用保険の失業給付
- 労災保険の保険給付
- 生活保護のための給付
- 負傷疾病に伴う休業補償
- 死亡者の勤務に基因して受ける遺族恩給および年金
- 公社債の譲渡による所得
- 納税準備預金の利子
- 財形貯蓄の利子
- 障害者の少額預金の利子
- 宝くじ当選金

第1部 25

給与所得控除

一定の控除が認められている

◆ 給与所得とは

　給与所得とは、給料、賃金、歳費、賞与およびこれらの性質を有する給与のことです。給与所得とは、支給額そのものではなく、その年の給与等の収入金額（所得税込み）から「給与所得控除額」を控除した金額です。なお、「特定支出の額」が基準となる金額を超える場合には、確定申告により、その超える部分の金額を控除することができます。給与所得の金額は、他の所得と総合して総所得金額を構成し、超過累進税率により総合課税されます。また、会社員は、勤務先において年末調整で毎月天引きされた所得税が精算されますので、原則として、所得税の確定申告は必要ありません。

◆ 給与所得控除

　給与所得は、事業所得などのように必要経費を差し引くことはできませんが、必要経費に見合うものとして一定の「給与所得控除額」を給与等の収入金額から差し引くことができます。給与所得控除は実際に使った経費ではなく概算で計算することになっています。この概算で計算された会社員の必要経費が給与所得控除額です。

　給与所得控除額の金額は図（次ページ）の通りです。給与等の収入金額が65万円までは給与等の全額が給与所得控除額になり、課税されません。給与等の収入金額が65万円を超える場合、その収入金額に応じて給与所得控除額も段階的に増えていくしくみになっています。

　なお、高収入になるにつれ給与所得控除で認められる額が実際の経

費に比べ過大化する点から、給与所得控除額には上限が設けられており、上限245万円で頭打ちとなります。

◆ 特定支出の対象範囲

給与所得者が、通勤費、研修費など（これらを「特定支出」といいます）の支出をした場合において、それぞれの特定支出額の合計額が基準となる金額を超えるときは、確定申告により、その超える部分の金額をさらに給与等の収入金額から控除できます。特定支出控除の基準となる金額は、給与所得控除額の2分の1相当の額（「特定支出控除額の適用判定の基準となる金額」）です。この金額を超えている場合は、その超過部分の金額を控除できます。

また、特定支出控除の対象は、通勤費や引っ越し費用、単身者の帰省費用、研修費の他、弁護士、公認会計士、税理士など一定の資格を取得するための費用、仕事のために購入した図書費、作業着などの衣服費、取引先に対する贈答品や飲食代などの交際費（図書費、衣服費、交際費は上限65万円まで）などが挙げられます。

■ 給与所得控除額（平成28年分以降）

給与等の収入金額	給与所得控除額
0円 ～ 65万円	全額
65万円超 ～ 180万円以下	給与等の収入金額×40%
180万円超 ～ 360万円以下	給与等の収入金額×30%＋18万円
360万円超 ～ 660万円以下	給与等の収入金額×20%＋54万円
660万円超 ～ 1000万円以下	給与等の収入金額×10%＋120万円
1000万円超 ～ 1200万円以下	給与等の収入金額× 5 %＋170万円
1200万円超	230万円（上限）

※平成26年度税制改正により給与所得控除の上限の引下げが行われており、平成29年分の所得税については上限額1000万円（給与所得控除額220万円）に引き下げられる。上図表中の「1200万円超」「230万円」の部分が変更されることになる。

第1部 26

割増賃金

残業などには所定の割増賃金の支給が義務付けられている

◆ 割増賃金とは

　使用者は、必ず労働者の行う労働に見合った賃金を支払わなければなりません。また、使用者は、労働基準法37条により、労働者の時間外・深夜・休日労働に対して、通常の労働時間または労働日の賃金計算額の25％以上の割増率の範囲内で上乗せした割増賃金の支払義務を負うことになっています。

　割増率は図（次ページ）の通りです。1日8時間、週40時間の法定労働時間を超えて労働者を働かせた時間外労働の割増率は、25％以上（月60時間を超える場合には50％以上）です。午後10時から午前5時までの労働（深夜労働といいます）についても、25％以上の割増しとなります。時間外労働と深夜労働が重なった場合は、2つの割増率を足すことになりますので、50％以上の割増率となります。また、1週1日以上または4週4日以上と定められている法定休日に労働者を働かせた場合は、休日労働として35％以上の割増率となります。休日労働と深夜労働が重なった場合、割増率は60％以上となります。

◆ 時間外勤務・休日勤務・深夜勤務手当の注意点

　時間外労働の割増賃金が発生するのは、法定労働時間を超えたときです。したがって、会社の所定労働時間が7時間と定められている場合に、8時間労働させたとしても、延長した1時間については、賃金規程などで別段の定めがない限り、労働基準法上は割増賃金を支払う必要はありません。

休日勤務の割増手当については、就業規則などで法定休日以外の土曜日や祝祭日などを会社休日（労働の義務がない日のこと）と定めておいたものの、会社の業務状況によりその日に労働させたとしても、労働基準法上は、休日勤務としての割増賃金を支払う必要はありません。ただし、週40時間を超える労働時間となる場合、休日勤務の割増手当は不要ですが、時間外手当の割増は必要になります。

また、管理職にある者（管理監督者）については、労働基準法における労働時間、休日、休憩時間の規定が適用されませんが、その場合であっても、深夜における割増賃金は支払わなければならないという点には注意しなければなりません。

◆ 割増賃金の支払いに代えて支払う代替休暇

1か月に60時間を超える時間外労働をさせた場合、労働基準法で通常の賃金と比較して150％以上の賃金を支払うことが必要とされています。ただし、労働者の健康を確保するという観点から、労使協定により、1か月の時間外労働が60時間を超えた場合の25％を上回る分の割増賃金の支払いに代えて、有給休暇を与えることが認められています。

■ 賃金の割増率

時間帯	割増率
時間外労働	25％以上
時間外労働（月60時間を超えた場合）	50％以上 ※
休日労働	35％以上
時間外労働が深夜に及んだとき	50％以上
休日労働が深夜に及んだとき	60％以上

※労働時間が1か月60時間を超えた場合に支払われる残業代の割増率については、当分の間、中小企業には適用が猶予される。

第1部

割増賃金の計算方法

通常の賃金に割増率を掛けて割増賃金を算出する

◆ 1時間当たりの賃金を基礎として計算する

　割増賃金の基礎となる賃金には各種手当も含まれます。ただし、賃金（給与）には労働の対償として支給されるものの他、個人的事情にあわせて支給される賃金もあります。個人的事情にあわせて支給される賃金を割増賃金の計算の基礎となる賃金に入れてしまうと、労働者間で不公平が生じてしまうため、これらの賃金は割増賃金の計算の基礎となる賃金から除くことになっています。割増賃金の計算の基礎から除く手当としては、①家族手当、②通勤手当、③別居手当、④子女教育手当、⑤住宅手当、⑥臨時に支払われた賃金、⑦1か月を超える期間ごとに支払われる賃金があります。

　割増賃金を計算する上では給与の支払方法ごとに1時間当たりの賃金を基礎とします。

　時間給の場合、その時間給が1時間当たりの賃金になります。

1時間当たりの賃金＝時間給

　日給の場合、日給を1日の所定労働時間で割って1時間当たりの賃金を算出します。

1時間当たりの賃金＝日給÷1日の所定労働時間

　月給の場合、月給の額を1か月の所定労働時間で割って1時間当たりの賃金を算出します。

1時間当たりの賃金＝月給÷1か月の所定労働時間

　歩合給などの出来高払いの賃金の場合、出来高給の金額を算定期間の総労働時間数で割って算定します。

1時間当たりの賃金＝出来高給÷算定期間の総労働時間数

◆ 端数処理

たいていの事業所では給与計算の都合上、休日労働や時間外労働の時間を算出する場合に30分単位や15分単位で処理しています。そのため、30分や15分という単位に満たない労働時間の端数が生じる場合があります。なお、休日や時間外に労働した場合の労働時間数は、1か月単位で端数処理をしなければならず、1日ごとに端数処理を行うことはできません。

■ 割増賃金の計算方法

前提
- 基本給のみの月給制
- 1日の所定労働時間は8時間（始業9時・終業18時・休憩1時間）
- 完全週休2日制（法定休日は日曜日）

❶ 賃金単価の算出

算定基礎賃金 ÷ 1か月平均所定労働時間 ＝ 1時間当たりの賃金単価

❷ 1か月の残業時間、深夜労働時間および法定休日労働時間の算出
- 1日ごとの残業時間および法定外休日労働時間を端数処理せずに1か月を合計
- 1日ごとの深夜労働時間を端数処理せずに1か月を合計
- 法定休日労働時間を端数処理せずに1か月を合計

❸ 1か月の割増賃金の算出

60時間までの残業時間 × 1時間賃金単価 × 割増率（1.25以上） ＝ 60時間までの残業の割増賃金 **A**

60時間を超える残業時間 × 1時間賃金単価 × 割増率（1.5以上） ＝ 60時間を超える残業の割増賃金 **B**

深夜労働時間 × 1時間賃金単価 × 割増率（0.25以上） ＝ 深夜労働の割増賃金 **C**

法定休日労働時間 × 1時間賃金単価 × 割増率（1.35以上） ＝ 法定休日労働の割増賃金 **D**

※60時間を超える残業時間の割増率が50％以上となるのは中小企業を除く企業

❹ 受け取る賃金の算出

A ＋ **B** ＋ **C** ＋ **D** ＝ 1か月の受け取る割増賃金の合計額

欠勤・遅刻・早退と賃金

給与は労働者が提供した労働力に対して支払われる

◆ ノーワーク・ノーペイの原則とは何か

　使用者は労働者の労働力の提供に対して給与を支払います。

　したがって、労働者が、「体の具合が悪くて丸1日仕事を休んでしまった」「朝寝坊して仕事に遅れてしまった」「医者に行くために仕事を早めに切り上げて帰った」などの場合には、その分の給与は支払われないのが原則です。これをノーワーク・ノーペイの原則といいます。

　年次有給休暇のような、給与が支払われる休暇と異なり、労働者の都合で労働時間が短くなってしまった部分まで、使用者が賃金を負担する必要はありません。丸1日仕事を休んだ分（欠勤）、朝仕事に遅れた分（遅刻）、早めに帰った分（早退）の給与は労働者に支払われないことになります。

◆ 仕事を休んだ場合などの控除額について

　ノーワーク・ノーペイの原則に基づき、労働者が欠勤・遅刻・早退した場合には、その分を給与から控除することができます。労働者の都合で、仕事を休んだ場合などの控除額について労働基準法上は特に定めを置いていません。そのため、会社などの事業所で独自にルールを定めることになります。実務上は就業規則や給与規程に規定を置いてそれに従って控除額を算出しています。

　一般的な控除額の算出方法としては、欠勤1日につき1年間の月平均所定労働日数分の1を控除するという方法をとっている事業所が多くあります。遅刻や早退などで1時間当たりの控除額を算出する場合

はさらに1日の所定労働時間で割って控除額を求めます。

また、欠勤1日につきその月の所定労働日数分の1を控除することにしている事業所もあります。ただ、この方法で計算する場合は、毎月控除額が変わることになりますから、給与計算処理が面倒になるというデメリットがあります。

なお、控除額を計算する際、給与を構成するどの手当を対象として控除額を計算するのかという点についても、法的には特に決まりはありませんが、それぞれの手当の趣旨を考えて、給与規程などで定めるようにします。

◆ 制裁として減給することもできる

何人もの労働者が同じ職場で円滑に働くためには一定の規律が必要になってきます。この規律は就業規則などで明文化されます。そして、通常、職場の規律に違反した労働者には一定の制裁を課すことにしています。制裁にはいくつかの方法がありますが、給与を減額することによって制裁とする減給もそのひとつです。ただ、給与は労働者の生活を維持するための重要なものですから、際限なく減給の制裁が認められているのではなく、①制裁1回の金額が平均賃金の1日分の半額を超えてはならない、②一賃金支払期（月1回の給与のときは1か月）における制裁の総額はその一賃金支払期の賃金の総額の10分の1を超えてはならない、という法的な制限があります。

■ 欠勤・遅刻・早退の扱い

第1部 29

年次有給休暇

原則として労働者が申し出た日がそのまま有給休暇の日になる

◆ 年次有給休暇とは

　年次有給休暇とは、1週1日（あるいは4週で4日）の休日以外の休みで給料が支払われる休暇のことで、年休、有給ともいいます。有給休暇を与えることは、労働基準法における会社の義務であり、その内容を就業規則で定めることになっています。

　年次有給休暇は原則として、①採用後、半年以上の継続勤務、②過去1年（採用されて半年以上1年未満の場合はその間）の全労働日の8割以上の出勤、の要件を満たした労働者が取得できます。年次有給休暇は、減速では暦日または半日単位で与えますが、現在では労使協定で、①対象労働者の範囲、②年間の時間単位有給日数、を定めれば労働者が時間単位で年休を取得することも認められます。

　使用者は、労働者の年休取得を理由にして、賃金や査定で労働者にとって不利な判断をすることが禁止されています。

　年休のうち5日を超える分については、使用者は労働者の意思にかかわらず労使協定で決めた日を有給休暇の日と定めることができます（年休の計画的付与）。なお、使用者が年休を労働者から買い上げて金銭を支払い、その分の年休の日数を減らすことは本来認められませんが、取得されずに時効（2年）を迎える年休を消滅時に買い上げるなどの方法が、労働者が不利益を被らない限り認められています。

◆ 時季指定権と時季変更権

　労働者が有給休暇をとろうと思ったときは、具体的に休む時期を使

用者に申し出るだけで足ります。原則として、労働者が使用者に申し出た日がそのまま有給休暇の日になり、これを労働者の持つ権利である「時季指定権」といいます（労働基準法39条5項）。

一方、労働者が請求した時季に休暇を与えると事業の運営に支障をきたす場合には使用者は他の時季に振り替えを命じることができ、これを使用者の時季変更権といいます。事業の運営に支障をきたす場合とは、労働者の所属する事業場を基準にして、事業の規模や内容、当該労働者の作業内容、性質、作業の繁忙、代行者の配置の難易、他の年休請求者の存在など、様々な状況を総合的に考慮して判断します。ただし、単に人手不足である、業務が忙しいという理由だけで会社が年休を与えないことは許されないと考えられています。

なお、平成28年5月現在、取得した有給休暇が10日以上の労働者に対しては、5日分については1年以内の取得が義務付けられるという改正に関する法案が提出され、現在は審議中の状況です。この5日は、使用者側が1年以内に時期を定めて付与することになります。

■ 有給休暇取得日数

労働日数 \ 継続勤続年数	0.5	1.5	2.5	3.5	4.5	5.5	6.5以上
①一般の労働者、週の所定労働時間が30時間以上の短時間労働者	10	11	12	14	16	18	20
②週の所定労働時間が30時間未満の労働者							
週の所定労働日数が4日または1年の所定労働日数が169日〜216日までの者	7	8	9	10	12	13	15
週の所定労働日数が3日または1年の所定労働日数が121日〜168日までの者	5	6	6	8	9	10	11
週の所定労働日数が2日または1年の所定労働日数が73日〜120日までの者	3	4	4	5	6	6	7
週の所定労働日数が1日または1年の所定労働日数が48日〜72日までの者	1	2	2	2	3	3	3

第1部 30

給与計算の準備

タイムカードや出勤簿をもとにして給与を計算する

◆ 給与計算をするときに必要な書類とは

　給与計算をする上で使用する書類には、①出勤簿またはタイムカード、②賃金台帳、③就業規則または賃金規程、④通勤手当支給申請書、⑤給与所得者の扶養控除等（異動）申告書、⑥控除に関する労使協定、⑦住民税の特別徴収税額通知書があります。

　通常毎月の給与計算で使用するのは、①出勤簿またはタイムカードと②賃金台帳です。③〜⑦の書類については、賃金規程の変更がなされたり、住民税の額が改定されたり、新たに控除に関する労使協定を結ぶといった事情に応じて、その都度該当する書類で変更または改定内容を確認します。

◆ タイムカードで集計すべき項目にはどんなものがあるのか

　労働者ごとの労働時間を集計する際には、タイムカードを使います。

　給与を月給制にしている事業所の場合に集計すべき主な項目としては、①出勤日数と欠勤日数、②労働時間（時給制など時間を単位として給与を計算する場合）、③有給休暇日数、④特別休暇日数、⑤所定労働時間外の残業時間、⑥法定労働時間外の残業時間、⑦深夜労働時間、⑧休日労働時間（日数）、⑨休日深夜労働時間、⑩遅刻・早退時間、などがあります。

　④特別休暇とは、事業所独自に定める休暇のことで、慶弔休暇（労働者本人や家族の結婚・出産・死亡などのときに取得できる休暇）やリフレッシュ休暇などがこれにあたります。

なお、特別休暇中の給与を有給とするか無給とするかは、事業所の自由です。特別休暇を定めた場合、就業規則や賃金規程で特別休暇の期間について給与を支給するのかどうかを明示しておく必要があります。たとえば、特別休暇の2日目までを有給とし、3日目以降を無給とするなどの方法で定めている会社もあるようです。

　⑤所定労働時間外の残業時間とは、所定労働時間を40時間より短くしている事業所で、所定労働時間を超える法定労働時間内の労働時間のことです。一方、⑥法定労働時間外の残業時間とは、法定労働時間を超える労働時間のことです。

◆ 賃金台帳に記載すべき事項と保存の義務

　賃金台帳は法定3帳簿のひとつです。法定3帳簿とは、労働基準法で事業主に作成と保存が義務付けられている帳簿のことです。賃金台帳は事業所ごとに備え付けておかなければなりません。たとえば、本店（本社）の他に支店（支社）や工場がある会社で、その支店や工場などでそれぞれ給与計算の事務処理を行っている場合は、その支店や工場ごとに賃金台帳を作成し、保存する義務があります。これに違反

■ 労働時間の管理方法

始業・終業時刻の確認・記録	●労働日ごとに始業・終業時刻を使用者が確認し、これを記録する必要がある
確認・記録方法	●使用者自らが確認・記録する方法(管理方式) ●タイムカード、ICカード、残業命令書、報告書などの客観的な記録で確認・記録する方法(タイムカード方式) ●労働者自身に申告させ、確認・記録する方法(自己申告制)
自己申告制の場合の措置	●使用者は、自己申告制の具体的内容を説明し、労働時間の把握について実態調査をしなければならず、申告を阻害するような措置をしてはならない
書類などの保存	●使用者は、労働時間の記録に関する書類について、3年間保存しなければならない

した場合は30万円以下の罰金が科されます。賃金台帳には次ページ図の事項を記載します。

事業主は賃金台帳に以上の事項をきちんと記載して、一定期間（最後に記入した日から3年間）保存しておかなければなりません。

◆ 固定的給与と変動的給与の集計

給与計算は、給与の支給項目を集計し、総支給額を算出することから始まります。支給項目は固定的給与と変動的給与に大別できます。

① 固定的給与

固定的給与とは、基本給、役職手当、家族手当、住宅手当など、毎月決まった金額で支給されるものをいいます。給与計算をする際には、基本給や手当の意味合いを確認しておきましょう。

基本給とは、賃金の中で最も基本的な部分で、本給または本俸とも呼ばれています。賃金表（賃金テーブル）がある場合は、会社として従業員ごとに該当する等級・号を確認して集計することになります。また、定期昇給や臨時昇給があった場合は、昇給時期（日付）も確認しなければなりません。

役職手当は、役付手当ともいわれ、管理・監督あるいはこれに準ずる職制上の責任に対して支給されるものです。たとえば部長手当、課長手当、主任手当などがあります。

家族手当は、社員の生計費を補完するために支給されるもので、一般的には扶養家族の人数によって金額が決められています。税法上の控除対象配偶者と18歳までの子供を支給基準とする事業所が多いようです。住宅手当は、家族手当と同様に生計費を配慮して支給される手当です。持ち家と借家、世帯主と非世帯主、住宅ローン、貸借料など、支給基準や金額の相違を明確にしておく必要があります。

通勤手当は、通勤にかかる費用の一部または全部を事業所が負担するための手当です。税法上の非課税限度額まで認める事業所が多くあ

りますが、必ず支給しなければならない手当ではありません。ただし、経済的で合理的と認められる通勤手段に限られるため、必ずその経路と方法を特定しておきます。

　各手当についても、「支給要件に該当するか」「該当する場合にはどの時点から支給するか」がチェックポイントになります。

② 　変動的給与

　変動的給与とは、時間外労働など所定外労働時間に対する手当、精皆勤手当など、月により額が変動する給与のことです。「時間外労働」「深夜労働」「休日労働」の法定時間外労働に対する手当は、労働基準法による割増賃金の加算が必要です。なお、割増賃金の金額は、これらの割増率を「時間単価」に乗じて算出します。

　以上の固定的給与と変動的給与の合計額から、欠勤や遅刻早退など労働力の提供がない部分を控除したものが給与支給額になります。これは、所定時間労働しなければ（ノーワーク）、給与は支払われない（ノーペイ）という「ノーワーク・ノーペイの原則」によるものです。

■ 賃金台帳に記載する事項

- 労働者の氏名
- 労働者の性別
- 賃金の計算期間
- 労働日数
- 労働時間数
- 時間外労働・休日労働・深夜労働の労働時間数　←　※ 普通の時間外労働と深夜労働、休日労働を分ける
- 基本給・各種手当の金額　←　※ 基本給と各種手当を分ける
  　※ 手当もその手当の種類ごとに分ける
- 賃金の一部を控除する場合における控除額　←　※ 社会保険料などの控除額
  　※ 源泉徴収所得税額
  　※ 労使協定などに基づいて控除する場合の控除額

第1部 31

給与からの控除額の計算

法定控除と協定控除がある

◆ 社会保険料や税金は法律で天引きが認められている

給与の総支給額が集計されたところで、次に税金や社会保険料などを控除することになります。給与明細書の控除項目は、「法定控除」と「協定控除」の2つに分けられます。

「法定控除」とは、社会保険料や税金など、法律で天引きすることが認められているもののことです。

① 社会保険料

「健康保険料」「介護保険料」「厚生年金保険料」が該当します。これらの社会保険料は、標準報酬月額に保険料率を乗じた額を月額保険料とします。負担は、会社（事業主）と従業員（被保険者）の折半です。

いったん標準報酬月額が決定すると、定時決定、随時改定によって変更されるまでの間は、毎月支給される給与額が変動しても、現在の標準報酬月額で定められた保険料を控除することになります。したがって、長期の欠勤によって給与の支払いがない場合でも、同額の保険料が発生します。

② 雇用保険料

被保険者が負担する雇用保険料は、賃金を支払う都度、その賃金額に被保険者負担率を乗じて計算します。なお、健康保険料や厚生年金保険料と異なり、雇用保険料は毎月の給与の支給総額に基づいて保険料を決定します。したがって、給与の支給総額が毎月わずかでも増減すれば、保険料額も変動することになります。

③ 所得税

所得税の額は、「源泉徴収税額表」を使用して求めます。まず、従業員について税額表の横軸「甲欄」と「乙欄」のどちらが適用されるのかを判定します。通常は税額表の「甲欄」を適用しますが、従業員から「扶養控除等（異動）申告書」が提出されていない場合には「乙欄」、日雇労働者・短期雇用アルバイトについては「丙欄」を適用することになります。

　次に、従業員の課税給与額（通勤手当のような非課税給与を除く）から社会保険料や雇用保険料を控除した金額を税額表の縦軸「社会保険料控除後の給与等の金額」の区分にあてはめて、該当する税額を算出します。「甲欄」の場合は、「扶養親族等の数」によっても税額が違ってくるので注意が必要です。

④　住民税

　住民税（市町村民税＋都道府県民税）には、特別徴収と普通徴収の2種類がありますが、会社などの事業所で源泉控除するのは特別徴収の方です。

◆ 協定控除

　「協定控除」とは、社宅・寮費、親睦会費、財形貯蓄、貸付金の返済など、法定控除以外のものです。控除は勝手に行うことはできず、労働基準法の規定の下で、従業員の代表と使用者が労使協定を締結する必要があります。

■ 法定控除と協定控除の算出

法定控除と協定控除がある

法定控除：社会保険料、雇用保険料、所得税、住民税
協定控除：労使協定で定めた社宅・寮費、親睦会費、財形貯蓄、貸付金の返済など

第1部 32

労働保険料の算定と納付

労働保険料は概算で前払いする

◆ 労働保険料＝年間賃金総額×保険料率

　労働保険料とは、事業主が1年間に労働者に支払う賃金の総額（見込み額）に保険料率（労災保険率＋雇用保険率）を乗じて算出した額です。労災保険料率や雇用保険料率は、事業の種類ごとに率が定められています。一般的に、内勤の業種に比べると、建築現場などの労働災害の発生率が高い業種ほど保険料率が高く設定されています。労災保険料が全額事業主負担なのに対し、雇用保険料は事業主と被保険者がそれぞれ定められた割合の保険料を負担します。なお、労災保険か雇用保険のどちらか一方の保険関係だけが成立している事業の場合は、その一方の保険料率だけが一般保険料率となります。

　なお、現在のところ、高年齢者の急増に伴う雇用確保策として、高年齢者を継続的に雇用する事業の雇用保険料を免除する制度が設けられています。保険年度の初日に満64歳以上の被保険者を雇用する場合、その年度以降の保険料が免除されます（短期雇用特例被保険者や日雇労働被保険者は対象外）。この雇用保険料の徴収免除制度が平成28年3月の法改正により廃止されることになりました（平成31年度分までは経過措置が設けられているため、平成32年4月から施行予定）。

◆ 保険料は1年分を概算払いし、翌年に精算する

　労働保険の保険料は、年度更新という手続きで毎年6月1日から7月10日までの間に行います。まず年度当初に1年分を概算で計算して申告・納付し、翌年度に確定申告として精算する方法をとっているた

め、事業主は前年度の確定保険料と当年度の概算保険料をあわせて申告・納付することになります。

ただし、年度更新に際して一定の条件に該当する場合は、保険料を分割して納付することができます。ただし、10月1日以降に成立した継続事業は分割納付ができません。この場合は、保険関係成立日から3月末までの保険料を一括納付します。

◆ 事業拡大したときは増加概算保険料を申告・納付する

概算保険料申告書を提出した後、年度の途中に事業規模の拡大で労働者が大幅に増え、賃金総額が増加する場合があります。

この場合、増加が見込まれる賃金の総額に応じて、新たに増加分の保険料（増加概算保険料）の申告・納付をしなければなりません。増加概算保険料の納付が必要な場合は、賃金総額の見込額が当初の申告額の2倍を超えて増加し、その賃金総額によって算出された概算保険料額が申告済の概算保険料に比べ13万円以上増加する場合です。

■ 労働保険料の延納の納期限

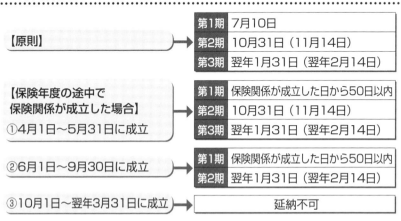

※労働保険事務組合に委託している場合はカッコ内の日付となる

第1部 33

社会保険料の決定方法

給料をもとに保険料が決まる

◆ **社会保険の保険料は労使折半で負担する**

　社会保険の場合、被保険者の報酬に保険料率を掛けて算出した保険料を事業主・被保険者が折半負担します。被保険者の負担分は、事業主が毎月の給料や賞与から天引き（控除）して預かります。

　ただ、毎月の給料計算のたびに保険料を算出する方法では事務負担が煩雑になります。そのため、あらかじめ給料額を複数の等級に分類した「標準報酬月額」を用い、給料を該当する等級に当てはめて保険料を決定するしくみを採用しています。また、賞与の場合も同様に「累計標準賞与額」を用いて、該当する等級に保険料率を掛けて求めた額が社会保険料となります。なお、平成28年4月の法改正により、健康保険料の標準報酬月額・累計標準賞与額の上限が引き上げられました。標準報酬月額はこれまでの47等級に3等級が加わった50等級へ、累計標準賞与額はこれまでの540万円から573万円へ変更になりました。

　給料から控除する保険料の決め方には、資格取得時決定、定時決定、随時改定の3つのパターンがあります。

・**資格取得時決定**

　会社などで新たに労働者を雇った場合、その労働者の給料（報酬）から控除する社会保険料を決定する必要があります。ここで行われるのが資格取得時決定です。控除される保険料は初任給を基準に算出することになり、初任給をあらかじめ区分された報酬の等級にあてはめます。

　このようにして決定された報酬月額は一定期間使用されます。使用期間は資格取得日に応じて異なり、1月1日～5月31日までに決定さ

れた場合はその年の8月31日まで有効です。一方、6月1日〜12月31日までに決定された場合はその年の翌年の8月31日まで有効です。いずれの場合も、9月以降は新たな報酬月額となります。

・定時決定

定時決定とは、毎年7月1日現在において、その事業所に在籍する労働者の4、5、6月の報酬額を基準にして、新たな報酬月額を決定する手続きです。定時決定は被保険者全員を対象とするのが原則ですが、その年の6月1日以降に被保険者となった者とその年の7、8、9月のいずれかから随時改定によって標準報酬が改定される者は、対象外です。また、後述する随時改定によって、7月〜9月の間に標準報酬月額の変更が予定されている労働者についても定時決定の対象から外します。

なお、病気などで長期間休職している場合のように、4月〜6月の3か月間に給与支払基礎日数（給与計算の対象となる日数のこと）がなかった労働者については、従前（前年）の標準報酬月額をそのまま使用します。

新しい報酬月額は、「（4〜6月に受けた報酬の額）÷3」という式によって求めた額を報酬月額表にあてはめて、年金事務所が決定しま

■ 定時決定による社会保険料の改定

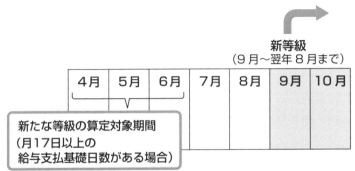

す。新しく決定された（年金事務所から通知を受けた）標準報酬月額は、その年の9月1日から改定されます。なお、社会保険料は当月分を翌月の報酬から控除しますから、10月1日以降に支給される報酬から新しい社会保険料を控除することになります。

・随時改定

　標準報酬月額の改定は原則として1年に1回だけ行います。しかし、現実的には、定時昇給（一般的には4月）以外のときに大幅な報酬額の変更（昇給または降給）が行われることもあります。そこで、以下の条件に該当するときには、次の定時決定を待たずに標準報酬月額を変更することができます。これを随時改定といいます。

① 　報酬の固定的部分（基本給、家族手当、通勤手当など）に変動があったこと
② 　報酬の変動があった月とその月に続く2か月の報酬（残業手当などの変動する部分も含む）が現在の標準報酬月額に比べて2等級以上上がった（下がった）こと
③ 　3か月とも報酬支払基礎日数が17日以上あること

◆ 算定基礎届の提出

　定時決定は法律上、7月1日〜10日までに届け出ることとされています。実際は年金事務所から文書で日時、会場が指定され、そこで一斉に届出（健康保険・厚生年金保険被保険者報酬月額算定基礎届）の受付が行われます。

　届け出る書類は、「健康保険・厚生年金保険被保険者標準報酬月額算定基礎届」（算定基礎届）です。算定基礎届には、「健康保険・厚生年金保険被保険者報酬月額算定基礎届総括表」（総括表）を添付します。また、健康保険・厚生年金保険被保険者標準報酬月額算定基礎届総括表附表（附表）も併せて提出します。

　「算定基礎届」は個々の労働者の標準報酬月額を決定し、毎月の保

険料額を決定する際に利用します。

「算定基礎届総括表」とは、各事業所の報酬の支払状況や被保険者数などを保険者が把握するための書類です。総括表には、事業の種類・具体的な報酬の支払状況・8月〜9月に月額変更届を提出する人数・昇給月などを記載します。

「附表」は、パートタイマーやアルバイトなどの短時間労働者の他、請負契約している労働者や派遣労働者についての雇用状況について記入・提出するものです。現在被保険者でない労働者について、本来ならば被保険者に該当するのではないか、という点を確認するために用いられます。

事業所の担当者の立場では、「算定基礎届」だけを重要視し、他の2表を軽視しがちですが、「算定基礎届総括表」や「算定基礎届総括表附表」をおろそかにしないようにしましょう。

■ 定時決定による標準報酬月額の求め方

【例1】3か月共に支払基礎日数が17日以上あるとき

月	支払基礎日数	支給額
4月	31日	305,000円
5月	30日	320,000円
6月	31日	314,000円

3か月間の合計 939,000円

平均額　939,000円÷3＝313,000円
標準報酬月額　　　　　　320,000円

【例2】3か月のうち支払基礎日数が17日未満の月があるとき

月	支払基礎日数	支給額
4月	31日	312,000円
5月	16日	171,000円
6月	31日	294,000円

2か月間の合計 606,000円

平均額　606,000円÷2＝303,000円
標準報酬月額　　　　　　300,000円

第1部 34

賞与の源泉徴収と社会保険料

計算方法に注意する

◆ 会社には原則として賞与支払義務はない

　賞与は法律上、支給が義務付けられているものではありませんが、労働者のモチベーションを高めたり、売上還元のために年に1、2回の頻度で賞与を支給する事業所が多くあります。そのため、賞与をあてにしてローンを組んだり、生活設計を立てている労働者もいます。会社などの事業所で賞与を支給するとしている場合、賞与の支給額や支給額の算定基準について、就業規則や給与規程に定めを置いています。

　賞与を支給する際には、あらかじめ就業規則や社内規程に「冬季賞与は〇月〇日から〇月〇日までを、夏季賞与は〇月〇日から〇月〇日までをそれぞれその算定対象期間とする」などのように対象となる勤務期間を定めておきます。

　この勤務期間が賞与を支給するための成績査定の査定対象期間となります。期間中の各人の勤務ぶりや出勤率を査定して、賞与の金額を決めることになります。

　賞与の支給対象者は、会社によってまちまちです。査定対象期間のうち8割以上出勤した者をその支給対象者とするといった会社もあります。しかし、産前産後休業や育児休業など、法で保障された休業をしたために出勤数が足りないとして、査定から除外することは、権利の行使への事実上の抑止力となり無効とされています（ただし、休業日数に応じて減額をすることはやむを得ないとされています）。

　では、「賞与はその査定対象期間の在籍者に支給する」という規定がある場合はどうでしょうか。査定対象期間に在職していて支給日前

に退職していたようなケースが考えられますが、この場合には賞与を支給する必要があります。

この他にも、その会社の慣行として支給時期や最低支給割合などが決められていて、過去にも退職者に支払った例がある場合には、退職後でも賞与を支給する必要がある可能性があります。支給日が例年よりも大幅に遅れたというケースで、支給日の在籍者だけを支給対象者とすることに合理性はないとして、退職した労働者に賞与の請求権を認めた判例もあります。

◆ 源泉徴収の計算方法

賞与についても源泉徴収が行われますが、月々の給与とは源泉徴収の計算方法が少し異なるため、注意が必要です。ただし、賞与の源泉徴収税額の納付期限は給与と同じです。つまり、賞与を支払った月の、翌月の10日までに納付しなければなりません。賞与の源泉徴収税額は、課税対象額（賞与の額－社会保険料）に算出率を掛けて算出します。この算出率を求めるには、まず該当する社員の前月分給与から社会保険料を引いた額を求めます。

次にこの額と扶養控除等（異動）申告書に基づいた扶養親族などの数を「賞与に対する源泉徴収税額の算出率の表」に照らし合わせて算

■ 退職者への賞与の支給の有無

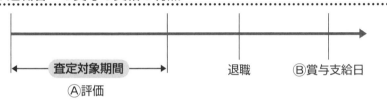

※賞与の支給対象はどのタイミング（ⒶまたはⒷ）で在籍している社員とするか、明確に規程で定めておく必要がある

出率を出す方法をとります。

◆ 賞与についての社会保険料の計算方法

　月給とは別に、賞与からも社会保険料を徴収します。この場合は、標準賞与額（実際に支給された賞与額から1,000円未満を切り捨てた額）に各々の保険料率を掛けたものが社会保険料になります。標準賞与額は、健康保険の場合は年度累計額が573万円、厚生年金保険の場合は1か月で150万円がそれぞれ上限額です。

　標準賞与額は賞与が支給されるごとに決定されるため、毎月の保険料とは異なり、賞与支給額により保険料が変動します。保険料率は給与にかかる社会保険料と同率で、保険料は事業主・被保険者が折半負担します。健康保険・厚生年金保険の保険料の被保険者負担率は、以下のようになっています。

・**健康保険料率**

　全国健康保険協会管掌健康保険の東京都の例では、標準賞与額に対して、1000分の49.8（介護保険第2号被保険者に該当する場合は1000分の57.7）を乗じて算定します（平成28年4月分から）。

・**厚生年金保険料率**

　厚生年金保険の保険料率は毎年9月に0.354％（船員・坑内員は0.248％）ずつ引き上げられ、平成29年9月以降は18.3％に固定される予定です。平成27年9月分（10月納付分）以降の料率は、標準賞与額に対して1000分の89.14（一般の被保険者の負担率）です。

　なお、賞与支給後、月末以前に退職をするような場合には、その賞与から社会保険料は控除されません。

◆ 月額表を使って源泉徴収税額を求めるケースもある

　通常、賞与から控除する源泉徴収税額を計算するときは、賞与に対する源泉徴収税額の算出率の表を使用します。しかし、次の2つの

ケースに限っては、給与所得の源泉徴収税額表（月額表）を使って徴収税額を計算します。
・前月の給与の額の10倍を超える賞与が支給されるとき
・前月の給与の支払いがない者に賞与を支払うとき

前月の給与の額の10倍を超える賞与が支給されるときは、図の(1)の手順で求めた金額が源泉徴収税額となります。

一方、前月の給与の支払いがない者に賞与を支払うときは、図の(2)の手順で求めた金額が源泉徴収税額となります。

■ 賞与の源泉徴収税額の計算方法

(1)前月の給与の額の10倍を超える賞与を支払う場合

| ① 社会保険料控除後の賞与の額×1／6（賞与算定の基礎となった期間が6か月を超えるときは1／12） |

| ② ①＋(前月の社会保険料控除後の給与の額) |

| ③ ②の金額を月額表にあてはめて税額を求める |

| ④ ③－(前月の給与に対する源泉徴収税額) |

| ⑤ ④×6（賞与算定の基礎となった期間が6か月を超えるときは12） |

(2)前月に給与を支払っていない者に賞与を支払う場合

| ① 社会保険料控除後の賞与の額×1／6（賞与算定の基礎となった期間が6か月を超えるときは1／12） |

| ② ①の金額を月額表にあてはめて税額を求める |

| ③ ②×6（賞与算定の基礎となった期間が6か月を超えるときは12） |

第1部 35

退職金の税務

2分の1だけを課税対象とする分離課税を適用する

◆ 根拠があるのかどうかがポイント

　退職金とは、労働者の退職に伴って、勤務していた企業からその者に支給される金銭のことです。

　退職金は「長年正社員として勤めていれば退職時に必ず受け取れるもの」かというと、そうではありません。労働の対価として支払われる通常の賃金と違い、使用者は必ず退職金を支払わなければならないという義務はありません。

　企業が退職金制度を設ける場合、労働基準法では①適用される労働者の範囲、②退職手当の決定、③計算および支払方法などの事項を決定し、就業規則などに規定するよう求めています（89条3号の2）。

　就業規則は、労働者と使用者が互いに守るべき社内の「法律」です。就業規則などに記載されると、退職金は労働基準法上の賃金と同様に扱われることになり、使用者には退職金を支払う義務が生じる、とされています。

　また、判例では、たとえ就業規則などに明確な記載がなかったとしても、慣行として過去に支給実績がある場合には、退職金の支払義務を認めるべきとの判断が出されています。

　退職金の支払義務について、就業規則などにより根拠が認められる場合、その支払いは原則として労働基準法24条の「賃金の支払い」の規定に準じて行われなければなりません。つまり、ⓐ通貨で支払われること、ⓑ直接労働者に支払われること、ⓒ全額が支払われることが必要です。

◆ 退職金制度の変更

就業規則などで規定されている退職金制度を、会社側が一方的に変更することはできません。特に、受給金額が大幅に減額するような変更の場合、労働者にとっては「労働契約の不利益な変更」になりますから、これを行うためには制度を変更するに足る合理的な理由と、労働者（労働組合）との合意が不可欠になります。どうしても合意が得られない場合は、一度に制度変更するのではなく、段階的に支給額を減らしていくなどの配慮が必要になるでしょう。

◆ いつまでに支払えばよいのか

労働基準法の規定によると、労働者が退職した場合、賃金は、権利者の請求があった日から7日以内に支払わなければなりません（23条1項）。就業規則などによって規定された退職金も「賃金」に含まれますので、この規定が適用されますが、退職金に関しては行政通達により、就業規則などに明確な支払時期や分割払いなどの規定がある場合、これに従って支払うことも可能とされています（昭26.12.27基収5483号）。つまり、退職金の支払時期については、会社側がある程度引き延ばすこともできるということです。

■ 退職金制度

性　格	①賃金の後払い、②功労報奨、③老後保障
規定の義務	私企業では、退職金の規定を置く義務はない
退職金を定めている場合	就業規則で定める場合には、適用範囲、決定方法、計算・支払方法、支払時期を記載する必要がある
一般的な算出式	退職時の基本給 × 勤続係数（勤続年数など） × α（退職事由係数）
退職所得	（退職金 − 退職所得控除）× 0.5

ただ、だからといって支払う時期を明確に示さなかったり、「請求から1年以内に支払う」といった漠然とした規定を置くことが認められているわけではありません。労働者側から見れば、できるだけ速やかに支払ってもらいたいところですが、概ね6か月程度の猶予は認められているようです。

◆ 退職所得とは

　退職手当とは、退職手当、一時恩給その他の退職により一時に受ける給与およびこれらの性質を有する給与（退職手当等といいます）にかかる所得をいいます。一時恩給とは、恩給法の規定により公務員が3年以上勤務して普通恩給を受けることができる年数に達しないうちに退職する場合に支給される給与をいいます。

　退職所得の金額は、その年の退職手当等の収入金額から退職所得控除額を控除した残額の2分の1に相当する金額です。ただし特定役員等の勤続年数が5年以下の者に対する退職所得はその残額の2分の1とされません。

◆ 退職所得控除額の計算方法

　退職所得の場合は、必要経費という概念は一切なく、それに代わるものとして、勤続年数に応じて一定の「退職所得控除額」を退職手当等の収入金額から差し引くことができます。退職所得控除額は、勤続年数20年を区切りとして次の算式により求めます。

① **勤続年数が20年以下の場合**

　40万円×勤続年数

② **勤続年数が20年を超える場合**

　800万円＋70万円×（勤続年数－20年）

　勤続年数の計算は、通常の場合、退職手当の支払いを受ける人が、退職手当の支払者（会社など）の下において退職の日まで引き続き勤

務した期間（以下勤続期間といいます）によって計算します。この勤続期間の計算にあたって1年未満の端数があるときは、その端数は1年に切り上げて勤続年数を計算します。

◆ 税負担が軽減されている

　退職所得は、他の所得と合算して計算はしません。分離課税（他の各種所得とは合算せずに分離して課税する方式）して所得税を計算します。その理由は、社員が長年働いてきた成果として受け取る退職金に対して、総合課税として他の所得と合算した超過累進税率により多額の所得税を課すのはあまりに酷な仕打ちであるためです。退職金は、老後の資金のひとつとしての性格があるため、税負担が過重にならないような配慮をしています。

　なお、退職金を受け取るときまでに「退職所得の受給に関する申告書」を提出していれば、原則として確定申告する必要はありません。これは、課税退職所得金額に対する所得税が源泉徴収されているためです。一方、「退職所得の受給に関する申告書」の提出がなかった人の場合は、退職手当等の支払金額の20％が源泉徴収されます。ただし、この税額の精算は、受給者本人が確定申告をすることで行うことになります。

■ 退職所得にかかる税金

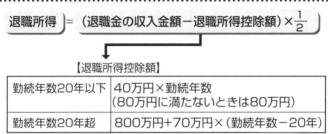

第1部

所得税・住民税の源泉徴収事務

給与や賞与の支払いごとに所得税を差し引くことになる

◆ 所得税の源泉徴収の仕方

事業主が労働者に給与や賞与を支払うときは、源泉所得税を控除して支払います。

給与や賞与から源泉徴収する金額は、給与所得の源泉徴収税額表を使って求めますが、この表を見るとわかるように「扶養親族等の数」によって、徴収する税額が異なり、扶養親族が多いほど税負担が軽くなるように設定されています。

そこで、まず、給与などを支給する労働者の扶養親族の状況を確認する必要があります。そのために労働者一人ひとりについて、「給与所得者の扶養控除等（異動）申告書」を提出してもらいます。

「給与所得者の扶養控除等（異動）申告書」は、その年の最初の給与（1月分の給与）支払いの前までに従業員に記入・提出してもらい、年の途中で扶養親族に異動があった場合は訂正手続きを行います。最終的にはその年の12月31日現在の状況が書かれている申告書をもとに年末調整を行います。

年の途中での扶養親族の異動があればそれを訂正し、常に最新の状況が記載されているようにすることが原則です。年の途中で採用した労働者については、給与を計算する前に「扶養控除等（異動）申告書」を渡して書いてもらうようにします。

◆ 扶養親族の数え方について知っておこう

扶養親族とは、配偶者、子、父母などその労働者が扶養している者

のことです。ただ、労働者本人またはその扶養親族につき、一定の事由に該当する場合にはこれらの扶養親族の数にその事由ごとに人数を加算することになります。

　まず、本人が障害者（特別障害者を含みます）・寡婦（特定の寡婦を含みます）・寡夫・勤労学生のいずれかに該当するときは、扶養親族の数にこれらに該当するごとに１人を加えた数が扶養親族等の数になります。また、労働者の扶養親族となっている者で障害者（特別障害者を含みます）・同居特別障害者に該当する者がいるときは、本人の場合と同じように扶養親族等の数に１人を加えた数が扶養親族等の数になります。

◆ 給与所得の源泉徴収税額表から所得税額を算出する

　「給与所得者の扶養控除等（異動）申告書」によって、労働者の扶養親族の数が確認できたら、源泉徴収の仕方について見ていきましょう。まず、労働者に支払う給与から、社会保険料（健康保険料、厚生年金保険料、厚生年金基金の掛金、介護保険料、雇用保険料）と通勤費（非課税となる部分に限る）を差し引きます。これを数式で表すと以下のようになります。

■ 税額表の使用区分の確認表

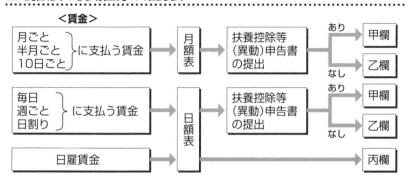

給与総額－非課税額－社会保険料等＝課税対象額

「非課税額」とは、たとえば通勤手当などのように所得税が非課税となる支給額のことです。

こうして求めた額が所得税を源泉徴収するときに基準となる給与（課税対象額）です。課税対象額の算定後、使用区分（前ページ図）を確認し、給与所得の源泉徴収税額表の該当する金額の欄にあてはめて、所得税額を算出します。

◆ 預かった源泉所得税を翌月10日までに納付する

控除した源泉所得税は給与を支払った月の翌月10日までに所轄の税務署に納付します。本来の納付期限が日曜・祝日にあたる場合は翌営業日、土曜日の場合はその翌々日が納付期限となります。なお、小規模な事業所（常時使用する労働者が10人未満の事業所）については、源泉所得税の納付を年2回にまとめて行うこと（納期の特例）ができます。この特例を受けている事業者は1月1日から6月30日までの間に労働者から預かった源泉所得税を7月10日までに納付しなければなりません。7月1日から12月31日までの間に預かる源泉所得税は翌年1月20日までに納付することになります。

手続きとしては、所得税徴収高計算書（納期特例分）に所定の事項を記入し、納付税額を添えて納付します。実務上は銀行や郵便局などから所轄の税務署に納付することになります。

◆ 徴収した住民税の納付

住民税は、原則として給与を支給した日（源泉徴収をした日）の翌月10日までに納付します。特例のある場合は、6月分から11月分を12月10日までに、また12月分から翌年の5月分を翌年6月10日までに納めることになります。

住民税も所得税と同様で、企業に勤めている会社員の場合は会社が

給与を支払う時点で源泉徴収することが定められています。住民税の計算は会社で行う必要はありません。会社が提出した「給与支払報告書」もしくは税務署の「確定申告書」に基づいて、各市区町村が住民税額を算出し、それを記載した「特別徴収税額の通知書」を会社に送付することになっています。特別徴収税額の通知書に記載の月割額が毎月の給与から源泉徴収される額となります。

住民税は、本年分ではなく前年分の所得にかかる税額を納付するシステムになっているため、退職者や中途採用者が発生したような場合には計算に注意が必要です。

退職者が出た場合には、異動届を退職の翌月10日までに市区町村に提出します。翌年5月までの税額については、未徴収税額を一括徴収することが可能であり、また転職するような場合には転職先の会社で特別徴収を適用することができます。

なお、中途採用があった場合、前勤務先が作成した異動届出書があれば「転勤（転出）による特別徴収届出書」欄に記入してから市区町村に提出して特別徴収に切り替える方法をとります。

■ 所得税・住民税の納付

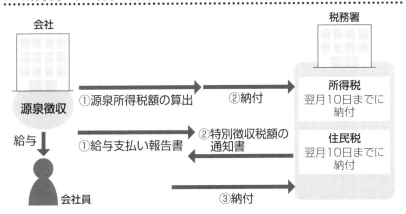

第1部 37
住民税の徴収方法

前年の所得を基準にして課税・徴収される

◆ 住民税には特別徴収と普通徴収の2つの方法がある

　住民税は、都道府県に納める都道府県民税と市区町村に納める市区町村民税の総称です。前年の所得をもとにして、各自治体が納税者に納付すべき税額を通知する「賦課課税方式」をとっています。会社などの事業所では、毎年1月31日までに前年1年間に従業員に支払った給与や賞与の額につき、従業員ごとの「給与支払報告書」を作成することになっています。そして、給与支払報告書は労働者の1月1日現在の住所地（住民票のある市区町村のこと）の市区町村役場に提出しますが、住民税はこの給与支払報告書をもとにして計算し、徴収されることになります。この場合に各市区町村が住民税を徴収する方法として、①普通徴収と②特別徴収の2つの方法があります。

① 普通徴収

　自営業者などが住民税を納める場合にとられる方法が普通徴収です。普通徴収の場合、納税者が直接、市区町村に住民税を納付することになります（実務上は、銀行などの指定金融機関で納付します）。

　納税通知書と納付書が納税者本人のところに送付されてきます。納付書を受け取った本人は、原則として、6月、8月、10月、翌年1月の年4回の納付期限までにそれぞれ指定された住民税額を納めることになります（市区町村によって扱いが異なる場合があります）。なお、給与所得者であっても、普通徴収の方法によって住民税を徴収することがあります。

② 特別徴収

会社員などの給与所得者の場合、一般的に特別徴収によって住民税が徴収されることになります。特別徴収とは、市区町村に代わって会社などの事業所が労働者から住民税を徴収し、市区町村に納付する方法です。特別徴収の場合、事業所が労働者の毎月の給与から住民税を天引きすることによって徴収します。

　市区町村では、各事業所から提出された給与支払報告書に基づいて、毎年5月31日までに各事業所に特別徴収税額通知書を送付します。事業所では、特別徴収税額通知書に従って、各労働者から住民税を徴収します。特別徴収の場合、その年に支払うべき住民税の額を12回に分けて労働者から徴収します（100円未満の端数は第1回目の分で徴収します）。12回というのは毎年6月から翌年5月までの計12回です。市区町村から送られてくる通知書は2枚複写になっていますので、そのうちの1枚は納税者である労働者本人に渡します。

　事業所で徴収した住民税は、翌月の10日までに納付しなければなりません。

　なお、住民税が特別徴収されていた労働者が退職したときは、退職日が6月1日から12月31日までの場合、退職日後の期間分の住民税は本人が自分で納付するか次の勤め先に引き継ぎます。

■ 個人住民税のしくみ

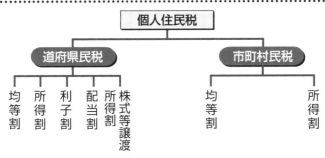

第1部 38

年末調整

1年間に納めるべき所得税額を計算する

◆ 1年間に支払った給与と賞与にかかる税額を精算する

10月～12月の時期に事務担当者が行うべきことで、もっとも大変な仕事は年末調整です。年末調整は、役員や労働者に対する毎月の給与や賞与から源泉徴収をした所得税の合計額と、その人が1年間に納めるべき所得税額との差額を調整するための手続きです。

会社などの事業所では、役員や労働者に対して報酬や給与（賞与を含む）を支払う際に所得税の源泉徴収を行っています。しかし、その年1年間に給与などから源泉徴収した所得税の合計額は、労働者などが1年間に納めるべき税額と必ずしも一致するわけではありません。そこで、1年間に源泉徴収した所得税の合計額と、本来役員や労働者が1年間に納めるべき所得税額とを一致させる必要があります。この一致させるための手続きが年末調整です。

年末調整は文字通り年末に行います。正確にいうと、1年の最後の給与が支給されるときに行います。給与が支給された後に賞与が支給されることになっている場合は、賞与の支給後に年末調整を行うこともできます。

◆ 年末調整の手順を確認する

年末調整は、労働者に1年間に支払う給与（賞与を含む）の額を合計して、次のような手順で計算を行います。

① 給与所得控除後の給与の額を求める

1年間に支払う給与の合計額から給与所得控除後の給与の額を求め

ます。給与所得控除後の給与の額は、「年末調整等のための給与所得控除後の給与等の金額の表」で求めます。

② 所得控除を差し引く

給与所得控除後の給与の額から扶養控除や生命保険料控除などの所得控除を差し引きます。

③ 税額を求める

②の所得控除を差し引いた金額に所得税の税率をあてはめて税額を求めます。

④ 税額控除をする

年末調整で住宅借入金等特別控除などの税額控除を行う場合には、求めた税額から控除額を差し引きます。差引後の税額が、その労働者が1年間に納めるべき所得税額になります。

⑤ 還付または徴収をする

最後に、源泉徴収をした所得税の合計額が1年間に納めるべき所得税額より多い場合には、その差額をそれぞれの労働者に還付します。逆に、源泉徴収をした所得税の合計額が1年間に納めるべき所得税額より少ない場合には、その差額を労働者に支払うべき給与（または賞与）から徴収します。

■ 年の途中で年末調整を行うケース

ケース	年末調整を行う時期
① 年の途中で死亡したとき	退職時
② 著しい身体障害により年の途中で退職し、その年中に新たな職に就いて給与を得ることができないとき	
③ 12月中に支払期の到来する給与が支給された後に退職したとき	
④ 年の途中で海外勤務になったなどの理由で、非居住者(※)となったとき	

(※)国内に住所や居所をもたないことになった者

◆ 年末調整の対象となる人

　給与所得者であっても、年末調整の対象とならない人がいます。

　年末調整の対象になる人は、年末調整を行う日までに「給与所得者の扶養控除等（異動）申告書」を提出している一定の人です。年末調整の対象となる人は、12月に年末調整を行う場合と、年の途中で行う場合とで異なります。

　まず、12月に行う年末調整の対象となる人は、会社などの事業所に12月の末日まで勤務している人です。

　1年間勤務している人だけでなく、年の途中で就職した人や青色事業専従者（個人事業者の配偶者などで事業を手伝い、給与をもらっている者）も年末調整の対象になります。ただ、①1年間に受け取る給与の総額が2000万円を超える人、②災害減免法の規定により、その年の給与に対する所得税の源泉徴収について徴収猶予や還付を受けた人など、一定の要件に該当する場合には年末調整の対象にはなりません。

　次に、年の途中で行う年末調整の対象となる人は、次の5つのいずれかにあてはまる人です。

ⓐ　1年以上の予定で海外の支店などに転勤した人
ⓑ　死亡によって退職した人
ⓒ　著しい心身の障害のために退職した人（退職した後に給与を受け取る見込みのある人は除きます）
ⓓ　12月に支給されるべき給与などの支払いを受けた後に退職した人
ⓔ　パートタイマーとして働いている人などが退職した場合で、本年中に支払いを受ける給与の総額が103万円以下である人（退職した後に給与を受け取る見込みのある人は除きます）

◆ 年末調整の対象となる給与について

　年末調整の対象となる給与は、その年の1月1日から12月31日まで（年の途中で退職した人などについては、退職時まで）の間に支払うこ

とが確定した給与です。実際に支払ったかどうかに関係なく未払いの給与も年末調整の対象となります。逆に、前年に未払いになっていた給与を今年になって支払った場合、原則としてその分は含まれません。

また、通勤費、旅費、食事代などの特殊な給与で非課税扱いとならない部分についても年末調整の対象になります。

なお、年末調整の対象となる給与は年末調整をする会社などの事業所が支払う給与だけではありません。たとえば、年の途中で就職した人が就職前に他の会社などで給与を受け取っていたケースがあります。このような場合は、前の会社などで「給与所得者の扶養控除等申告書」を提出していれば、前の会社などの給与を含めて年末調整をすることになります。前の会社などが支払った給与の支給金額や源泉徴収税額や社会保険料の額は、前の会社などが発行した源泉徴収票によって確認します。源泉徴収票の提出がない場合は、年末調整ができませんので、すぐに労働者にその旨を伝えて提出してもらいましょう。

■ 年末調整の事務手順

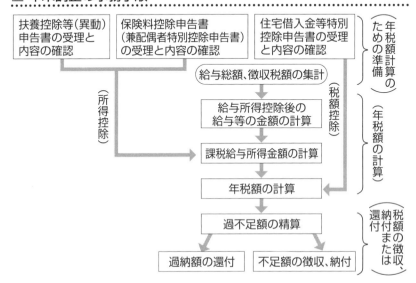

第1部 39

所得控除

所得控除には納税者の個々の事情を反映させる役割がある

◆ 所得控除とは

　所得税では、労働者保護のための社会政策などを考慮して、以下の①～⑭の14種の所得控除が設けられています。

① **雑損控除**

　災害や盗難、横領などによって、資産について損害を受けた場合に受けることができる一定の金額の所得控除のことです。

② **医療費控除**

　自分自身や家族のために医療費を支払った場合、一定の金額の所得控除を受けることができます（上限は200万円）。医療費控除の対象となる医療費は、納税者が、自分自身または自分と生計を一にする家族のために支払った医療費でなければなりません。また、その年の12月31日までに実際に支払った医療費であることが条件です。

　対象となる医療費は、ⓐ医師、歯科医師に支払った診療代、ⓑ治療、療養のために薬局で買った医薬品代、ⓒ病院等に支払った入院費、ⓓ治療のためのあんま、はり、きゅう、整体などの施術費です。このような費用につき、年間に支払った医療費の総額（保険金等で補てんされる金額を除きます）から10万円（総所得金額等が200万円未満の人は総所得金額等の5％）を差し引いた金額が医療費控除額になります。

③ **社会保険料控除**

　納税者が、自分自身や納税者と生計を一にする配偶者やその他の親族の社会保険料を支払った場合や給与から天引きされた場合に適用される所得控除です。

その年において支払った社会保険料の額と給与などから天引きされた社会保険料の額の全額が控除されます。

④ **小規模企業共済等掛金控除**

小規模企業共済法が定めている共済契約の掛金や、確定拠出年金法で定められている個人型年金の掛金、心身障害者扶養共済制度の掛金を支払った場合に適用を受けることができます。控除される金額は、納税者がその年に支払った掛金の全額となっています。

⑤ **生命保険料控除**

生命保険料や個人年金保険料を支払った場合に、一定の金額の所得控除を受けることができますが、これを生命保険料控除といいます。

生命保険料控除の限度額は、ⓐ平成24年1月1日以後に締結した保険契約等に係る控除（新契約）、ⓑ平成23年以前に締結した保険契約等に係る控除、ⓒ新契約と旧契約の双方について控除の適用を受ける場合の控除を合わせて12万円です。

⑥ **地震保険料控除**

地震保険料控除は、居住用の家屋や生活用の動産について地震が原因で被った損害に備えて支払った保険料や掛金が対象となります。控

■ 地震保険料控除の金額

・地震保険料

支払った地震保険料	控除額
50,000円以下	全額
50,000円超	50,000円

・旧長期損害保険料

支払った損害保険料	控除額
10,000円以下	全額
10,000円超　20,000円以下	支払保険料×1/2＋5,000円
20,000円超	15,000円

地震保険料の控除額 ＋ 旧長期損害保険料の控除額 ＝ 地震保険料控除額（最高50,000円）

除額は地震保険料について支払った金額すべてとなっていますが、上限は50,000円です。

⑦ **寄附金控除**

国や地方公共団体、特定公益増進法人などに対し、特定寄附金を支出した場合に受けることができる所得控除をいいます。その年中に支出した特定寄附金の額が2,000円を超えた場合に寄附金控除の対象になります。控除額の金額は、次のⓐ、ⓑいずれか少ない方の金額から2,000円を差し引いた額が寄附金控除額になります。

ⓐ その年に支払った特定寄附金の合計額

ⓑ その年の総所得金額等の40％相当額

⑧ **障害者控除**

納税者本人または控除の対象となる配偶者や扶養親族が所得税法上の障害者（精神障害者保健福祉手帳の交付を受けている人など）に当てはまる場合に受けることのできる所得控除です。

控除できる金額は障害者1人について27万円です。また、特別障害者に該当する場合は40万円になります。

⑨ **寡婦控除・寡夫控除**

申告者本人が寡婦（寡夫）である場合に適用され、次のⓐまたはⓑの金額が控除額になります。

ⓐ 一般の寡婦（寡夫）：27万円

ⓑ 特定の寡婦（夫と死別または離婚しかつ合計所得金額が500万円以下で、扶養親族となる子がいる者）：35万円

⑩ **勤労学生控除**

所得税法上の勤労学生に当てはまる場合に受けられる所得控除のことで、一律27万円です。

⑪ **配偶者控除**

納税者に控除対象配偶者がいる場合には、一定の金額の所得控除が受けられます。

控除対象配偶者とは、納税者の配偶者でその納税者と生計を一にする者のうち、年間の合計所得金額が38万円以下である人のことです。配偶者控除額は原則38万円ですが、控除対象配偶者が70歳以上の場合、控除額が増額されます（48万円）。

⑫ **配偶者特別控除**

配偶者の年間合計所得金額が38万円を上回ると、配偶者控除を受けることはできませんが、配偶者の所得金額の程度に応じて一定の金額の所得控除が受けられる配偶者特別控除を利用することはできます。配偶者特別控除を受けるためには配偶者の合計所得金額が38万円超76万円未満であることが必要です。

⑬ **扶養控除**

納税者に扶養親族がいる場合には、一定の金額の所得控除が受けられます。

扶養控除の金額については下図の通りです。

⑭ **基礎控除**

基礎控除は、所得の多寡や扶養親族の有無などに関わりなく、すべての人に適用されます。基礎控除の金額は一律に38万円です。

■ **配偶者控除・扶養控除の額**

	区　分 (注1)	控除額
配偶者控除	70歳未満　　（一般の控除対象配偶者）	38万円
	70歳以上　　（老人控除対象配偶者）	48万円
扶養控除	16歳以上19歳未満	38万円
	19歳以上23歳未満（特定扶養親族）	63万円
	23歳以上70歳未満	38万円
	70歳以上　　　　　（老人扶養親族）	48万円
	同居老人扶養親族 (注2) の加算	58万円

（注）1　区分の欄に記載している年齢はその年の12月31日現在によります。
　　　2　同居老人扶養親族とは、老人扶養親族のうち納税者またはその配偶者の直系尊属で納税者またはその配偶者と常に同居している同居親族をいいます。

第1部 40

税額控除

所得税額から一定金額を直接控除できる制度

◆ 税額控除とは

　税額控除とは、所得税額から直接控除できるとても有利な制度です。同じ控除という名前がつく所得控除は、所得に税率を乗じる前の段階で控除するので、税額に与えるインパクトは、「所得控除額×税率」にとどまります。たとえば、医療費控除は所得控除ですが、支払った医療費全額が還付されるわけではありません。通常は医療費から10万円を引いて税率を乗じた金額になります。

　一方、税額控除は、所得に税率を乗じた後の所得税額から直接控除することができますので、税額に与えるインパクトはダイレクトに税額控除額そのものになります。

　税額控除には図（次ページ）のように様々な種類がありますが、代表的なものとしては、以下の配当控除・外国税額控除・住宅借入金等特別控除があります。

① 配当控除

　個人が株式の配当金等を受け取った場合において、一定の方法により計算した金額を、その個人の所得税額から控除するものです。

② 外国税額控除

　個人が外国から得た所得（配当金など）には、すでに現地国の所得税などが課税（源泉徴収）されています。この所得につき、さらに日本で課税すると、外国税と所得税が重複して課税されることになってしまいます。そこで、外国税額控除を設けることによって、外国税と所得税の二重課税を排除するしくみになっています。

③　住宅借入金等特別控除（住宅ローン控除）

　個人が住宅を購入したとき（中古住宅を含む）に金融機関で住宅ローンを組んだ場合に受けられる控除です。また、居住する住宅で、省エネ対策や介護を目的としたバリアフリー対策など、要件を満たした改修工事を行った場合も対象になります。居住した年から一定期間、住宅ローンの残高に応じて控除を受けることができます。

　これらの他にも、認定長期優良住宅と呼ばれる一定の住宅を新築等した場合の税額控除、省エネや耐震に効果のある改修を行った場合の税額控除、政党等寄附金特別控除、公益法人等に寄附をした場合の税額控除などがあります。

　住宅ローン控除は、年末調整時に処理します。そのため、あらかじめ控除の対象者に対して、住宅ローン控除に関する計算明細書や残高証明書の提出を求めておきます。なお、住宅ローン控除は居住開始年に応じて控除の内容が異なるため、注意が必要です。

　また、従業員が住宅ローンを組んだ初年については、住宅ローン控除の申請は従業員自身が確定申告を行います。

■ 主な税額控除の種類

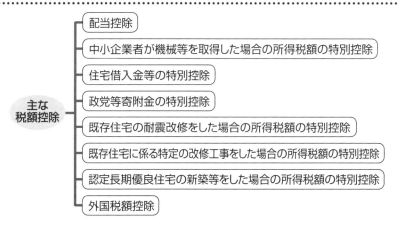

第1部 41

年末調整に必要な書類

労働者ごとの情報が必要になる

◆ 労働者一人ひとりに書いてもらう書類がある

　年末調整を行うには、労働者ごとの資料が必要になります。この場合の資料には労働者本人に書いてもらうものや、労働者に提出を求めるものがあります。労働者に年末調整について説明をし、書類の提出期限を区切ってその日までに書類を提出するように求めます。「提出がなかった場合は年末調整をしない」というような姿勢で提出を促すと効果的です。以下、年末調整に必要な書類を確認していきましょう。

① 給与所得者の扶養控除等（異動）申告書
② 給与所得者の保険料控除申告書兼給与所得者の配偶者特別控除申告書
③ 住宅借入金等特別控除申告書
④ 源泉徴収簿
⑤ 生命保険料・地震保険料　控除証明書
⑥ 社会保険料（国民年金保険料）控除証明書
⑦ 年末調整等のための給与所得控除後の給与等の金額の表
⑧ 配偶者控除額、扶養控除額、障害者等の控除額などがわかるもの
⑨ 納付書（徴収高計算書）

　以上の①～⑧の資料のうち、①～③が労働者に書いてもらうことになる書類です。⑤は支払いがあった場合、各自治体から送付されてきます。⑥～⑧については、各税務署から毎年11月初旬頃にまとめて年末調整の資料として送付されてきます（説明会で配布する場合もあります）ので、その資料で確認することができます。

◆ 控除証明書とは

　控除証明書とは、年末調整や確定申告の際に必要となる書類で、毎年、年末調整を行う時期に入る前（秋頃）に労働者が加入している生命保険、地震保険会社や各機関などより郵送されてきます。

　控除証明書は、労働者がその年一年間の保険料の支払いを行ったことに対する証明書です。この書類を添付することで、年末調整や確定申告時に生命保険料控除、地震保険料控除、社会保険料控除などの各種控除を受けることができます。

　会社側としては、年末調整事務の負担を軽くするために、早い時期より「控除証明書が届いたら会社へ提出してください」と呼びかけることが効果的です。控除証明書はハガキサイズの物が多く、気をつけていないと紛失する労働者が発生する可能性があります。対策としては、事前に繰り返し呼びかけることが重要です。この行為により、今後の事務作業の効率が確実に上がります。

　なお、紛失した場合も再発行が可能なため、労働者より紛失の報告があった場合は再度取り寄せを依頼します。

■ 控除証明書の種類

生命保険料控除証明書	労働者が生命保険や個人年金保険に加入している場合に加入保険会社より郵送 申告対象の年の支払保険料が記載 ・新契約：平成24年1月以降の加保険 ・旧契約：平成23年12月31日までの加入保険
地震保険料控除証明書	労働者の平成19年以降の支払分・加入保険、平成18年末までの長期損害保険契約が対象 申告対象の年の支払保険料が記載 火災保険と併せた契約が必要であり、控除の対象となるのは地震保険料部分のみ
社会保険料控除証明書	労働者やその配偶者が年間に国民年金保険料、国民年金基金への支払いを行った場合に日本年金機構より郵送 過去の滞納分や免除期間の支払を行った場合も該当

第1部 42

源泉徴収票の作成

1枚は必ず本人に交付する

◆ 年末調整終了後に税務署に提出する書類がある

年末調整終了後に行う仕事について見ていきましょう。

まず、労働者ごとの給与支払報告書を作成しなければなりません。給与支払報告書（源泉徴収票）は年末調整の結果、確定した税額その他について記載したもので、4枚のものと3枚のものがあります。いずれも1枚目と2枚目が給与支払報告書で、3枚目以降が源泉徴収票になっており、源泉徴収票のうちの一枚は労働者本人に交付します。

◆ 源泉徴収票の提出

給与支払報告書と同時に発行される、毎年1月～12月までの一年間に支払った給与額や税金、社会保険、退職所得額などが従業員ごとに記載された書類を源泉徴収票といいます。給与支払報告書（源泉徴収票）は翌年の1月31日までに各市区町村（税務署）に提出しなければなりません。提出の流れは、税務署に提出しなければならない人とそうでない人で異なります。源泉徴収票を税務署に提出しなくてもよいのは、次のような場合です。

① 年末調整をした年分の給与金額が500万円以下のとき
② 「給与所得者の扶養控除等（異動）申告書」を提出したが、その年中に退職したために年末調整をしなかった人で、その年分の給与金額が250万円以下（法人の役員については50万円以下）のとき
③ 弁護士、公認会計士、税理士などに給与などを支払い、年末調整をした場合にその年分の給与金額が250万円以下のとき

④ 年末調整をした年分の報酬（給与）で法人の役員に対して支払った報酬（給与）額が150万円以下のとき
⑤ 扶養控除等申告書を提出しない人に支払った給与で、その年分の給与金額が50万円以下のとき

　また、給与支払報告書などの提出の他、もう1つの仕事として、12月に預かった源泉所得税や年末調整をして預かった源泉所得税を税務署に納付する仕事があります。

■ 源泉徴収票の提出の流れ

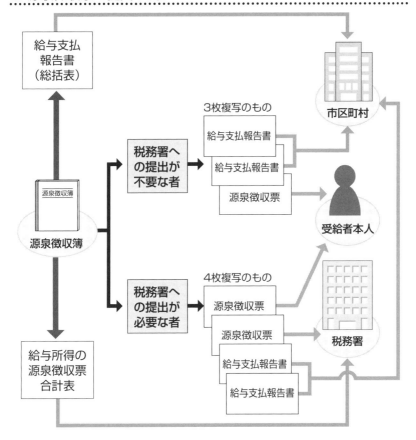

第1部 43

マイナンバー制度

個人番号はプライバシー保護のため厳格な管理が必要

◆ マイナンバー制度とは何か

　マイナンバー制度とは、住民登録されているすべての住民と法人を対象にそれぞれ個人番号・法人番号が通知・利用される制度です。主に社会保障や租税に関する分野において個人番号や法人番号が利用されることから、「社会保障・税番号制度」ともいいます。

　マイナンバー制度は、主に以下の内容に分類することができます。

① **個人番号や法人番号の交付・通知**

　法人番号がネットで公開される一方で、個人番号は重要な個人情報につながるため公開はされず、通知カードの交付で個別に知らされます。

② **本人確認機能**

　個人番号カードは、本人の顔写真がついているカードで、氏名・生年月日・性別・住所等が記載されています。身分証明書として、または図書館カードや印鑑登録証などで利用することができます。

③ **情報の連携**

　年金の申請のような場合に国民側が用意する書類の数が減るなど、行政サービスにおいて処理が必要な国民の事務手続きが簡素化されます。

◆ マイナンバー管理の必要性

　マイナンバー制度の導入にあたり、民間企業においても様々な対応が必要とされます。たとえば、源泉徴収票を作成する場合などには、従業員等の個人番号が必要です。個人番号を行政に問い合わせることはできないため、民間企業側が直接従業員に個人番号を確認しなけれ

ばなりません。

　さらに、マイナンバー法では、個人番号等の安全管理を妨害するような行為に対する厳しい規制や罰則を設けています。マイナンバーは、これまでの個人情報に比べ厳格な規制が設けられた「特定個人情報」であるため、民間企業側としては、集めた個人番号の利用目的を従業員側に明示し、他の人や機関に公開しないような情報管理体制を確立しておく必要があります。国より「特定個人情報の適正な取扱いに関するガイドライン」が策定されているため、マイナンバーを守る為の体制づくりに利用することができます。

◆ 経理担当者がかかわるマイナンバー事務とは

　経理担当者の業務には、マイナンバーが密接に関わりを持ちます。たとえば、給与や報酬の支払を行った場合に支払年の翌年1月31日までに提出する法定調書などが挙げられます。法定調書には源泉徴収票と支払調書の2つがありますが、これらは平成28年分以後、個人番号を記入する様式に変更されました。

■ 番号の利用範囲

現在想定されている個人番号の利用範囲		
社会保障分野	年金	資格取得・確認、給付の際に利用する (例)国民年金、厚生年金など
	雇用	雇用保険の資格取得、給付などに利用する (例)失業給付、雇用安定などハローワーク事業など
	医療・福祉	保険料の徴収手続き・医療保険の給付、特定健診や予防接種履歴の管理などに利用する (例)生活保護の決定事務、健康保険の給付に関する事務
租税分野		所得税の確定申告書など　　源泉徴収票の作成事務など
預貯金口座		預貯金口座へ付番し、社会保障制度や税務調査などで用いられる
災害・その他の分野		災害発生時の本人確認手段として用いられる 要支援者に対する預金の引出等のために用いられる 地方公共団体の要望による雇用、障害者福祉分野などに用いられる

また、報酬の支払調書や従業員の源泉徴収票を作成する場合には、支払者である会社の個人番号・法人番号に加え、支払いを受ける従業員の個人番号が必要です。さらに、給与所得の源泉徴収票や給与支払報告書の作成時には、控除対象配偶者や扶養親族など従業員の家族の個人番号も必要になります。そして、これらの番号の提供を受ける際には本人確認を行わなければなりません。

　したがって、経理担当者は報酬の支払先の番号の確認や管理、または安全管理体制を整えておく必要があります。

◆ マイナンバーが必要な経理書類とは

　マイナンバーが必要な税務関係書類には、たとえば所得税に関する書類として平成28年1月1日が含まれる年度以降の申告書があります。また、平成28年1月1日以降に支払った金銭に関わる法定調書もマイナンバーの記載が必要です。ただし、源泉徴収票の場合は、行政への提出用のみにマイナンバーが必要とされ、労働者控え分には記載しないなどの注意点があります。経理担当者は、マイナンバー制度を適切に理解した上で、これらの書類の作成時期に間に合うように従業員等のマイナンバーを収集しておく必要があります。

◆ 人事労務担当者が関わるマイナンバー事務とは

　人事労務担当者が行う事務においてマイナンバー制度への対応が必要な分野については、次の内容に限定されています。

　主となるのは社会保障の分野です。たとえば、従業員等の健康保険に関する「健康保険・被保険者資格取得届」が挙げられます。

　その他、租税や預貯金の分野などがあり、制度の実施に伴い今後も多様化していくことが想定されます。現時点では、これらの目的以外に個人番号を使うことはできないため、人事労務担当者は注意する必要があります。

◆ マイナンバー対応が必要な社会保障手続きとは

　マイナンバーに対応する社会保障手続きには、雇用保険、労災保険、年金保険、医療保険、介護保険、社会福祉などがあります。

　雇用保険に関しては、2016年1月以降の書類から、マイナンバーの記載が必要です。届出の際には、必要書類に従業員の個人番号を記載します。一方、労災保険に関しては、労災保険の保険料徴収等に関する手続きなどで法人番号を記載しなければなりません。具体的には、保険関係成立届、加入申請書類、確定保険料申請書類において、マイナンバーの記載が必要です。

　また、健康保険や厚生年金などの帳票に関しては、2017年1月以降より関係書類への記載範囲が拡大されていくため、帳票の一元化が求められます。健康保険の給付に関する手続きは、原則として被保険者が直接健康保険組合に対して必要書類を提出します。ただし、実際上の取扱いは、被保険者が従事する事業所の事業主を経由して必要書類が健康保険組合に対して提出される場合が多くあります。

■ マイナンバーの記載が必要になる主な届出書類

雇用関係	⇨ 被保険者資格取得の届出のための書類 ⇨ 資格得喪届に関する書類 ⇨ 高年齢雇用継続給付申請に関する書類 ⇨ 育児休業給付金申請に関する書類
労災関係	⇨ 保険関係成立届に関する書類 ⇨ 加入申請書類 ⇨ 確定保険料申請書類
健康保険・厚生年金関係	⇨ 資格取得届に関する書類 ⇨ 傷病手当金の申請書類 ⇨ 限度額適用認定の申請書類 ⇨ 出産手当金の申請書類

Column

休職者が出た場合の給与計算事務

　休職者が発生した場合、通常の労働者とは異なり保険料や税金の扱いが異なるため、いざという時のために知っておく必要があります。

　たとえば、労働保険料の場合は休職中の労働者に対する労働保険料は発生しません。賃金の一部が支給される場合は、その支給された一部の賃金に保険料率を掛けたものが労働保険料となります。健康保険より傷病手当金が支払われた場合でも、傷病手当金は賃金ではないため雇用保険料はかかりません。労働保険料の年度更新の際に休職者が発生し、賃金の不支給または減額が生じた場合は保険料算出の基礎から除外されます。

　休職の原因が業務上の災害の場合、会社が3日分の休業補償を行いますが、これは雇用保険法上の賃金ではないため労働保険料算定の基礎から除外されます。一方、会社都合による休業の際に支払った休業手当は賃金であるため、労働保険料計算の基礎となります。

　また、健康保険や厚生年金保険の場合は、労働保険と異なり原則として賃金の有無・増減による保険料変動はありません。たとえば休職者が発生しても会社は保険料を納付しなければなりません。

　休職により賃金から控除できなかった労働者負担分の保険料については、振込依頼書などを送付し、会社の口座に本人負担分の金額を振り込んでもらうのがよいでしょう。ただし、休職者は収入が激減している場合が多いため、労働者負担分の保険料を会社が立て替え、復職時に分割して請求するケースがあります。この場合に肩代わりした保険料は給与として扱われるため、注意が必要です。

　所得税や住民税の取扱いは、まずは所得税は給与の支給がない場合は発生しません。一方、住民税は、毎年6月より一年間の納付額が決まっています。休職で賃金が支払われない場合は、会社が本人に請求し、会社に対して支払ってもらうという手続きをとります。

第2部

用語解説編

あ

■アウトソーシング（あうとそーしんぐ）

ある企業で行っている業務の一部を、専門性の高い別の企業に担ってもらうことをアウトソーシングといいます。

アウトソーシングのしくみは、「自社の人材や設備を使って業務を遂行する会社がその一部を外部の業者に委託する」というものです。人材そのものだけでなく、人を柱としたサービスや設備も含めて活用していくことになります。

アウトソーシングの法的性質については、個々のケースに応じて判断することになります。ある一定の成果が求められているのであれば請負、一定の成果まで求められておらず、単なる業務の依頼に留まるのであれば業務委託になるといえます。

■あっせん（あっせん）

労働法上、労使双方の言い分を確かめ、紛争当事者間の話し合いを促進することで紛争の解決を図る制度のことです。有識経験者からなるあっせん委員などが労使当事者双方の主張の要点を確かめ、解決に結びつく合意点を探りながら、話し合いによる解決をサポートします。

たとえば、個別の労働紛争（個別労働紛争）について、紛争当事者間の話し合いに紛争調整委員会が介入するあっせん制度があります（個別労働関係紛争の解決の促進に関する法律12条）。個別労働紛争についてのあっせんは都道府県労働局で行われています。

■アルバイト（あるばいと）

1日または週当たりの労働時間が正規従業員よりも短い労働者（短時間労働者）をさします。

法律上アルバイトとパートタイマーは区別されていません。会社によって識別しやすいように呼び名を使い分けています。また、一般的な使われ方として、パートタイマーは、短時間労働者という意味でのみ使用されますが、アルバイトの場合は、本業が別にある人が副業的に仕事をするときにも使います。そのため、主婦の場合をパートタイマーと呼び、学業が本業である学生をアルバイトと呼ぶこともあります。

なお、アルバイト、パートタイマーの名称にかかわらず、短時間労働者も労働基準法をはじめとする労働法の保護を受けます。

■安全委員会／衛生委員会（あんぜんいいんかい／えいせいいいんかい）

安全委員会とは事業所の安全を確保し、衛生委員会は労働者の健康保持・増進を図り、それぞれ労働災害の発生防止などを目的として、事業所内に設置しなければならない会議体です。

事業主は、職場における労働者の安全と健康管理を確保しなければなりません。そのため、一定の規模以上の事業所では安全委員会、衛生委員会を設置し、労働者の安全衛生を確保する必要があります。安全委員会は林業、鉱業、建設業等では50人以上、製造業、電気業、ガス業、熱供給業で100人以上を使用する事業所では設置しなければなりません。衛生委員会は業種を問わず常時50人以上を使用する事業所では設置しなければなり

ません。

なお、安全委員会を設置すべき事業所では衛生委員会も設置しなければなりませんので、2つを合わせて安全衛生委員会とすることもできます。

■安全衛生管理規程（あんぜんえいせいかんりきてい）

安全衛生管理規定とは、事業場における労働災害の発生を未然に防止するために、事業者が定めた一定のルールのことをいいます。事業者と労働者が共に安全衛生管理規定を遵守することで、労働者の安全と健康を守ることができます。

安全衛生管理規程で定められる内容としては、事業場における安全管理体制、事業場における安全衛生教育、事業場における安全衛生点検、健康診断などです。

■安全衛生教育（あんぜんえいせいきょういく）

労働者の生命や健康を守るために、一定の労働者に対して行われる、安全や衛生についての教育のことをいいます。事業者が安全衛生教育を行わなければならない場合については、労働安全衛生法で定められています。

たとえば、事業者が新たに労働者を雇い入れた場合や作業内容を変更した場合には「雇入れ時・作業内容変更時教育」、労働者を危険・有害業務に就かせる場合には「特別教育」、新たに職長になった者がいる場合には「職長教育」を行うことが義務付けられています。

■安全衛生推進者／衛生推進者（あんぜんえいせいすいしんしゃ／えいせいすいしんしゃ）

中小規模の事業所（10人以上50人未満）で、職場の安全と衛生を担うのが、安全衛生推進者や衛生推進者です。

労働者が10人以上の事業所では、安全衛生推進者か衛生推進者のいずれかを選任しなければなりません。屋外産業的業種（林業や建設業など）や工業的業種（製造業や通信業など）、サービス業的業種（卸売や小売業など）では安全衛生推進者を選任します。金融業など、上記以外の業種では比較的職場の危険度が低いことから、安全衛生推進者ではなく衛生推進者を選任します。

衛生推進者は、労働環境の衛生的改善、健康診断その他の健康保持増進のための措置、衛生のための教育など、職場の衛生全般を管理します。安全衛生推進者は、それに加えて施設・設備の点検および使用状況の確認、危険がある場合の応急措置など、職場の安全に関する職務を併せて行います。

■安全衛生責任者（あんぜんえいせいせきにんしゃ）

大規模な建設業の現場等で労働災害の防止のために、下請けの事業主が選任する、職場の安全衛生を担う者をいいます。

建設業や造船業の現場では、一つの会社だけでなく、請負で複数の会社に雇用された労働者が作業をします。そこで、50人以上の現場（ずい道等の建設、圧気工法による作業、橋梁の建設の場合は30人以上）では元請業者は統括安全衛生責任者を選任し、現場の安全衛生を確保しなければなりません。

一方、下請業者も安全衛生に取り組まなければなりません。そこで安全衛生責任者が選任され、元請業者の統括安全衛生責任者との連絡をとり、自社内の関係者への連絡・周知を担当します。

また、自社にさらに下請業者（孫請け）がいる場合には、さらにその業者の安全衛生責任者への連絡を行います。

一般的に安全衛生責任者は主任技術者が担当します。

■安全管理指針（あんぜんかんりしん）

建設業の現場において、情報共有と事故防止を目的として定められている指針のことを、安全管理指針といいます。

安全管理指針には、労働災害を防止するために行うことが推奨されている安全管理の具体的内容が記されています。たとえば、安全衛生計画の作成、過度の重層請負の改善、請負契約における労働災害防止対策の実施、経費負担者の明確化、関係請負人と労働者の把握、作業手順書の作成、協議組織の設置と運営、などについて記されています。

■安全管理者（あんぜんかんりしゃ）

事業所の安全についての事項を実際に管理する専門家です。実務経験者がなります。作業場を巡回し、安全のために必要な指導などを行います。製造業や林業、建設業などの一定の業種で、事業所で常時使用する労働者の数が50人以上の場合に安全管理者の選任が義務付けられています。

■安全配慮義務（あんぜんはいりょぎむ）

会社などの使用者が負う、労働者が安全に就労できるように配慮する義務のことです。使用者は、労働者を労働させるにあたって労働者の生命・身体の安全に配慮しなければなりません（労働契約法5条）。

安全配慮義務を怠ったために労働者が損害を被ったときは、契約違反（債務不履行）として使用者は民法上の損害賠償責任(民法415条)を負うことになります。

い

■ERP（いーあーるぴー）

人事や財務部で使われる用語で、会社の経営をより効率よく行うためのシステムのことです。ERPとはEnterprise Resources Planningを略した言葉です。

会社を経営する際に必要となる業務の内容や得られる情報を統合的に管理し、会社全体を見るために用いられます。

■育児・介護休業法（いくじ・かいごきゅうぎょうほう）

育児や介護のために仕事を辞めずにすむように、対象労働者が希望する場合に休業させることを義務付けた法律です。正式名は「育児休業、介護休業等育児又は家族介護を行う労働者の福祉に関する法律」です。

育児休業制度は、仕事と育児の両立を目的に設けられました。この制度により、労働者は一定期間、育児のために仕事を休み、その間の生活保障として育児休業給付金を受給できます。また、パパ・ママ育休プラスなどで父親の子育ても推奨

しています。

　介護休業制度は、家族介護の必要性が高まったことで設けられました。労働者の家族が負傷や病気などで介護が必要になった場合、その家族を介護するために介護休業を取得し、介護休業給付金を受給できます。いずれの制度においても、短時間勤務制度や所定外労働の免除、子の看護休暇の拡充などの内容が定められています。

■育児休業（いくじきゅうぎょう）

　育児休業とは、労働者が、子を養育するために取得する育児・介護休業法に基づく休業のことです。

　母親だけでなく、父親も取得できます。原則として、子の出生から「子どもが1歳に達する日（民法の規定により、1歳の誕生日の前日）まで」の1年間が育児休業期間となります。ただし、保育所（児童福祉法に定める保育所）に入所できないなど、特別な事情がある場合には、子どもが1歳6か月に達するまでを限度に育児休業を延長することが認められています。

　近年は、育児に積極的な男性を「イクメン」と呼ぶなど、父親の育児への参加が注目されており、育児・介護休業法もパパ・ママ育休プラスといった制度を用意しています。

■育児休業給付（いくじきゅうぎょうきゅうふ）

　雇用保険における給付制度です。育児休業中の被保険者に対し、給料の一定額が生活保障として支給されます。少子化や女性の社会進出への対応策として、育児休業の取得や休業後の職場復帰を支援

するために設けられました。

　育児休業給付は、雇用保険における一般被保険者が1歳（パパ・ママ育休プラスの場合は1歳2か月、支給対象期間の延長理由がある場合は1歳6か月）未満の子を養育するために育児休業を取得した場合に支給されます。1か月当たりの支給額は原則として、休業開始時賃金日額の67％（休業開始から半年経過後は50％）相当額です。

■育児時間（いくじじかん）

　生後1年に達しない生児を育てる女性労働者が授乳その他のために休憩とは別枠で与えられる時間を育児時間といいます。

　生後1年に達しない生児を育てる女性労働者は、1日2回各々少なくとも30分、育児のための時間を請求することができます（労働基準法67条）。このような労働者は、育児休業を取得することも可能ですが、産後休暇後は働きながら育児をしたいという労働者もいます。そのような労働者が育児をしやすくするための規定です。育児時間は、「少なくとも30分」とされており、30分以上与えることも、2回分をまとめて60分とすることも可能です。

　なお、育児休業は、男性労働者も請求することができますが、育児時間について法律が規定しているのは女性労働者のみです。

■意見書（いけんしょ）

　就業規則の内容が変更になった場合や法改正に対応するために就業規則の変更が必要になった場合に、変更後の就業規則に添付して提出する書類のひとつです。

　労働者側の代表が変更後の就業規則に

あ

対する意見を記載し、2部作成した上で1部を労働基準監督署へ提出します。別段の意見がない場合は「意見なし」と記載して提出します。

■遺族基礎年金（いぞくきそねんきん）

国民年金の被保険者または老齢基礎年金の受給権者等が死亡した場合、その遺族に対して支給される年金です。

死亡した国民年金の被保険者や老齢基礎年金の受給権者等によって生計を維持されていた「子のある配偶者」または「子」に支給されます。ここでいう「子」とは、18歳に達した日以後最初の3月31日までの間にあるか、20歳未満で障害等級第1級または第2級に該当する障害の状態にある場合に限られ、事実上の子は含まれません。

死亡当時、要件に該当する子がおり、配偶者がすでに死亡しているという場合でも、支給が行われます。逆に上記要件に該当する子がいない配偶者には支給されません。

■遺族厚生年金（いぞくこうせいねんきん）

厚生年金保険の被保険者または老齢厚生年金の受給権者等が死亡したときに、一定の遺族に支給される年金です。

厚生年金保険の被保険者や障害等級第1級または第2級に該当する障害の状態にある障害厚生年金の受給権者、老齢厚生年金の受給権者等が死亡したとき、死亡した者によって生計を維持していた配偶者、子、父母、孫、祖父母に支給されます。ただし、妻は年齢に関係なく支給されますが、夫、父母、孫、祖父母の場合は55歳以上であること、子、孫の場合は18歳に達した日以後最初の3月31日までの間にあるか、20歳未満で障害等級第1級または第2級に該当する障害の状態にあること、が支給要件になります。

■遺族補償給付（いぞくほしょうきゅうふ）

業務中に死亡したとき、その遺族に対して支給されるもので、遺族補償年金と遺族補償一時金の2つがあります。労災保険の給付のひとつです。

遺族補償年金は、労働者の死亡当時その収入によって生計を維持していた一定の範囲の遺族に支給されます。「一定の範囲の遺族」とは、妻、夫、父母、祖父母、兄弟姉妹で、妻以外はそれぞれ年齢条件を満たしているか障害等級5級以上の障害のある場合に限られます。続柄、年齢、障害の有無により、優先順位が変わります。なお、60歳未満の夫・父母・祖父母で障害のない場合は、60歳に到達するまで年金は支給停止されます。

遺族補償一時金は、前述した年金受給権者がいない場合に一定の範囲の遺族に対して給付基礎日額の1000日分が支給されるというものです。

なお、業務上ではなく、通勤中に死亡した場合、遺族年金、遺族一時金という給付がなされます。遺族補償給付と遺族給付を総称して遺族（補償）給付と表現することもあります。

■一元適用事業（いちげんてきようじぎょう）

労災保険と雇用保険の保険料の申告・納付などを1つの労働保険関係として取り扱う事業を一元適用事業といいます。

労働者災害補償保険（労災保険）、雇

用保険のどちらであっても労働者を一人でも雇用すると適用事業となります。また、保険料の徴収は年間の賃金総額に、労災保険料率と雇用保険料率をそれぞれ掛けて保険料を算出し、合わせて納付します。

他方、例外的に労災保険と雇用保険の適用労働者の範囲が異なる、あるいは事業の適用単位を統一しがたい事情があるなど、労災保険の保険関係と雇用保険の保険関係を別個の事業として取り扱われる事業があります。このような事業を二元適用事業というのに対し、原則通り2つの保険関係を1つの労働保険関係として取扱う事業を一元適用事業といいます。

■1年単位の変形労働時間制（いちねんたんいのへんけいろうどうじかんせい）

1か月よりも長い期間（1か月を超え1年以内の期間）を単位として、それぞれの事業所の業務形態にあわせた労働時間を設定することができる制度です（労働基準法32条の4）。

労働時間を効率的に活用することができるようになり、また、同時に労働時間の短縮も図ることができるようになります。

1年単位の変形労働時間制を採用するためには、労使協定によって一定の事項を定める必要があります。この場合の労使協定は所轄の労働基準監督署に提出する必要があります。

■一部負担金（いちぶふたんきん）

疾病などで病院にかかった際、窓口で支払う医療費の自己負担分のことです。

一部負担金の割合は、年齢や所得に応じて決められています。たとえば、義務教育就学前までは2割、義務教育就学後70歳未満の人は3割です。70〜74歳の場合でも、現役並みの所得を得ている場合は若い人と同じく3割負担です。それ以外の、所得の少ない人の場合は、特例として1割負担とされていました。しかし、平成26年4月以降に70歳を迎える人の場合は、段階的に負担割合が2割に引き上げられています。

なお、75歳以上の後期高齢者医療制度対象者の場合は、現役並みの所得者は3割負担、それ以外の人は1割負担です。

■1か月単位の変形労働時間制（いっかげつたんいのへんけいろうどうじかんせい）

1か月以内の一定期間を平均して、1週間の労働時間が40時間を超えなければ、特定された日または週に法定労働時間を超えて労働させることができる制度です（労働基準法32条の2）。1か月単位の変形労働時間制をとるためには、労使協定または就業規則その他就業規則に代わるものによって、1か月以内の一定の期間を平均して、1週間当たりの労働時間が法定労働時間を超えない旨の定めをしなければなりません。

■1週間単位の変形労働時間制（いっしゅうかんたんいのへんけいろうどうじかんせい）

1週間を単位として日によって所定労働時間を調整できるとする制度です（労働基準法32条の5）。特定の業種で、一定規模以下の事業所については、1週間の所定労働時間が40時間以内であれば、1日の労働時間を10時間まで延長できるとするものです。1週間単位の非定型的

あ

労働時間制を採用することができるのは、ⓐ小売業、ⓑ旅店、ⓒ料理店、ⓓ飲食店のうち常時30人未満の労働者を使用する事業に限られます。

■**一斉休暇（いっせいきゅうか）**

年次有給休暇の計画的付与に基づいて一斉に休暇をとることをいいます。使用者は労働者と労使協定を締結した場合には、有給休暇の日数のうち5日を超える部分については、労使協定で有給休暇を与える日を指定することができます（年次有給休暇の計画的付与）。

■**逸脱（いつだつ）**

労働者が通勤に際して、合理的な経路からはずれることをいいます。労働者が、往復の経路を逸脱し、または往復を中断した場合には、逸脱または中断の間とその後の往復は通勤とされません。

■**一定期日払いの原則（いっていきじつばらいのげんそく）**

給与は毎月決められた一定の期日に支払わなければならないという給与支払におけるルールです。ただし、臨時に支払われる給与や賞与は例外となります。

■**一般拠出金（いっぱんきょしゅつきん）**

労働保険料の年度更新の際に申告や納付が義務付けられた一定金額のことです。相次いだ石綿による健康被害を受け、その救済費用に充当するための拠出金です。一般拠出金の対象は業種を問わず、すべての事業を行う事業主となります。

■**一般保険料率（いっぱんほけんりょうりつ）**

社会保険や労働保険の保険料を計算する際に、賃金に掛ける料率を一般保険料率といいます。

健康保険と厚生年金では、労働者の個々の賃金について標準報酬月額を決定し、その額に一般保険料率を掛けたものが保険料となります。健康保険では、健康保険組合がそれぞれ決定し、協会けんぽにおいては都道府県ごとに設定されています。

労働保険料は労働者に支払う賃金の総額に所定の保険率を掛けて算出することになっていますが、労災保険にかかる率を労災保険率といい、雇用保険にかかる率を雇用保険率といいます。最新となる平成27年度以降より適用される料率によると、労災保険率は54業種に区分され、1000分の2.5～1000分の88まであります。雇用保険率は3つの事業（一般の事業、農林水産・清酒製造業、建設業）の3つに区分されています。

■**医療費控除（いりょうひこうじょ）**

自分自身や家族のために医療費を支払った場合に、一定の金額の所得控除を受けることができる制度のことを医療費控除といいます。

医療費控除の対象となる医療費は、納税者が、自分自身または自分と生計を一にする家族のために支払った医療費でなければなりません。また、その年の1月1日から12月31日の間に実際に支払った医療費であることが条件です。

年間に支払った医療費の総額（保険金等で補てんされる金額を除きます）から10万円（総所得金額等が200万円未満の

人は総所得金額等の5％）を差し引いた金額が、医療費控除額になります。

え

■衛生管理者（えいせいかんりしゃ）
労働安全衛生法に定められた国家資格で、事業所の衛生全般を担う者です。

衛生管理者は、業種を問わず常時50人以上の労働者を使用する事業所で選任が義務付けられ、労働者の人数により選任する衛生管理者の人数が決まります。具体的には、200人以下の事業所では1名、3001人の事業所では6名、のように必要な人数が定められています。なお、衛生管理者の種類には、衛生工学衛生管理者、第一種衛生管理者、第二種衛生管理者があります。農林水産業や鉱業、建設業などの工業的職種では、第一種衛生管理者が必要とされ、非工業的職種では、第二種衛生管理者でもよいとされています。

衛生管理者は、作業場を巡回し、作業環境の衛生上の調査や労働者の健康保持のための活動を行います。

■ADR（えーでぃーあーる）
Alternative Dispute Resolution（裁判に代わる代替的紛争解決）の略です。訴訟以外の方式によって法的な紛争を解決するシステムをADRといいます。裁判に代わる代替的紛争解決と呼ばれるシステムで、民間の機関などによる紛争解決の方法です。

ADRの代表的な機関としては、弁護士会や社労士会、国民生活センターなどがあります。たとえば、労働者側が未払い残業代を理由として訴訟を起こした場合、解決のために不必要に費用や時間がかかる場合が多くあります。このようなケースにおいて、簡易でスピーディな解決を図るために当事者に弁護士や社会保険労務士などが加わって裁判機関の関与なく話し合いによる解決をめざしていくことがADRの役割です。

■延滞金（えんたいきん）
事業主等が保険料等を滞納したときには国や地方公共団体が督促を行います。指定期限までに支払わない場合に徴収される年14.6％の割合の利息のことを延滞金といいます。納税者の負担の公平を図り、納期内納税を促進するために課されます。

お

■乙欄（おつらん）
2か所以上から給与をもらっており、給与の支払先に「給与所得者の扶養控除等申告書」を提出していない従業員を、源泉徴収税額を計算する際に区分する名称のことです。逆に、「給与所得者の扶養控除等申告書」を提出しており、主な給与支払先として勤務する従業員のことを「甲欄」といいます。

■オワハラ（おわはら）
「就活終われハラスメント」の略語です。内定もしくは内々定を出した学生に対し、今後の就職活動を控えることや、他社からの内定辞退を促し、圧力をかける行為のことをいいます。

オワハラは、他者に優秀な人材が流出することを避ける目的で行われることが多くなっています。

か

■解雇（かいこ）

　使用者が労働者に対して一方的に行う、労働契約を終了させる旨の意思表示です。解雇は、その原因により、普通解雇、整理解雇、懲戒解雇に分けられます。

　整理解雇は、経営不振による合理化など経営上の理由に伴う人員整理のことで、リストラともいいます。懲戒解雇は、たとえば従業員が会社の製品を盗んだ場合のように会社の秩序に違反した者に対する懲戒処分としての解雇です。それ以外の解雇を普通解雇といいます。

　労働者は解雇によって仕事を失うことになるため、労働契約法は使用者の解雇を制限しています。たとえば、いくら不況だからといっても、それだけの理由では一方的に解雇することはできません。合理的な理由のない解雇は、解雇権の濫用となり、解雇は認められません（労働契約法16条）。

■介護休業（かいごきゅうぎょう）

　育児・介護休業法により定められた、介護のために取得する休業のことです。

　労働者が申し出を行った場合、常時介護が必要な要介護状態の家族1人当たりにつき一回、介護のための休業を取得することができます。休業が可能な期間は通算93日です。

■介護休業給付（かいごきゅうぎょうきゅうふ）

　雇用保険の被保険者が家族などの介護をするために、休業した場合に給付金が支給される制度です。

　介護休業とは、病気やケガなどにより、2週間以上にわたり常時介護を必要とする状態にある家族を介護するために、事業主に申し出て休業することです。原則として休業開始時賃金日額に支給日数を乗じた額の40％（平成28年8月以降は67％）の金額が支給されます。介護休業を取得した労働者に対して、会社から80％未満の賃金しか支払われない場合に、減額された賃金を補てんするために介護休業給付が支給されます。

　なお、給与の支給単位期間における就業している日数が10日以下でなければ支給されません。

■戒告（かいこく）

　労働関係の用語として、使用者が労働者に対してする、将来を戒め、始末書を提出させない懲戒処分のことを戒告といいます。懲戒処分の中では一番軽い処分ですが、昇給、昇格、賞与などの査定上不利に扱われることがあります。

■解雇事由（かいこじゆう）

　労働者を解雇することが認められる理由のことです。たとえば、私傷病が理由で労働ができない場合や勤務態度に問題がある場合、ウソの職歴や犯罪歴を会社側に伝えた場合、セクハラやパワハラなど社内で問題行為を行った場合などが挙げられます。

■介護保険（かいごほけん）

　介護を必要としている高齢者などに対して、必要な保険給付を行う制度のことです。

　介護保険制のサービスを利用するためには市区町村の認定を受けることが必要です。認定は、どの程度の介護や支援を

必要とするかという観点から判断されるもので、要介護認定と要支援認定の2種類があります。要介護認定は介護を必要とする度合いによって5段階に分かれて認定されます。要支援認定は2段階に分かれて認定されます。

また、介護保険制度では、利用者自身が受けるサービスを選ぶことになっています。サービスの提供者も行政だけでなく民間の事業者に拡大されており、提供されるサービスも多様で良質なものとなるように工夫されています。

■介護補償給付（かいごほしょうきゅうふ）

労働災害の結果、介護を要する状態になったときに支給される給付です。

労働災害に基づくケガ・病気により、障害が残った場合、障害補償年金や傷病補償年金を受給することができますが、そのうち、傷病等級・障害等級が第1級の者すべてと、第2級の「精神神経・胸腹部臓器の障害」を有している者が現に介護を受けている場合には、介護補償給付として介護に必要な費用が支給されます。

ただし、入院している場合や特別養護老人ホームなどに入所している場合は支給されません。

なお、業務上の災害ではなく、通勤災害により被災した場合には介護給付が支給されます。介護補償給付と介護給付をあわせて介護（補償）給付と表現することもあります。

■解雇予告（かいこよこく）

会社が労働者を解雇する場合、原則として少なくとも30日前までに、解雇を告する必要がありますが、この予告を解雇予告といいます。もっとも会社が30日分以上の平均賃金を支払えば、予告なしに即日解雇することができます（労働基準法20条）。

解雇は労働者にとって生活を左右する重大な問題です。そこで労働基準法20条は、30日前に予告するか30日分の予告手当（平均賃金）を支払うことを義務付けています。30日分の賃金を支払って解雇する場合の支払う金銭のことを解雇予告手当といいます。

なお、解雇の原因が天災事変その他のやむを得ない事由のために事業の継続が不可能となった場合や、労働者に責任がある場合、いわゆる懲戒解雇の場合は、解雇予告は必要ありません。ただし、いずれの場合も労働基準監督署長の認定が必要です（労働基準法19条）。また、ⓐ日雇労働者で1か月を超えて雇用されていない者、ⓑ2か月以内の期間を定めて使用される者、ⓒ季節的業務に4か月以内の期間を定めて使用される者で契約更新していない者、ⓓ試用期間中で雇用されてから14日以内の者を解雇する場合、についても解雇予告の対象外とされています（同法21条）。

■解雇予告の除外認定（かいこよこくのじょがいにんてい）

解雇予告や解雇予告手当の支払いをしなくても社員の解雇ができることを、労働基準監督署長が事業主に対して認めることをいいます。

解雇予告の除外認定は、ⓐ天災事変その他やむを得ない事由があって事業の継続ができなくなった場合、ⓑ社員に責任があって雇用契約を継続できない場合、のどちらかの場合に行うことができます。

ⓐやⓑに該当する事実がある場合は、解雇予告除外認定申請書を管轄の労働基準監督署に提出し、当該認定を受けることで、会社は解雇予告や解雇予告手当の支払いをしなくても社員を解雇できるようになります。

■**概算保険料（がいさんほけんりょう）**

継続事業の保険年度（4月1日〜翌年3月31日）の賃金総額を予想し、その金額に労働保険の一般保険料率（雇用保険率＋労災保険率）を掛けたものです。1年間分の保険料を概算で算出し（前払いで）納付を行うため概算保険料と呼んでいます。

■**改定請求（かいていせいきゅう）**

障害等級の変化にあわせて障害基礎年金、障害厚生年金の支給額の変更を請求することです。

障害基礎年金や障害厚生年金は、障害の程度に応じて支給額が決定されます。その基準となる障害の程度は永久に一定というわけではなく、時間の経過と共に軽減されたり増進します。そこで障害の程度が増進した場合、障害基礎年金および障害厚生年金の支給額の改定を請求することができます。なお、診査の結果、障害の程度が軽減した場合には年金額が減額または停止されます。

また、受給権者に新たな障害が発生した場合は、それまでの障害と併合して障害等級を決定し、改定請求することができます。

■**加給年金（かきゅうねんきん）**

60歳から支給される老齢厚生年金の定額部分の受給者に一定の配偶者や子がいる場合に上乗せ支給される年金です。

厚生年金は、以前は60歳から支給されていましたが、段階的に65歳から支給されるようになります。生年月日により、65歳になるまでの間、特別支給の老齢厚生年金の定額部分と報酬比例部分が支給されます。加給年金は、このうちの老齢厚生年金の定額部分に加算される年金です。ⓐ配偶者または子がいること、ⓑ配偶者は65歳未満であること、ⓒ子は18歳に達する日以後の最初の3月31日までにあるか、障害等級1級または2級の障害の状態にある20歳未満の者であること、が支給要件となります。

■**確定拠出年金（かくていきょしゅつねんきん）**

拠出された掛金を運用し、その運用収益をもとにして年金給付額を決定する企業年金です。日本型401Kと呼ばれることもあります。

掛金の金額は決まっているが、将来の給付額は決まっていないという点が特徴です。確定拠出年金には、企業型年金規約の承認を受けた企業が実施する企業型と、国民年金基金連合会が実施している個人型があります。

■**確定申告（かくていしんこく）**

① 税金関係の用語として、所得税などを納税者が自ら計算して税額を確定し、税務署に申告する手続きのことを確定申告といいます。

確定申告は、毎年2月16日から3月15日の1か月間に所轄の税務署に対して行います。対象となるのは、前年の1月1日から12月31日までの1年間のすべての所得です。納税の場合の納付

期限も確定申告期限の3月15日です。
　この期限までに申告・納付をしないときは、無申告加算税や延滞税といった罰金的な税金が課されます。
② 労働保険関係の用語として、労働保険の保険料を精算する手続きのことを確定申告ということがあります。
　労働保険の保険料については、年度当初に1年分を概算で計算して申告・納付し、翌年度に確定申告する際に精算するというしくみがとられています。事業主は、前年度の確定保険料と当年度の概算保険料を合わせて申告・納付することになります。この手続きは年度更新と呼ばれるのが一般的ですが、労働保険の確定申告と表現されることもあります。

■確定保険料（かくていほけんりょう）
　保険年度（4月1日～翌年3月31日）の労働保険の保険料の確定額です。
　労働保険は、労災保険と雇用保険の保険料につき、1年間の賃金総額に労災保険料率と雇用保険料率を掛けて計算します。労働保険の保険料は、概算保険料といって、1年間の開始の時点で前払いをします。当然「この1年間でどれだけの賃金になるか」は確定できませんので、賃金総額の見込額を使用して保険料を計算します。賃金総額を確定することができるのは、保険年度の1年が終了したときです。そこで確定した賃金総額に保険料率を掛けて確定保険料を算出し、1年前に納付した概算保険料との差額を調整します。一般の企業は継続事業になりますので、これを繰り返していくことになります。

■過重労働（かじゅうろうどう）
　労働者が非常に過酷な長時間労働におかれた状態のことです。1か月に100時間超、もしくは2～6か月で80時間超の時間外労働を行っている場合は、過重労働に該当します。過重労働は、脳などへの疾患もしくは自殺を引き起こす可能性が高まるため、厚生労働省では過重労働の防止を呼びかけています。

■課税所得（かぜいしょとく）
　年末調整や確定申告の際に計算される、所得税や住民税の課税対象となる収入より、経費となる所得控除を差し引いた金額のことです。非課税所得や免税所得などは課税所得より除外されます。

■家族手当（かぞくてあて）
　配偶者や子供など、養う家族を持つ従業員に対して、給与支給の際に基本手当に上乗せして支給される金額のことです。家族手当の支給は法律による義務はなく、各企業が就業規則に定めることによって有効となります。

■家族埋葬料（かぞくまいそうりょう）
　健康保険の被扶養者が死亡したときに被保険者に対して支給されます。支給額は一律5万円です（平成28年5月現在）。

■家族療養費（かぞくりょうようひ）
　健康保険の被保険者が受ける療養の給付、療養費、保険外併用療養費、入院時食事療養費、入院時生活療養費を一括した給付で、被扶養者が療養等を受けた場合に被保険者に対して支給されます。

■合算対象期間（がっさんたいしょうきかん）
　昭和61年3月以前に、国民年金への加入が任意だった人（専業主婦など）が国民年金に加入しなかった期間等をいいます。受給資格期間の計算には算入しますが、年金額には反映しません。カラ期間ともいいます。

■寡婦（かふ）
　一般的に、夫と死別して再婚しないでいる女性を寡婦といいます。一定の要件を満たす寡婦に対しては、年金の支給や加算が行われます。

■寡夫（かふ）
　所得税法でいう、合計所得の金額が500万円以下で生計を同一にする子のいる父子家庭の父のことです。
　その年の年末時点で寡夫に該当する場合は、年末調整で寡夫控除を受けることができます。なお、寡夫の年齢要件は定められていません。

■寡婦控除（かふこうじょ）
　年末調整や確定申告の際に行う所得控除のひとつです。所得税の納税者が女性であり、死別または離婚などで独り身となり、扶養する親族がいるという寡婦に該当する場合は27万円、特定の寡婦に該当する場合は35万円がそれぞれ控除されます。

■寡婦年金（かふねんきん）
　老齢基礎年金の受給資格期間を満たした夫が老齢基礎年金を受ける前に死亡した場合に、妻に支給される年金です。
　国民年金第1号被保険者であった夫が第1号被保険者として、保険料納付済期間と保険料免除期間とを合算した期間が25年以上あり、老齢基礎年金を受ける前に死亡した場合に支給されます。夫が支払った保険料が掛け捨てになることを防ぎ、妻に還元しようとするものです。
　ただし、妻は、夫の死亡当時、婚姻関係が10年以上継続し、夫によって生計を維持していることが、寡婦年金を受給するための要件になります。
　なお、寡婦年金は妻が60歳から65歳の間に支給されますので、60歳未満の妻の場合は60歳になってからの支給となります。また、65歳に達したときの他、再婚したときなども失権します。

■仮眠時間（かみんじかん）
　わずかな時間だけ眠ることを仮眠といいます。昼寝が最も代表的なものですが、数分から2～3時間程度のものをさします。労働の場では、主に深夜の業務や24時間勤務など、生理的に不眠のまま勤務するのは効率が著しく下がります。そこで、短時間の仮眠をとることで、眠気をとり、多少なりとも疲労を回復させることができます。
　特に問題となるのは、この仮眠時間が労働時間にあたるのかという点です。たとえば、仮眠時間であっても非常時には仮眠を中断し、業務に対応する場合には、その状態では労働者は労働から解放された、使用者の指揮命令下から離脱したとはいえません。このように仮眠中でも必要があれば相当の対応が義務付けられている時間については、労働時間にあたると考えられています。最近の判例でも完全に労働から解放されない仮眠時間については労働時間とみなすという立場がと

られています。

■仮処分（かりしょぶん）

仮処分とは、将来の強制執行に備えるために金銭債権以外の債権を保全する民事保全の一種です（民事保全法23条）。仮処分は、係争物（争いとなっている権利や物のこと）に関する仮処分と仮の地位を定める仮処分に分けられます。

係争物に関する仮処分の例としては、不動産を処分して登記を移転されることを防ぐ処分が挙げられます。具体的には、Aが所有している不動産の登記がB名義になっているような場合に、訴訟の間にBが第三者に勝手に登記を移転させないようにするため、不動産の処分を禁止するよう裁判所に申し立てることになります。

仮の地位を定める仮処分としては、不当に解雇された従業員が、裁判の判決がでるまでの間は雇用されているものと扱われることにする処分があります。従業員としては、裁判の判決がでるまでの生活費を確保する必要があるので、仮に給料をもらえる地位が必要になるためです。

■過労死（かろうし）

長時間労働などで、精神的、肉体的負担がかかり、主に脳疾患、心臓疾患で突然死することを過労死といいます。

厚生労働省では、「過度な労働負担が誘因となって、高血圧や動脈硬化などの基礎疾患が悪化し、脳血管疾患や虚血性心疾患、急性心不全などを発症し、死に至る」状態としています。過労の原因としては、労働以外にも要因はあり、死亡原因としては「過労死」となりますが、過労死が特に問題となるのは、それが労災として認定されるかどうかという点についてです。

労災の対象となるためには、業務による明らかな過重負荷が発症の原因でなければなりません。発症の基礎が、血管病変などの自然経過による場合には労災とはなりません。発症の前に異常な出来事がなかったか、短期間に特に過重な業務はなかったか、長期間にわたって著しい疲労の蓄積をもたらす過重な業務はなかったか、を総合的に判断して労災が認定されます。

■過労自殺（かろうじさつ）

長時間に及ぶ労働が原因で精神的・肉体的に限界を超え、うつ病や燃え尽き症候群に陥り、自殺してしまうことをいいます。

過労死と同様に原因は長時間労働を筆頭にした業務上の負荷にあります。過労死は脳や心臓の基礎疾患が悪化することで死に至りますが、過労自殺は自殺によるところが異なります。過労死でも労災の認定は難しいものですが、過労自殺はさらに難しいものになります。業務とうつ病、さらには自殺との因果関係を立証することが難しいためです。しかし、近年は過労自殺が労災として認定される事案が増えています。

■看護休暇（かんごきゅうか）

小学校就学前の子を養育する労働者が、病気やケガをした子の看護のために取得することができる休暇のことです（育児・介護休業法16条の2）。

育児・介護休業法では会社に対して看護休暇の付与を義務化しています。看護休暇が取得できるのは小学校就学前の子を養育する労働者です。

■還付（かんぷ）

　国の行政機関が、税金や社会保険料・労働保険料などを持ち主に返還することです。年末調整や確定申告、年度更新の際に正しい納付額が確定され、超過した場合には超過分を納税者に返します。この場合の返還額を還付金といいます。

■管理職（かんりしょく）

　社内あるいは社会で慣用的に用いられている会社内の上級職員をさす言葉です。労働基準法など労働法規上に定義はありません。通常、管理職は、労働者の労働条件決定や労務管理について、経営者と一体的な立場にあります。

き

■企業年金（きぎょうねんきん）

　企業年金は、企業が独自に福利厚生の一環として公的年金を補完し、より豊かな老後生活に備えることを目的として、独自の年金を支給する制度のことです。

　労働者は退職後、国民年金や厚生年金を受給し、老後を迎えることになります。この公的年金に上乗せする形で支給される年金制度です。現役時代に企業負担で保険料を負担し、一定の年齢に達した退職者が年金を受け取ることになります。厚生年金基金制度、確定給付企業年金制度、確定拠出年金制度などの種類があり、企業がそれぞれの裁量で導入しています。なお、同時に複数の制度に加入することはできません。

■基礎控除（きそこうじょ）

　所得の多寡や扶養親族の有無などに関わりなく、すべての人に適用される所得控除のことを基礎控除といいます。

　基礎控除の金額は一律に38万円です。つまり、所得が38万円以下であれば、所得の種類にかかわらず、誰でも無税ということになります。基礎控除は、確定申告や年末調整の際に、すべての人の総所得金額などから一律に差し引かれます。

■基本給（きほんきゅう）

　日給、月給、時間給など支払形態を問わず、支払われる給与の基本となる部分のことです。職種や業種、年齢、勤続年数に応じて定められる場合が多くあります。家族手当や役職手当などの各種手当は基本給には含まれません。

■休暇（きゅうか）

　休日以外の休みのことを休暇といいます。慶弔休暇、夏期休暇、年末年始休暇などが該当します。

　これらの休暇は、就業規則で定めることになっています。労働基準法で規定しているのは、年次有給休暇（年休、有休）についてです（労働基準法39条）。

　有給休暇の目的は、労働者が心身共にリフレッシュし、新たな気持ちで仕事に向かっていけるようにすることにあります。

　有給休暇の権利を得るには、いくつかの条件があります。ⓐ採用されてから半年以上継続して勤務していること、ⓑ過去1年（採用されて半年以上1年未満の場合はその間）の全労働日の8割以上出勤したことです。この2つの条件を満たせば、定められた日数の有給休暇が自動的に与えられます。

■休業（きゅうぎょう）

雇用契約（労働契約）上、労働義務がある時間について労働者が労働できなくなることです。一斉休業だけでなく、個々の労働者の休業も含みます。

代表的な例としては、産前産後の休業・育児休業・介護休業があります。

■休業手当（きゅうぎょうてあて）

使用者の都合で労働者が就業できなかった場合、労働者の生活を保護するために使用者に支払を義務付けた手当です。休業期間中は、平均賃金の100分の60以上の休業手当を支払わなければなりません。

■休業補償給付（きゅうぎょうほしょうきゅうふ）

業務上のケガ・病気による療養のために休業した場合、4日目の休業日以降から受給できる給付です。休業1日について給付基礎日額の60％が支給されます（この他、社会復帰促進等事業から給付基礎日額の20％が特別支給金として支給されます）。ただし、休業期間中に一定水準以上の賃金が支払われている場合には休業補償給付は支給されません。

なお、通勤中の病気・ケガの場合には休業補償給付と同様の給付である休業給付が支給されます。休業補償給付と休業給付をあわせて休業（補償）給付と表現することもあります。

■休憩時間（きゅうけいじかん）

労働者が使用者から離れて自由となることが保障されている時間です。休憩時間は労働時間には入りません。ただし、社員が電話待機をしながら昼休憩をとっている場合などは、時間が拘束されているといえるため、休憩時間にはあたりません。

■休日（きゅうじつ）

雇用契約（労働契約）上、労働者として労働義務のない日のことです（労働基準法35条）。毎週決まった日にとるのが休日というわけではありません。労働基準法は「使用者は労働者に対して、毎週少なくとも1回の休日を与えなければならない」と定めているだけで、特に曜日の指定はしていません。

■休日労働（きゅうじつろうどう）

1週に1回または4週に4回の「法定休日」に労働した場合のことを休日労働といいます（労働基準法36条）。

週休2日制を採用している場合、2日の休みのうち1日は労働基準法上の休日である「法定休日」ではありませんから、どちらかの日に仕事をさせても違法な休日労働にはなりません。使用者は「法定休日」の労働には割増賃金を支払わなければなりませんが（同法37条）、たとえば、週休2日制の場合の土曜日のように就業規則で休日としているが法定休日ではない日の労働については割増賃金を支払う義務はありません。

■休職（きゅうしょく）

一般に、労働者側の事情により就業することができなくなった、もしくは就業することが困難になった場合に、使用者が、会社に在籍した状態で長期間の労働義務を免除し、雇用契約はそのまま存続させることです。労働基準法には根拠がなく、各企業の就業規則などで定めるの

が通常です。

■**求職者給付（きゅうしょくしゃきゅうふ）**

失業した労働者（被保険者であった者）が再就職するまでの当面の生活を保障することを目的とした雇用保険の給付です。

求職者給付には、基本手当、技能習得手当、寄宿手当、傷病手当があります。基本手当は、求職者給付の代表的なもので、離職した被保険者が生活の心配をしないで求職活動できるように支給されます。技能習得手当は、再就職に有利な技能を身につけるため、公共職業訓練を受講した場合に支給され、寄宿手当は職業訓練の受講のために宿泊施設を利用する場合に支給されます。傷病手当は、傷病により15日以上継続して仕事に就けないときに、基本手当の代わりに支給されます。

■**求職者支援制度（きゅうしょくしゃしえんせいど）**

雇用保険を受給できない失業者が給付金を受給しながら職業訓練を受けることのできる制度です。

失業者は雇用保険を受給しながら求職活動をします。多くの失業者にとって、失業中は雇用保険が生活を支える唯一無二の収入となります。しかし、雇用保険は所定の受給資格要件を満たしていなければ、受給することができません。また、受給できたとしても、近年求職活動が難航し、雇用保険の所定給付日数の範囲内で就職できないケースが増加している状況にあります。

そこで、雇用保険の受給資格のない失業者に給付金を支給しながら、就職に必要な基本的能力を習得させるための訓練を実施しています。

■**給付基礎日額（きゅうふきそにちがく）**

労災保険の休業給付や年金等の給付の計算の基礎となるもので、被災労働者の1日当たりの平均賃金のことです。

給付基礎日額は、それを算定しなければならない事由、たとえば被災して休業することとなった場合は、その被災した日の前3か月に支払われた賃金の総額をその間の総暦日数で割ったものが給付基礎日額になります。給付基礎日額には最低保障額が定められていますので、それ以下となった場合は、最低保障額になります。この給付基礎日額に基づいて休業給付基礎日額、年金給付基礎日額が決定されます。また、通常の給与であれば、年々増減しますが、前述の計算で求めた給付基礎日額はかわりません。そこで、休業給付基礎日額、年金給付基礎日額は平均給与額によってスライド（変動）します。

■**給与規程（きゅうよきてい）**

労働者に支払われる給与を決定するためのルールを記載した書類で、賃金規程ともいいます。就業規則の一部として給与に関する規程を盛り込む場合もあれば、別途給与に特化した内容で規程を作成する場合もあります。

■**給与計算（きゅうよけいさん）**

会社に勤める従業員に支払う給与額を決定するために行う様々な処理のことです。就業規則や雇用契約書の内容をもとに従業員の勤怠状況をまとめて給与の支

給額を算出し、保険料や税金などの控除を行った上で、差引支給額を求めます。

■給与支払いの5原則（きゅうよしはらいのごげんそく）

労働者は事業主に労務（労働）を提供し、その対価として賃金（給与）を受けとりますが、労働者は一般的に事業主よりも弱い立場にあるため、労働基準法は、労働者保護の観点から、提供した労務について確実に給与を受け取れるように一定のルールを設けています。このルールが給与支払いの5原則です。具体的には、通貨払いの原則、直接払いの原則、全額払いの原則、毎月1回以上払いの原則、一定期日払いの原則の5つです。

■給与支払報告書（きゅうよしはらいほうこくしょ）

前年一年間（1月1日より12月31日）に会社から支払った給与額を、支払われた従業員が住む市区町村に報告するための書類です。年末調整処理後に作成します。

給与支払報告書には、個人別明細書と総括表があります。提出が必要となる従業員には、年度途中での退職者や短期間の雇用者も含まれます。なお、給与支払報告書の提出期限は1月31日です。

■給与所得控除（きゅうよしょとくこうじょ）

給与収入額から控除する一定金額のことで、所得税を計算する際に必要となる所得控除のひとつです。また、住民税の計算の際にも用いられます。

所得税法により、対象者の年間収入に応じて控除額が定められています。

■給与所得者の扶養控除等異動申告書（きゅうよしょとくしゃのふようこうじょとういどうしんこくしょ）

入社時や年度始めに給与が支払われる従業員が提出する、居住地や家族構成などが記入された書類のことです。提出することで、年末調整の際に配偶者控除や障害者控除などの各種控除を受けることができ、月々の給与額から源泉徴収される所得税の金額が計算されます。所帯者以外の単身者や被扶養者も給与の支払元となる会社へ提出をする必要があります。

■給与所得の源泉徴収税額表（きゅうよしょとくのげんせんちょうしゅうぜいがくひょう）

給与計算を行う際に必要となる源泉徴収税額を求めるために利用する一覧表のことです。源泉徴収税額表は毎年更新されるため、対象となる年度の税額表を利用します。源泉徴収税額表には、月額表・日額表・賞与に対する源泉徴収税額の算出率の表があります。

■給与明細書（きゅうよめいさいしょ）

給与計算の終了後にそれぞれの従業員に配布される、その月の給与額が明記された書類のことです。自身の1か月の勤怠状況や総支給額、各種控除額、差引支給額などが記されています。

■協会管掌健康保険（きょうかいかんしょうけんこうほけん）

全国健康保険協会が保険者として管掌する健康保険のことをいいます。協会管掌健康保険は、「協会けんぽ」とも呼ばれています。

勤め先の事業者が健康保険組合に属していない場合、その従業員は協会管掌健康保険に加入することになります。

■協議組織（きょうぎそしき）
　請負制度をとる建設業や造船業において、労働災害の発生を防止するための協議を行うための組織団体をいいます。
　請負制度では元請けや下請けの間での連絡が不足しがちになるため、協議組織を設置し連絡調整を行うことが義務付けられています。

■強制貯金の禁止（きょうせいちょきんのきんし）
　使用者が、強制的に労働者の賃金から一定額を貯蓄させることは禁じられています（労働基準法18条1項）。労働者の同意があって貯蓄する場合でも、労働基準法に定められた条件を満たした上でなければ認められません。さらに、労使協定を労働基準監督署に届け出るなどの手続きも必要です。

■強制適用事業所（きょうせいてきようじぎょうしょ）
　事業主や従業員の意思に関係なく、健康保険・厚生年金保険への加入が定められている事業所のことです。
　一人でも労働者を雇用する、国または法人の事業所は強制適用事業所となります。個人経営の事務所で、第一次産業、旅館・料理店などのサービス業、弁護士事務所などの法務業、宗教業以外の業種については、常時雇用する労働者が5人以上の事業所も強制適用事業所となります。
　強制適用事業所とならない事業所のことを任意適用事業所といいます。任意適用事業所の事業主が適用事業所となるための申請をするためには、労働者の2分の1以上の同意を得ることが必要です。
　なお、労働保険は、農業、林業、水産業などの例外を除き、一人でも労働者を雇用すると適用事業となります。

■強制労働の禁止（きょうせいろうどうのきんし）
　暴行その他精神または身体の自由を不当に拘束する手段によって労働者の意思に反して労働を強制することを禁止したものです（労働基準法5条）。強制労働の禁止に違反した場合の罰則としては、労働基準法の中で最も重い1年以上10年以下の懲役または20万円以上300万円以下の罰金が科せられます（同法117条）。

■協定控除（きょうていこうじょ）
　給与計算を行う際に差し引かれる控除額のうち、労働者と使用者の間で締結された労使協定によって定められた控除のことです。国で定められた法律によらない内容（社宅費や親睦会費など）を労使協定で定めることで、給与額から控除することが可能になります。

■業務災害（ぎょうむさいがい）
　業務上（仕事中）の事由による労働者の負傷、疾病、障害、死亡のことです。業務災害であるかどうかは、原則として業務起因性と業務遂行性の2つの基準によって判定します。
　業務遂行性とは、労働者が、雇用契約（労働契約）に基づいて事業主の支配下にある場合に認められます。
　業務起因性は、業務（仕事）が原因となり発生した災害によって、傷病などが

発生した場合に認められます。

■金種表（きんしゅひょう）

　従業員へ支払う給与を現金で支給している場合に必要となる金銭の種類が記載された表のことです。表には、千円が○枚、百円が○枚というように金種別の内訳が記載されます。

　給与計算時に金種表を作成し銀行へ持ち込むことで、スムーズに給与支給を行うことが可能となります。

け

■経過規定／経過措置（けいかきてい／けいかそち）

　法律が改正された場合に、新法と旧法のどちらが適用されるかなどにつき、社会の混乱を避けるために法の過渡期に定められる規定のことです。経過規定は、附則や施行規則などで定められることが多いといえます。

　なお、一定の期間の猶予など、法律の変更に対応するために設けられる措置のことを経過措置ということもあります。

■経過的寡婦加算（けいかてきかふかさん）

　遺族厚生年金を受給している妻が65歳になると妻自身の老齢基礎年金が受給できるようになりますが、もらえる年金の額が少なくなってしまうことがあるため、年齢に応じて支給されるものです。

　遺族厚生年金を受給する妻は、一定の要件を満たすと40歳以上65歳未満である間は中高齢寡婦加算という年金加算があります。その妻が65歳になると中高齢寡婦加算が停止され、自身の老齢基礎年金

が受給されます。しかし、昭和61年4月1日以前は会社員の妻は任意加入とされていたため、加入期間が短く、老齢基礎年金が中高齢寡婦加算より少額になってしまうことがあります。そこで昭和31年4月1日以前生まれの妻については、年金額の低下を防ぐため、生年月日に応じた経過的寡婦加算が支給されます。

■刑事免責（けいじめんせき）

　労働者によるストライキなどは、正当な行為であるので違法性がないとされ、刑事責任を問われません。これを刑事免責といいます（労働組合法1条2項）。

■継続雇用制度（けいぞくこようせいど）

　現に雇用している高年齢者が、定年後も引き続き雇用されることを希望する場合に、再雇用または勤務延長をする制度のことをいいます。労使協定を締結することで実施でき、「再雇用制度」と「勤務延長制度」の2種類の方法があります。

　再雇用制度とは、定年になった労働者をいったん退職させ、その後再雇用する制度です。雇用形態は、正社員やパートタイマー、嘱託社員など問いません。通常は、再雇用時の契約期間を1年間とし、1年ごとに労働契約を更新します。

　勤務延長制度とは、定年になった労働者を退職させず、引き続き雇用する制度です。雇用契約は消滅せず、継続して引き継がれます。

■継続事業（けいぞくじぎょう）

　継続事業とは、通常の会社などの事業所のように期間を予定せずに行う事業のことです。一方、有期事業とは、建設の

事業や林業の事業のように、一定の予定期間に所定の事業目的を達成して終了する事業のことです。

■消印（けしいん）
① 契約書に貼付された印紙と契約書面とにまたがってなされる押印のことです。契約書が印紙税法上の課税文書である場合、当事者は納税のため、契約書に所定額の収入印紙を貼付して、消印をする必要があります。
② 健康保険において、日雇労働者の保険料を健康保険印紙で納める際、印紙の再利用を防ぐために被保険者手帳と印紙とにまたがって押印することです。
　雇用保険についても、同様に、日雇労働者の保険料を雇用保険印紙で納付する際に消印をします。

■月給（げっきゅう）
　給料を「月額いくら」と定めて支払う方法です。月によって労働日数や労働時間が多少異なっても、原則として毎月同じ額の給料が支払われます。
　広い意味では、月給は月に1回給与支給日があり、1か月分の給与が支払われることをいいますが、狭義では、月の支給額が固定されている給与体系をいいます。欠勤があっても、原則として固定の給与が支払われます。ただし、時間外労働、休日労働については、管理職などの適用除外者でない限り、割増賃金が別途必要になります。
　欠勤があったときにその分が減額される給与体系は、日給月給といいます。就業規則等で欠勤控除の定めがある場合は、日給月給ということになります。なお、日給制とは、勤務1日当たりの給与

が決まっていて、勤務日数に応じて給与が支払われる給与体系です。

■減給（げんきゅう）
　懲戒処分のひとつで、一定の期間、一定の割合で給与を減額することをいいます。
　労働者が服務規律に反したような場合は、あらかじめ就業規則に規定することで、労働者を懲戒処分にすることができます。注意程度の譴責から重い処分としては懲戒解雇まで、様々な処分がありますが、減給は労働者にとっての唯一の生活の糧を減らされるわけですから、懲戒の中でも重い処分となります。減給の額または率の決定は使用者の裁量事項ですが、生活の糧であるため、いくらでもよいわけではありません。1回の減給で平均賃金の1日分の半額を超えないこと、減給総額が1回の賃金支払期における賃金総額の10分の1を超えないこと、という要件を満たす必要があります（労働基準法91条）。

■健康診断（けんこうしんだん）
　健康診断とは、診察および各種の検査で、健康状態を評価し、健康の維持、疾病の早期発見に役立てるものです。
　使用者は、労働者の安全と健康を確保しなければなりません（労働安全衛生法3条）。具体的には、使用者（事業者）に対して、一般の労働者については年に1回、特殊業務に就く労働者についてはそれぞれの規定に応じた回数・内容の健康診断を受診させることを義務付けています。これを定期健康診断といいます。この他、使用者には新たに労働者を雇い入れるときは雇入時健康診断を受けさせる義務があります。また、健康診断個人

票を5年間保管しなければなりません。さらに、常時50人以上の労働者がいる場合は、定期健康診断結果報告書を労働基準監督署に提出することが必要です。

■健康保険（けんこうほけん）
　公的な医療保険制度のことです。「国民皆保険」として、何らかの健康保険に加入するように定められています。
　健康保険は、すべての公的医療保険を網羅するものですが、「健康保険」というと、「国民健康保険」との比較で協会けんぽや健康保険組合が運営する被用者（会社員などの労働者のこと）の健康保険をさすことがあります。
　健康保険は、被保険者が毎月保険料を支払い、被保険者とその被扶養者が病気やケガをしたとき（仕事中と通勤途中を除きます）に必要な給付を行います。出産した場合や死亡した場合にも一定の給付を行います。被用者の保険料は、本人と会社で折半して負担します。

■健康保険組合（けんこうほけんくみあい）
　国に代わって保険者として健康保険事業を営む公法人です。事業主、その事業所に使用される被保険者、任意継続被保険者で組織されます。

■健康保険被扶養者異動届（けんこうほけんひふようしゃいどうとどけ）
　被用者の健康保険の被保険者に扶養される家族がいるとき、あるいは被扶養者が増減した時に提出する届書です。
　新しく健康保険の資格を取得した場合に、被扶養者がいるときは、資格取得の手続きと同時に被扶養者の状況について届け出る必要があります。
　被扶養者の対象となる親族は、ⓐ被保険者にとっての直系の尊属、配偶者、子、孫、弟妹、あるいはⓑ同居しているⓐ以外の三親等以内の親族、内縁の配偶者およびその父母、子です。ただし、ⓐ、ⓑどちらであっても、被扶養者になる要件として、被保険者によって生計を維持されている、つまり文字通り「扶養されている」ことが必要です。
　被保険者に新たな被扶養者ができた場合や、被扶養者であった者が扶養から外れた場合は、届け出なければなりません。

■譴責（けんせき）
　労働者が、就業規則などの職場の遵守事項を破って職場の秩序を乱した場合に、将来を戒め、始末書を提出させる懲戒処分です。懲戒処分の中では一番軽い処分ですが、昇給、昇格、賞与などの査定上不利に扱われます。

■源泉徴収（げんせんちょうしゅう）
　給与や報酬・料金など特定の所得を支払う者（会社員であれば会社）がその支払時に、あらかじめ所得税などの税金分を差し引くことを源泉徴収といいます。源泉徴収された税金は、概算的な前払いですので、確定申告や年末調整といった手続きで精算されます。
　なお、会社員が会社などから渡される、給与などの所得金額とそれに対する税金額が記載された書面のことを源泉徴収票といいます。

■源泉徴収簿（げんせんちょうしゅうぼ）

年末調整を行うために必要となる帳簿のひとつです。月ごとの給与支払額や源泉徴収された額を記録する書類で、源泉徴収簿をもとに行った年末調整後に作成されるのが市区町村や税務署、従業員へ渡される源泉徴収票です。

こ

■コアタイム（こあたいむ）

フレックスタイム制を採用している企業において、事業所の労働者全員が必ず労働しなければならない時間帯です。コアタイムの前後に一定の範囲で、労働者が自由に始業時刻と終業時刻を選択できる時間帯であるフレキシブルタイムを設けます。

■高額医療・高額介護合算療養費（こうがくいりょう・こうがくかいごがっさんりょうようひ）

毎年8月から翌年7月末までの1年間にかかった医療保険・介護保険の自己負担額の合計が、設定された自己負担限度額を超えた場合は、その超過分（高額介護合算療養費）を支給する制度です。この制度は、年額に応じて限度額が設けられています。医療費と介護サービス費の自己負担額の合計が著しく高額となる場合、行った申請が認められればその超過額が後から支給されます。

対象になるのは、介護保険の受給者がいる被用者保険、国民健康保険、後期高齢者医療制度の医療保険各制度の世帯です。

この自己負担限度額は、75歳以上の世帯で所得が一般の場合の額である「56万円」が基本ベースとなっていますが、加入している医療保険の各制度や世帯所得によって細かく設定されています。

■高額療養費（こうがくりょうようひ）

1か月間に被保険者やその扶養者が支払った医療費の自己負担額が一定の基準額を超えた場合に、被保険者に対して支給される基準額の超過分をいいます。

長期の入院や手術のため、同じ月に同じ病院などで支払った医療費の自己負担額が、高額療養費算定基準額（自己負担限度額）を超えた場合、その超えた部分の額が高額療養費として支給されます。高額療養費算定基準額は、一般の者、上位所得者、低所得者によって、計算方法が異なり、上位所得者ほど自己負担額が高くなっています。

なお、高額療養費の支払基準である「同じ月」とは、暦月1か月内（1日から末日まで）のことです。たとえ実日数30日以内であっても、暦月で2か月にまたがっている場合は、同じ月とはいえません。

また、「同じ病院など」とは、同じ診療科という意味で、異なる医療機関や診療科での受診は、高額療養費の対象として合算することができません。

■後期高齢者医療制度（こうきこうれしゃいりょうせいど）

75歳以上の人などに対する独立した医療制度をいいます。具体的には、国内に居住する75歳以上の後期高齢者に加え、65歳から74歳までの前期高齢者で、寝たきりなどの障害を持つ者が対象です。国民健康保険や職場の健康保険制度に加入している場合でも、75歳になると、それまで加入していた健康保険制度を脱退

し、後期高齢者医療制度に加入します。
　後期高齢者医療制度は、75歳以上の人の医療費は、医療費の総額において高い割合に相当するため、保険料を負担してもらうことで医療費負担の公平化を保つことを目的に定められました。制度の加入者の医療費負担割合は、原則として若い世代よりも軽い1割です。利用者負担の金額が高額になった場合、一定の限度額（月額）を超える額が払い戻されます。
　また、医療保険と介護保険の利用者負担の合計額が高い場合にも、一定の限度額（月額）を超える額が払い戻されます。

■**公共職業安定所（こうきょうしょくぎょうあんていじょ）**
　ハローワークともいいます。職業相談・職業紹介や仕事に関する様々な情報を提供する公共の機関です。ハローワークは厚生労働省が運営し、全国各地にハローワークに関連する施設があります。

■**公共職業訓練（こうきょうしょくぎょうくんれん）**
　労働者が仕事に必要な知識や技能を習得できるように、国や地方自治体が実施している訓練のことをいいます。
　職業訓練には、都道府県が運営するもの、厚生労働省の関連団体である独立行政法人高齢・障害・求職者雇用支援機構が運営するものがあります。
　事務職向けのコース、現場系の仕事に関する知識や技術を取得するコース、パソコンを活用した事務をマスターできるコース、IT関連の技術者を養成するコースなど様々な種類があります。
　雇用保険の受給資格がない人でも受講することができます。

受講するためには、公共職業安定所への相談、申込みが必要です。

■**控除証明書（こうじょしょうめいしょ）**
　年末調整の時期に入る前に各保険会社や年金機構より送られてくる、その年の保険料を支払ったことを証明するための書類のことです。年末調整や確定申告の際には、控除証明書に記載された控除額を記載し、その証明として添付を行います。

■**厚生年金基金（こうせいねんきんききん）**
　厚生年金保険に上乗せして給付される、企業年金制度のひとつです。厚生年金保険の被保険者で、勤める企業が厚生年金基金に加入している場合は、自動的に厚生年金基金の加入者になります。
　厚生年金基金は、加入する企業の従業員が、将来においてより充実した保障を受けることができるよう、国に代わって老齢年金の保険料の一部を運用しています。しかし、思うような運用の収益を得られず、財政難に陥る基金が増えたことから、平成25年の法改正で、新たに厚生年金基金を設立することが認められなくなりました。改正前から存続する厚生年金基金を「存続厚生年金基金」と呼び、設立規模や遂行業務内容は改正前の規定が適用されています。

■**厚生年金保険（こうせねんきんほけん）**
　主として民間企業で働く労働者を被保険者として、被保険者の老齢や障害、あるいは遺族に年金を支給する制度です。元々は第二次世界大戦下の戦費調達を

目的として導入された制度だといわれています。

厚生年金に加入し、保険料を支払うと、国民年金の保険料も支払ったことになります。将来老齢年金を受給する際は、個人事業主等が、国民年金の老齢基礎年金しか受給できないのに対し、厚生年金の被保険者は、老齢基礎年金に加えて老齢厚生年金も併せて受給することができます。なお、厚生年金の保険料は、被保険者本人と会社が折半して負担します。

■公的年金（こうてきねんきん）
国の法律に基づいて加入が義務付けられている保険制度のことです。

公的年金には国民年金、厚生年金があり、職業によって加入する年金制度が異なります。主に、自営業者は国民年金、会社員や公務員は厚生年金に加入します。

公的年金は「老齢」「障害」「死亡」の事由が生じたときに給付を行います。たとえば、厚生年金の場合、老齢厚生年金、障害厚生年金、遺族厚生年金といった給付が行われます。

■公的保険（こうてきほけん）
国や地方公共団体、その他の機関によって運営される保険制度の総称です。

公的保険は国民の生活保障のために、社会政策の一環として実施されるもので、健康保険や労働保険、年金保険などがあります。公的保険は、大きく社会保険と労働保険に分けることができます。

一方、民間の企業によって運営される保険を民営保険といいます。自動車損害賠償責任保険や地震保険も民間の保険会社が運営している民営保険です。

■合同労働組合（ごうどうろうどうくみあい）
会社外で組織され、企業の枠を超えて集合した労働組合をさします。合同労組という略称が用いられることが多いようです。労働組合は企業ごとに組織されている社内労働組合が一般的ですが、社内労働組合は、企業の意向を尊重するという傾向があります。そのため、労働者が、合同労働組合に加入することで、実効的に、不利な雇用契約や劣悪な労働環境から救済されることが期待されています。

■高年齢求職者給付金（こうねんれいきゅうしょくしゃきゅうふきん）
高年齢継続被保険者に支給される雇用保険の求職者給付のひとつです。

65歳になる前から雇用されていて、引き続き65歳に達した日以後も雇用されている雇用保険の被保険者を高年齢継続被保険者といいます。高年齢継続被保険者が離職の日以前に被保険者期間が通算して6か月以上ある場合に支給されます。一般の被保険者は所定の給付日数を上限に、失業している日について基本手当が支給されますが、高年齢求職者給付金は、1回限りの一時金として支給されます。被保険者期間が1年未満の場合は基本手当30日分、1年以上の場合は50日分が支給されます。

■高年齢継続被保険者（こうねんれいけいぞくひほけんしゃ）
同一の事業主の適用事業に、65歳に達した日（誕生日の前日）の前日から引き続いて、65歳に達した日以後も雇用されている者のことです。ただし、短期雇用特例被保険者と日雇労働被保険者に該当

する者は除きます。なお、雇用保険法の改正により、平成29年1月（施行予定）からは65歳以降の被雇用者については「高年齢被保険者」として雇用保険が適用されることになります。

■**高年齢雇用継続基本給付金（こうねんれいこようけいぞくきほんきゅうふきん）**

雇用保険の被保険者（労働者）の60歳以降の賃金が60歳時の賃金よりも大幅に低下したときに支給される給付金です。

高年齢者雇用安定法により、60歳を過ぎてからの継続雇用が求められていますが、高齢による労働力の低下などにより、60歳前と比べて賃金が低下することがあります。そこで、60歳に到達して以後賃金が75％未満にまで低下したときには、高年齢雇用継続基本給付金が支給されるようになります。その金額は以下の通りです。ただし、支払われた賃金が一定の金額を超える場合には支給されません。

ⓐ 60歳に到達した日を離職の日とみなして賃金日額に相当する「みなし賃金日額」を算出します。

ⓑ 新しい賃金がみなし賃金日額に30を掛けた額の61％未満のとき、実際に支払われた新しい賃金の15％が支給されます。

ⓒ 新しい賃金が61〜75％の間の場合は、その率により逓減し、75％以上のときは支給されません。

■**高年齢雇用継続給付（こうねんれいこようけいぞくきゅうふ）**

高齢者の就業や再就職を支える給付で、高年齢者雇用継続基本給付金と高年齢再就職給付金から構成されています。高年齢雇用継続給付は雇用保険における給付のひとつです。

■**高年齢再就職給付金（こうねんれいさいしゅうしょくきゅうふきん）**

雇用保険の基本手当を受給していた60歳以上65歳未満の受給資格者が、基本手当の支給日数を100日以上残して再就職した場合に支給される給付です。

■**高年齢者雇用安定法（こうねんれいしゃこようあんていほう）**

正式には「高年齢者等の雇用の安定等に関する法律」といいます。就職が困難とされる中高年齢者の再就職雇用機会を推進するために制定されました。主に、ⓐ企業に対する「60歳定年制」の義務付け、ⓑ65歳までの雇用確保のための「高年齢者雇用確保措置」、ⓒ45〜65歳未満の労働者を解雇する場合の「再就職援助措置」、ⓓ高齢者を解雇する場合に作成する「求職活動支援書」、ⓔ1か月に5人以上の高齢者を解雇する場合のハローワークへの届出義務、ⓕ高年齢者雇用状況報告書の提出、ⓖ高齢者の就業をサポートする「シルバー人材センター」の運営などについて定めています。

■**公民権の行使（こうみんけんのこうし）**

参政する権利や選挙権、被選挙権という主権者としての権利を用いることをいいます。憲法は、国民に選挙権の行使を保障していますが、時間的・場所的に拘束を受けている労働者は選挙権を行使できないことになります。この場合、実質的には選挙権が保障されていないことになってしまいます。使用者が労働契約を

理由に、労働者を拘束できるのであれば、労働者の選挙権が不当に制約されてしまいます。労働基準法では、労働者が労働時間中に、選挙権その他の公民としての権利を行使し、または、公の職務を執行するために必要な時間を請求した場合においては、使用者は拒んではならないことになっています（労働基準法7条）。

■甲欄（こうらん）
　2か所以上から給与をもらっていない、またはもらっている場合でも給与の支払先に「給与所得者の扶養控除等申告書」を提出しており、主な給与支払先として勤務している従業員のことです。
　逆に、2か所以上から給与をもらっており、給与の支払先に「給与所得者の扶養控除等申告書」を提出していない従業員を、「乙欄」といいます。

■高齢任意加入制度（こうれいにんいかにゅうせいど）
　70歳を超えても年金の受給要件を満たさない場合に、任意で加入することができる厚生年金保険の制度です。勤務する会社が厚生年金の適用事業所かどうかで手続き内容は保険料の負担額に変化が生じます。

■高齢任意加入被保険者（こうれいにんいかにゅうひほけんしゃ）
　70歳を超えているのに年金を受給することができず、高齢任意加入制度に加入した者のことです。勤務する会社の同意があれば、支払う保険料を事業主折半とすることができます。ただし、同意がない場合は全額被保険者の自己負担です。

■国民健康保険（こくみんけんこうほけん）
　職場の健康保険に加入する人や生活保護を受けている人などを除く一般国民が加入する健康保険です。
　日本では国民皆保険とされ、生活保護を受けている者など、ごく一部の例外を除き何らかの健康保険に加入します。会社員など、健康保険の適用事業所に雇用されている者は、その事業所が加入している健康保険（協会けんぽや健康保険組合）の被保険者になりますが、適用事業とされない個人事業主などは、国民健康保険に加入します。国民健康保険は、一部の業種に認可された国民健康保険組合の組合員の他、大多数が市区町村を保険者とする国民健康保険の被保険者となります。
　また、被用者の健康保険は、労働者のみが被保険者となり、扶養家族は被扶養者とされていますが、国民健康保険では扶養家族も被保険者となります。

■国民年金（こくみんねんきん）
　全国民を対象とした年金制度で、国民の老齢・障害・死亡について必要な給付を行う制度です。日本国内に住所を有する20歳以上60歳未満のすべての人は、強制的に国民年金へ加入することになります。国民年金の被保険者は、自営業者などは第1号被保険者、厚生年金の被保険者となる者は第2号被保険者、第2号被保険者に扶養される配偶者は第3号被保険者とされます。
　被保険者は、25年（平成29年4月から10年に短縮される予定）以上保険料を納付した場合、または保険料の免除が認められた場合には、原則として65歳以降に

老齢基礎年金を受給できます。また、保険料納付や免除で一定の要件を満たした者が障害を負った場合、もしくは死亡した場合、障害基礎年金または一定の遺族に遺族基礎年金が支給されます。

■国民年金基金（こくみんねんきんききん）

国民年金基金は、国民年金（老齢基礎年金）に上乗せして年金を受け取れるように積立てをする制度です。

自営業者やフリーランスなど、厚生年金に加入できない人が、月々掛金を掛けることによって、厚生年金にかわる年金を終身もしくは契約によって保証された期間中、受け取ることができます。

国民年金基金の掛金は、加入時の年齢と加入する口数、給付の型などによって決まります。

国民年金基金の加入対象者は、20歳以上60歳未満の国民年金の第１号被保険者（自営業者・農業者とその家族、学生、無職の人など）です。

■個人年金（こじんねんきん）

民営保険の保険商品のひとつで、民間の保険会社などに一定の金額を払い込み、一定の年齢に達した後に受け取る年金のことです。生きている限り年金が支給される終身型、給付期間の途中で、被保険者が死亡した場合には、そこで年金の給付が終わる有期型といった種類があります。

個人年金は、契約時点で年金額が決められている（定額年金）タイプや、一定期間ごとに予定利率が見直される利率変動型年金、投資信託で保険料を運用し、その実績によって年金額が決まる変額

(投資)型年金といったタイプがあります。

■個人番号（こじんばんごう）

マイナンバー法に基づき、住民票があるすべての国民に対して付与される番号のことです。番号が付与された後にその本人が申請することで、マイナンバーカードが公布されます。

個人番号は12桁で成り立っており、各市区町村がそれぞれの住民に対して与えるしくみをとっています。

■個人番号関係事務実施者（こじんばんごうかんけいじむじっししゃ）

マイナンバー法において、個人番号を取り扱うことが許可されている行政機関に対して、個人番号が記載された書類を提出する者のことです。

たとえば、従業員の個人番号が記載された書類を行政に提出する会社などが個人番号関係事務実施者にあたります。

■個人番号利用事務実施者（こじんばんごうりようじむじっししゃ）

マイナンバー法において、個人番号が含まれた書類を用いた事務処理を行うことが許された国の機関のことです。日本年金機構や労働基準監督署、健康保険組合などの行政機関や地方公共団体、独立行政法人などが該当します。

■雇用（こよう）

当事者の一方が相手方に対して労働に従事することを約し、相手方がこれに対してその報酬を与えることを約することによって成立する契約です（民法623条）。

雇用において労働者は雇主に対して従属的な関係に立ちます。もっとも、雇用

については、労働基準法をはじめとする多数の労働関係法規が民法の特別法として優先的に適用されることになります。そのため、民法の雇用に関する規定がそのまま適用されるケースはそれほど多くはありません。

■雇用確保措置義務（こようかくほそちぎむ）

これまでは、労使協定を締結することで60歳以降も継続雇用の対象とする労働者を限定することが可能でした。しかし、年金の受給開始年齢が60歳から65歳へ段階的に引き上げられることで、年金の受給開始までの期間の収入がなくなってしまう定年退職者が発生する恐れが生じることになりました。そのため、高年齢者雇用安定法が改正され、無収入期間がないように雇用確保が義務付けられました。

■雇用継続給付（こようけいぞくきゅうふ）

高年齢者や育児・介護休業取得者が職業生活を円滑に継続できるように援助することを目的とした雇用保険の給付です。

高年齢者を対象とした高年齢雇用継続基本給付金、高年齢再就職給付金、育児休業取得者を対象とした育児休業給付金、介護休業取得者を対象とした介護休業給付金などがあります。

■雇用調整（こようちょうせい）

企業が、景気の変動や業務の増減に応じて行う人員削減の他、残業抑制や配置転換など人員の削減を伴わないものも含めた雇用面における調整のことです。

判例上、整理解雇をするためには、できる限り労働者を解雇しなくてすむよう

な対策をとることが求められています。そこで、残業時間の削減や配置転換、出向などの労働者の雇用を維持する施策がとられます。それでも人員超過となるときに希望退職や期間労働者の契約更新の打ち切りなどが行われます。

■雇用調整助成金（こようちょうせいじょせいきん）

経済上の理由による企業収益の悪化により、事業活動の縮小を迫られた事業主が、従業員を一時的に休業、教育訓練または出向をさせた場合に、休業、教育訓練または出向についての手当や賃金等の一部を助成する制度のことです。

受給には、直近3か月間の売上高平均値が前年より10％以上減少しているか、労働者数が一定以上増加していないか、などの要件が定められています。なお、平成27年8月以降の1日当たりの受給額の上限は7,810円です（1人当たり）。

■雇用保険（こようほけん）

労働者が失業した場合および労働者について雇用の継続が困難となる事由が生じた場合に、労働者の生活および雇用の安定を図ると共に、再就職を促進するため必要な給付（基本手当などの失業等給付）を行う公的保険制度です。また、失業の予防、雇用構造の改善等を図るための事業も行っています。

■雇用保険二事業（こようほけんにじぎょう）

雇用安定事業、能力開発事業のことを雇用二事業といいます。雇用保険の会社負担分に含まれている雇用二事業率とは、雇用二事業として行う各種助成金や

施設の運営等にかかる率のことです。

■雇用保険料率（こようほけんりょうりつ）

　雇用保険に加入した事業主や労働者に支払う義務のある雇用保険の料率のことです。雇用保険料率を用いて算定された雇用保険料が、毎月の給与支払額より控除が行われます。

　雇用保険料率は毎年4月に改定が行われます。事業の種類別に率が異なっており、その上で労働者負担・事業主負担の割合が定められています。

さ

■災害補償（さいがいほしょう）

　労働者が業務上被った負傷などに対する救済措置をいいます。

　災害補償は、広義では、あらゆる災害に対する損害の補てんを意味しますが、労働基準法においては、労働災害に対する補償をさします（労働基準法75〜88条）。労働基準法では労働災害による被災労働者への補償はすべて事業主が負うものとされています。状況によっては高額の補償が必要となりますが、企業側に支払能力がなく、十分な補償ができないことがあります。そこで、国による労災保険の制度が適用され、すべての労働者に対し保険方式で補償が確保されています。

　また、業務上の災害だけでなく、通勤途上の災害に対しても給付が行われます。

■財形貯蓄（ざいけいちょちく）

　勤労者が事業者に賃金の一部を天引きしてもらい、貯蓄を行うしくみのことをいいます。勤労者財産形成貯蓄制度の略称です。

　利用目的を限定しない一般財形貯蓄、マイホーム購入などの住まいの資金作りに利用する財形住宅貯蓄、老後に年金として受け取るための財形年金貯蓄、の3種類があります。

■在職老齢年金（ざいしょくろうれいねんきん）

　年金を受けられる者が、60歳以降も働いていると、厚生年金保険の一部または全部が支給停止されます。この制度を在職老齢年金といいます。

　在職老齢年金は、老齢厚生年金を12で

割った基本月額と総報酬月額相当額に応じて支給停止となります。総報酬月額相当額とは標準報酬月額と年間賞与を12で割った額の合計のことをいいます。

また、60歳代前半と後半では支給停止の方法が異なります。60歳から65歳になるまでの間は、基本月額と総報酬月額相当額の合計が28万円を超えると基本月額、総報酬月額相当額の額に応じて支給停止されます。65歳以上の場合は、基本月額と総報酬月額相当額の合計が47万円を超えると超えた分の2分の1が支給停止されます。

■在宅勤務制度（ざいたくきんむせいど）

労働者が自宅で仕事を行う制度のことを、在宅勤務制度といいます。パソコンやインターネットなどのIT技術を活用することによって、育児や介護と両立しながら業務を行うことができるというメリットがあります。

その他にも、通勤ラッシュを緩和できる、災害が発生したとき・感染症が大流行したときに事業を継続することができる、といったメリットもあります。

■最低賃金法（さいていちんぎんほう）

労働者の賃金について「この金額以下で働かせてはならない」と定めた法律です。

本来労働契約は使用者と労働者が契約の自由の原則の下、自由に条件を設定できます。しかし、労働契約を締結するとき、特に新規に雇用するときは、雇われる側の労働者は不利な立場となってしまいます。そこで労働基準法において様々な規定により、労働者を保護しています。

その労働基準法を補完する法律として最低賃金法が定められています。毎年10月に最低賃金の額が改定されます。

■歳入徴収官（さいにゅうちょうしゅうかん）

労働保険料およびこれにかかる徴収金の徴収についての事務を行う者のことで、正式名称は都道府県労働局労働保険特別会計歳入徴収官といいます。

■裁判員休暇（さいばんいんきゅうか）

平成21年5月に施行された裁判員制度に伴い、企業が裁判員制度に参加する従業員に対して、何らかの形で休暇を与える制度です。大企業を中心に導入が進んでいます。裁判員休暇は、労働者が気兼ねなく、裁判員としての職務に取り組むことができるようにすることを目的とした休暇だといえます。

■裁量労働（さいりょうろうどう）

明確な勤務時間を設定せず、労働者本人の裁量にまかせて勤務することを裁量労働といいます（労働基準法38条の3）。

通常、労働者は就業規則等で定められた始業時刻から終業時刻まで勤務します。しかし、職種によっては、勤務時間を明確に定められるより、弾力的に適用した方が効率的に仕事ができる場合もあります。たとえば、デザイナーがデザインする、記者が原稿を書く、編集者が企画を立てるなどの仕事がこれにあたります。

裁量労働制には、専門業務型と企画業務型があり、専門業務型では労使協定の締結、企画業務型では労使委員会の決議が必要で、労働基準監督署へ届け出なければなりません。また、裁量労働に従事する労働者が自らの判断で働く時間のこ

とを裁量労働時間といいます。

■**差額ベッド代（さがくべっどだい）**
　入院した際に個室の病室を利用した場合の費用など、健康保険が適用されない病室のための費用を差額ベッド代といい、自己負担となります。

　健康保険の被保険者や被扶養者が入院すると、健康保険の保険給付が適用され、被保険者は自己負担額を支払うことになります。しかし、通常の入院環境では病室は相部屋が原則で、患者が望まない環境であることが少なくありません。そこで、治療上の必要性がないものの、患者本人が希望して、プライバシー確保のための設備などの一定水準以上の環境を備えた病室に入ることができます。ただし、この場合にかかる費用は、保険給付が適用されず、全額が自己負担となります。

　なお、差額ベッドとは選定療養の一種で、ベッド数が4つ以下の病室（1人当たり6.4㎡以上）のことをいい、正式には「特別療養環境室」といいます。

■**さかのぼり昇給（さかのぼりしょうきゅう）**
　昇給の時期と、実際に昇給額が給与に反映される時期が異なる場合に行われる処理のことです。

　4月に昇給が行われ、6月に過去3か月分の昇給差額が支払われるようなケースをいいます。

■**作業環境測定（さぎょうかんきょうそくてい）**
　労働安全衛生法における、労働者が作業する環境の状況を詳細にわたり測定し、結果を検出した上で労働災害の原因となる有害物質を洗い出し、健康被害を前もって防止するための制度です。

■**作業主任者（さぎょうしゅにんしゃ）**
　労働者が作業を行う上で、特に危険な作業において、労働災害の防止のために選任されるのが作業主任者です。作業主任者になるためには、一定の要件（資格）が必要です。

　具体的には、高圧室内作業や大規模なボイラーの取扱作業などは所定の免許を取得した者でなければ作業主任者になることはできません。小規模のボイラーの取扱作業などは、所定の免許を取得しているか、一定の技能講習の修了が必要です。これらの業務や作業規模により必要とされている免許や技能講習が細分化されています（労働安全衛生法14条）。

■**差引支給額（さしひきしきゅうがく）**
　給料計算時における、実際に従業員が受け取る手取りの金額のことです。基本手当や各手当を総合した「総支給額」より、社会保険料や所得税、住民税などの額を控除し、算出された金額となります。

■**三六協定（さぶろくきょうてい）**
　労働者に残業をさせることができるようにするための協定です。労働基準法上、特別な場合を除き、労働者に残業をさせることはできませんが、所定の手続きを行った企業に限って、その企業の使用者はそこで働く労働者に残業してもらうことができます。この手続きが三六協定の「締結」と「届出」です。労働基準法36条に規定があるため、この名称がつきました。

　三六協定は、その事業所の労働者の過

半数で組織する労働組合（労働者の過半数で組織する労働組合がない場合には労働者の過半数を代表する者）と書面による協定を締結し、この協定を所轄の労働基準監督署長に届け出ることによってその効果を発生させることができます。三六協定は、他の労使協定と異なり、「締結」だけでは免罰効果が発生せず、「届出」をしてはじめて免罰効果が発生します。

■**産業医（さんぎょうい）**

職場での労働者の健康管理のため、事業者と契約して労働者の健康管理等を行う医師を産業医といいます。常時50人以上の労働者を使用するすべての業種の事業所の事業者に選任が義務付けられています。産業医は、健康診断の実施、健康障害の調査、再発防止のための対策の樹立などを行います。産業医は労働省令で定める要件として、労働者の健康管理を行うのに必要な医学についての知識を持っていることと、労働衛生に関する知識を備えた者であることが必要です。

なお、産業医は事業所に常駐している必要はありませんが、少なくとも月1回の職場巡視などの職務が必須とされています。近年メンタルヘルスへの対応で、産業医の役割は大きくなっています。

■**産前産後の休業（さんぜんさんごのきゅうぎょう）**

使用者は、6週間（多胎妊娠の場合にあっては、14週間）以内に出産する予定の女性が休業を請求した場合においては、その者を就業させてはならず、また、産後8週間を経過しない女性を就業させてはならないとする労働基準法65条規定の休業のことです。ただし、産後6週間を経過した女性が請求した場合において、その者について医師が支障がないと認めた業務に就かせることは、差し支えありません。

■**算定基礎届（さんていきそとどけ）**

給与の支払いが行われる従業員の、その年の9月以降の社会保険料を決定するために提出する書類です。

7月1日時点で在籍しているすべての社会保険加入従業員に支払われた4～6月の報酬額と平均額などを記入し、7月10日までに日本年金機構へ提出を行います。

■**算定基礎届総括表（さんていきそとどけそうかつひょう）**

算定基礎届と同時に提出する書類のことで、提出期限は算定基礎届と同じく7月10日です。

事業所名や事業の種類、7月1日現在の被保険者数や男女別の従業員内訳、支払っている給与の内訳や締日、昇給付、賞与などを記載します。

■**算定基礎日額（さんていきそにちがく）**

労災保険のボーナス特別支給金の支給額を算出するときの基礎となる金額のことです。被災日以前1年間に支払われた賞与等（3か月を超える期間ごとに支払われた特別給与）の合計額（算定基礎年額、上限あり）を365で割ったものです。

■**算定対象期間（さんていたいしょうきかん）**

雇用保険の被保険者が雇用保険を受給するにあたり、離職の日以前の2年間のことをさします。

雇用保険の被保険者が離職した場合、雇用保険の基本手当を受給する場合、離職の日から遡って2年間に被保険者であった月が12か月以上あったときに、基本手当の受給対象となります。ただし、解雇や倒産、更新拒絶などの事情が原因で離職者となった特定受給資格者および特定理由離職者は1年間に6か月の被保険者期間があればよいとされています。

なお、この期間に疾病・負傷により引き続き30日以上賃金の支払いを受けることができなかった期間のある被保険者は、最大4年間になるまでその日数を加算することができます。

■暫定任意適用事業（ざんていにんいてきようじぎょう）
労働保険では、労働者を一人でも雇用すれば、強制適用事業所となりますが、例外的に、労働保険の加入を事業主または労働者の意思にまかせられている事業を暫定任意適用事業といいます。

労災保険で、以下の事業が暫定任意適用事業とされています。
ⓐ 常時5人未満の労働者を雇用する個人経営の農業、養蚕、畜産業（例外あり）
ⓑ 林業の事業で労働者を常時使用せず、かつ年間使用延べ労働者数が300人未満の個人経営の事業
ⓒ 水産業で労働者が常時5人未満の個人経営の事業であって総トン数5トン未満の漁船によるもの、または総トン数5トン以上で災害のおそれの少ない特定水面で操業するもの

一方、雇用保険では、常時5人未満の労働者を雇用する個人経営の農林業、畜産業、養蚕業、水産業が暫定任意適用事業とされています。

共に事業主の加入申請により加入しますが、労災保険は、労働者の過半数、雇用保険では労働者の2分の1以上が希望する場合は、加入申請をしなければなりません。

──────────────
し
──────────────

■資格取得時決定（しかくしゅとくじけってい）
被保険者についての社会保険の資格を取得した時点における標準報酬を決定することです。その被保険者の資格を取得した日現在の報酬の額（初任給）をその期間の総日数で割って求めた額の30倍に相当する額とする方法が一般的です。

■資格の取得／資格の喪失（しかくのしゅとく／しかくのそうしつ）
厚生年金保険や健康保険などに加入することを「資格を取得する」といいます。逆に保険から脱退することを「資格を喪失する」といいます。公的社会保険制度の加入・脱退を意味する用語として使われることが多いようです。

■時間外労働（じかんがいろうどう）
その事業所の就業規則等で定めた労働時間（所定労働時間）を超えた部分の労働時間です。労働基準法は、就業規則で定められた終業時刻後の労働のすべてに割増賃金の支払を要求しているわけではありません。法定労働時間を超えない時間外労働については、割増賃金を支払う必要はありません（労働基準法37条）。

■時間給制（じかんきゅうせい）

　一時間単位での賃金が決められており、働いた時間に応じて賃金が支払われる形態のことで、時給制ともいいます。時期に応じて労働時間が変化する者や、正規労働者よりも労働時間の短いパートタイム労働者やアルバイト、派遣社員などに対して用いられることが多くあります。

■時間単位の年次有給休暇（じかんたんいのねんじゆうきゅうか）

　時間単位で年次有給休暇をとる制度のことをいいます（労働基準法39条）。
　年次有給休暇は、労働者の心身の疲労を回復させるためにも日単位で取得するのが望ましいとされていますが、「仕事が忙しい」「みんなに迷惑がかかる」などの理由で、年次有給休暇の取得が進まないこともあります。また、通院や子どもの学校行事など、数時間で事足りることもあり、1日休むのは抵抗があっても、数時間なら休みやすいというニーズもあります。そのような背景から時間単位の年次有給休暇の制度が認められました。

■時季指定権（じきしていけん）

　労働基準法に基づき、労働者に対して与えられた権利で、年次有給休暇を取得する時季を指定することができることです。使用者側は、労働者が指定した有給休暇の時季を理由なく変更することはできません。

■時季変更権（じきへんこうけん）

　労働者からの有給休暇の申し出に対し、使用者は、事業の運営に支障をきたすという場合には、他の時季に振り替えて与えることができます。これを使用者の時季変更権といいます（労働基準法39条5項）。会社側としては、繁忙期に労働者に一斉に年休をとられたのではやっていけないという事情もあり、こうした権利が認められました。

■支給期間（しきゅうきかん）

　労災保険、国民年金、厚生年金保険の年金給付における支給期間は支給すべき事由が生じた月の翌月から権利が消滅した月までです。これを支給期間といいます。

■支給制限（しきゅうせいげん）

　故意に生じさせた事故や故意の犯罪行為・重大な過失により生じさせた事故について、労災保険法では保険給付を制限しています。この制限には、保険給付を全く行わない場合と保険給付の全部または一部を行わない場合とがあります。これを支給制限といいます。
　たとえば、労災保険法では、労働者が、故意にケガ、病気、障害、死亡またはその直接の原因となった事故を生じさせたときは、保険給付が行われないという支給制限が定められています。

■支給調整（しきゅうちょうせい）

　複数の年金あるいは雇用保険と年金を同時に受給できるときに、いずれか一方の保険給付が未支給または減額支給となることです。
　現行の年金制度では、同一人物について複数の年金についての受給権を有するときは、一方の年金の支給が停止されたり、支給額が減額されます。また、特別支給の老齢厚生年金を受け取っている者が職を失い、雇用保険の基本手当を受給することとなった場合は、ハローワーク

で休職申込みを行った月後より年金が支給停止されます。

その他、在職老齢年金の制度では、給与や賞与の額に応じて、年金の支給額が一部支給停止となります。

このように、他の年金や制度から年金や給付金を受けることができる場合に、本来の金額が減額または全額支給停止されます。これが支給調整です。

■支給停止（しきゅうていし）

年金の支給を一時停止するものの、再度要件を満たせば再び支給される状態のことを支給停止といいます。

たとえば、障害基礎年金や障害厚生年金は障害により支給されますが、障害の原因が労災の場合には、労働基準法の障害補償を受けることができます。その場合、給付の重複を避けるため、障害基礎年金や障害厚生年金が6年間支給停止されます。

遺族基礎年金や遺族厚生年金についても同様に労働基準法の障害補償を受けることができる場合は、6年間支給停止されます。また、遺族厚生年金は、労働者が死亡したとき夫、父母、祖父母が55歳以上の場合に受給権者となりますが、一定の障害があるか60歳以上であることが支給の要件となります。この場合には60歳になるまで支給停止されます。

■事業場（じぎょうじょう）

同一の場所で、一定の作業を行う場合の、その組織的なまとまりのことを、事業場といいます。労働基準法や労働安全衛生法は、事業場ごとに適用されます。

原則として、同一の場所であれば、一つの事業場として扱われますが、労働の様態が全く異なる場合（工場と工場内の診療所など）は、同一の場所であっても別個の事業場として扱われます。また、出張所や支所などで、規模が非常に小さく独立しているとはいえないような場合は、場所的に離れていても直近上位の組織と同一の事業場として扱われます。

■事業場外のみなし労働時間制（じぎょうじょうがいのみなしろうどうじかんせい）

営業職などに従事する労働者のようにタイムカードなどで労働時間を管理できない労働者につき、あたかも社内で働く他の労働者と同じように、始業時刻から終業時刻まで労働したとみなす制度です（労働基準法38条の2）。ただし、当該業務を遂行するために通常所定労働時間を超えて労働することが必要となる場合には、当該業務の遂行に通常必要とされる時間について労働したものとみなします。

■事業場外労働（じぎょうじょうがいろうどう）

⇨みなし労働時間

■時効／消滅時効（じこう／しょうめつじこう）

法律で定められた一定の期間が経過した際に、与えられていた権利が消滅することをいいます。たとえば、労働者が賃金や災害補償額を請求する権利は2年、退職手当を請求する権利は5年でそれぞれ時効を迎え、消滅します。また、社会保険料を徴収する期間の時効は2年とされています。

■事故休職（じこきゅうしょく）

私的な事故により仕事を休むことをいいます。一般に休職とは、労働者側の事由により、働くことができなくなった場合に、使用者が一定期間の労働義務を免除する処分をいいます。

休職期間の満了時に休職事由が消滅していない場合の取扱いについては、就業規則で「自然退職とする」と定めている場合には自然（自動）退職となります。一方、「解雇とする」と定めている場合、解雇することができますが、解雇予告の手続きは必要です。

■自己都合休職（じこつごうきゅうしょく）

労働者自身の都合で行う休職のことです。病気による長期療養などで休職するケースとは異なり、海外留学や議員など公職への就任に伴う自己都合休職などがあります。自己都合休職は労働者に与えられた当然の権利ではなく、休職が認められるには、別途就業規則への定めが必要になります。

■自己都合退職（じこつごうたいしょく）

契約期間の定めのない労働契約を結んでいるときの退職です。この場合、後任者の配置や業務の引継ぎを考慮して、就業規則などに「1か月前までに申し出ること」としているところが多いといえますが、民法上、いつでも解約申入れができるとされています。この申入れをしたときは、申入れの日から2週間を経過することで労働契約は終了します（民法627条）。

■私傷病休職（ししょうびょうきゅうしょく）

業務外の負傷・疾病で長期間休業することを私傷病休職といいます。東日本大震災など、天災で労働者が負傷した場合には私傷病休職を活用するのが一般的です。

■辞職（じしょく）

労働者が一方的に労働契約を解除することです。労働契約が解消されるすべての場合を総称して退職と呼びます。辞職や解雇も退職のひとつの形態だといえます。

契約期間が定められていない労働者については、2週間前までに申入れをすることでいつでも解除することができるとされています（民法627条）。

辞職の申し出については、法的には口頭での申入れで十分ですが、通常は就業規則で定められている退職手続きに従って退職することになります。

■下請契約（したうけけいやく）

建設工事の受注を受けた請負人が、その仕事の全部または一部を、他の事業者に受注する契約のことを、下請契約といいます。

下請契約は、建設業法の規定に従って行わなければいけません。具体的には、契約内容を明らかにした適正な契約書を作成し、その契約書に署名または記名押印をする必要があります。作成された下請契約書は、当事者相互に交付しなければなりません。

■下請事業者（したうけじぎょうしゃ）

元請事業者から業務の委託を受ける事業者のことを下請事業者といいます。

下請事業者は、大規模な建設業の現場

においては、労働災害を防止するために、職場の安全衛生を担う者（安全衛生責任者）を選任しなければなりません。選任された安全衛生責任者は、統括安全衛生責任者と連絡を取り合う役割を担当します。

■失業（しつぎょう）

雇用保険法上、雇用保険の被保険者が離職し、働く意思および能力があるにもかかわらず職業に就くことができない状態のことを失業といいます。離職はしたが、働く意思または能力がないという状態は、雇用保険法上の失業には該当しないことになります。

なお、雇用保険では、休職の申込みが行われた公共職業安定所で、原則として4週に1回、その者が失業していたかどうかについての確認が行われます。この雇用保険上の行為を失業の認定といいます（雇用保険法15条）。

■失業等給付（しつぎょうとうきゅうふ）

雇用保険から支給される求職者給付、就職促進給付、雇用継続給付、教育訓練給付を総称して失業等給付といいます。

求職者給付は、被保険者が離職して失業状態にある場合に、失業者の生活の安定を図ると共に求職活動を容易にすることを目的として支給される給付です。就職促進給付は、失業者が再就職するのを援助、促進することを主な目的とする給付です。

これに対して、雇用継続給付は、現在、職に就いている者について、失業しないようにするための失業予防的な給付です。教育訓練給付は、現在就職している者と、離職後一定期間内の者が支給対象です。

■失権（しっけん）

年金の支給を受けることができる権利が消滅することです。失権すると年金の受給が終了します。

■支払基礎日数（しはらいきそにっすう）

給与額を計算する際に基準とする日数のことで、給与計算の際に必要となります。支払基礎日数は、給与形態に応じて求め方が異なります。月給制の場合は暦日数となり、出勤日や有給休暇日数は影響しません。一方、日給制の場合は、出勤した日数が支払基礎日数とされます。

■死亡一時金（しぼういちじきん）

死亡一時金は、第1号被保険者が死亡した際に、保険料を納付した期間が短いため、その遺族が遺族基礎年金を受給できないときに支給されるものです。

国民年金の第1号被保険者が死亡した場合で、老齢基礎年金の受給資格を満たしていない場合は、遺族は遺族基礎年金を受給できません。その結果、保険料が掛け捨てとなってしまうことを防止するための制度が死亡一時金です。

死亡した者が死亡日の前日において死亡日の属する月の前月までの第1号被保険者として延べ36か月以上の保険料を支払った場合には、その月数に応じて12万円から32万円の死亡一時金が支給されます。

■社会復帰促進等事業（しゃかいふっきそくしんとうじぎょう）

労災による被災労働者の社会復帰の促進、その遺族に対する援護等を行うもの

です。

社会復帰促進等事業は、ⓐ社会復帰促進等事業、ⓑ被災労働者等援護事業、ⓒ安全衛生の確保等を図るための事業、があります。社会復帰促進等事業は、労災の被災労働者の療養に関する施設やリハビリテーションに関する施設の設置・運営をします。被災労働者等援護事業は、被災労働者の療養生活の援護、介護の援護、遺族の就学援護、さらには資金の貸付による援護などを行います。

また、安全衛生の確保等を図るために、業務災害の防止、健康診断施設の設置・運営、保険給付の適切な実施の確保、賃金の支払を図るために必要な事業なども行っています。

■社会保険（しゃかいほけん）

社会保険とは、被保険者に疾病、負傷、分娩、老齢、障害といった事情が生じた場合に、一定の保険給付を行うことで、被保険者とその家族の生活を保障する各種保険制度の総称です。

保険方式で運営されており、一般的には、健康保険、厚生年金保険、介護保険を総称して社会保険といいます。

■社会保険事務所（しゃかいほけんじむしょ）

国民年金、厚生年金保険、かつての政府管掌健康保険の加入者の適用（加入）、保険料の徴収、保険給付の支給に至る窓口サービスを行っていた旧社会保険庁の地方組織です。平成21年末の社会保険庁廃止に伴い、社会保険事務所は名称を年金事務所に改めています。

■社会保険審査会（しゃかいほけんしんさかい）

厚生労働省に設置された行政組織のことで、健康保険や厚生年金保険などの給付における処分に対して不服がある場合に申し立てることができる審査機関です。衆議院、参議院の同意を得た上で厚生労働大臣の任命を受けた委員長と5人の委員で組織されます。委員長・委員とも、知識が豊富な学識経験者から構成されています。我が国の保険料における不服申立制度は二審制がとられており、社会保険審査会は第2次審査機関となります。

■社会保険料の控除証明書（しゃかいほけんりょうのこうじょしょうめいしょ）

その年に社会保険料をいくら納めたかが証明された書類のことで、年末調整の際に必要となります。正式には「社会保険料（国民年金保険料）控除証明書」といいます。

健康保険料や厚生年金保険料の場合、毎月の給与から納付額が天引きされているため、証明書は必要ありません。一方、天引きされない国民年金保険料や国民健康保険料、国民年金基金における掛金などを支払っている場合は、控除証明書を用いて支払いの事実を証明します。

■若年支給停止（じゃくねんしきゅうていし）

労災保険の遺族（補償）年金の受給権者となった者（55歳以上60歳未満の夫、父母、祖父母、兄弟姉妹）につき、60歳になるまでの間、支給が停止されることをいいます。

夫・父母・祖父母は、労働者の死亡当

時55歳以上でなければ遺族（補償）年金を受給することができません。ただ、55歳以上であっても60歳未満の場合には60歳になるまで支給が停止されます。これを若年支給停止といいます。

■週休2日制（しゅうきゅうふつかせい）

土・日などの連続、あるいは、月・水など隔日を問わず1週当たり2日の休日を設ける制度です。完全週休2日制とは毎週休日を2日設ける制度です。隔週週休2日制とは1週おきに休日を2日設ける制度です。その他に、月1～3回程度週休2日とするといった変形週休2日制の企業もあります。

■就業規則（しゅうぎょうきそく）

労働者の待遇、採用、退職、解雇など人事の取扱いや服務規律、福利厚生、その他の内容を定めたものです。入社してから退職するまでの勤務条件や服務規律などについて使用者が定めた規則です。

就業規則を下回る内容の労働契約は無効になり、無効になった部分は就業規則で決めている内容が労働契約の内容になります。常時10人以上の労働者（正社員の他、常勤するパートタイマーやアルバイトも含む）を使用している会社や事業所は、重要な労働条件について、就業規則を作成して労働基準監督署に届け出る必要があります（労働基準法89条）。

就業規則を作成したり変更する場合には、使用者は組合あるいは労働者の代表の意見を聴かなければなりません。労働基準法や労働協約に反した就業規則はその部分につき無効となります。作成した就業規則は、書面で配布するなどして労働者に周知させなければなりません。

■就業規則の記載事項（しゅうぎょうきそくのきさいじこう）

就業規則の記載事項には、必ず定めて記載しなければならない「絶対的必要記載事項」と、定める義務はないが、定めた場合は就業規則に記載しなければならない「相対的必要記載事項」、さらに、規定も記載も使用者の任意とされている「任意的記載事項」があります。

絶対的必要記載事項は、始業・終業の時刻、休憩時間、休日休暇、賃金、退職に関する事項など、労働する上で最低限定めなければならない事項です。

一方、相対的必要記載事項とは、労働する上で不可欠な事項ではないものの、ルールとして定める以上は就業規則に記載しなければならない事項のことです。

相対的必要記載事項については、労働基準法で、退職手当や臨時の賃金、食費・作業用品についての負担、安全衛生、職業訓練、災害補償、表彰・制裁など、8項目列挙されています（労働基準法89条）。

また、任意的記載事項の例としては、企業の理念や目的、採用に関する事項が挙げられます。

■就業規則の不利益変更（しゅうぎょうきそくのふりえきへんこう）

就業規則を労働者にとって不利な条件に変更することを不利益変更といいます。

就業規則は、使用者に作成の裁量権がありますが、一度決めた規定を変更する時に問題となります。労働者に有利な条件へ変更する分には問題ありませんが、労働者に不利な方向への変更は、不利益変更といい、労働者保護のため安易に認

第2部 用語解説編

められません。

労働条件の不利益変更をする場合は、その変更に合理性があり、かつ労働者の同意を得ていることが必要となり、きちんと手続きを踏まないで行われた不利益変更は、無効になることがあります（労働契約法9～10条）。

■就業規則変更届（しゅうぎょうきそくへんこうとどけ）

就業規則の内容が変更になった場合や法改正に対応するために就業規則の変更が必要になった場合に、変更後の就業規則に添付して提出する書類のひとつです。合計2部作成し、1部を労働基準監督署へ提出します。

■従業者（じゅうぎょうしゃ）

一般的には、事業主に雇われ、業務を行う従業員のことをいいます。しかし、法令によってはより広い意味で用いられることもあります。

たとえば、個人情報保護法の下では、事業主に雇われている従業員の他に、派遣労働者など直接の雇用関係はないが事業主の下で働いている者も含めて従業者といいます。

■従前額保障（じゅうぜんがくほしょう）

平成12年に行われた年金制度の改正で、老齢厚生年金の年金額を計算する際、報酬比例部分の乗率が引き下げられましたが、新しい乗率を考慮すると年金額が下がることがあります。その場合には、平成12年改正を考慮しない従前の金額で計算してよいものとされています。これを従前額保障といいます。

■住宅借入金等特別控除（じゅうたくかりいれきんとうとくべつこうじょ）

住宅ローンを利用して、マイホームを新築したり、購入した場合に、その居住者の所得税額から一定の金額を控除できるという制度のことをいいます。

住宅借入金等特別控除の適用を受けるためには、様々な要件を充たす必要があります。控除できる金額や控除を受けられる期間は、そのマイホームに居住し始めた年によって異なります。平成26年4月1日から平成31年6月30日までの間に居住を開始した場合は、毎年、住宅ローンの年末残高の合計額×1％（最高40万円）を、10年間にわたって控除することができます。

■住宅手当（じゅうたくてあて）

従業員が居住する住宅に対して補助をする意味を持つ手当のことで、給与支給の際に基本手当に上乗せして支給されます。実家など、自分以外の持ち家に居住する者には支給されません。

住宅手当の支給は法律による義務はなく、各企業が就業規則に定めることによって有効になります。

■出勤停止（しゅっきんていし）

労働者の就労を一定期間禁止し、その間賃金を支給しない懲戒処分です。懲戒休職とも呼ばれます。出勤停止は、使用者が労働者の労働を禁ずるものですが、就業規則に「出勤停止の場合は賃金を支払わない」と定めた場合には、使用者は賃金を支給しなくてもよいとされています。

■出勤簿（しゅっきんぼ）
　事業主に雇用された従業員の出勤日数や出勤時間（始業・就業時刻）、残業時間などが記された帳簿のことで、出勤簿を用いて給与計算が行われます。
　出勤簿は、労働基準法において作成が義務付けられた給与書類のひとつで、作成より3年間は保存しなければなりません。

■出向（しゅっこう）
　労働者が、異なる使用者の指揮命令に従うことになる人事異動のことです。
　出向には在籍出向と転籍があります。在籍出向とは、労働者が雇用先企業に身分（籍）を残したまま一定期間、他の企業で勤務する形態の出向です。
　転籍とは、雇用先企業から他の企業に完全に籍を移して勤務する形態の出向です。
　出向の命令が、その必要性や対象労働者の選定についての事情などから判断して、権利を濫用したものと認められる場合には、その出向命令は無効になります（労働契約法14条）。

■出産（しゅっさん）
　健康保険では妊娠4か月以上のお産（子どもを産むこと）のことを出産といいます。4か月以上であれば流産、早産、死産、人工中絶も含みます。健康保険法では出産のことを分娩といいます。

■出産育児一時金（しゅっさんいくじいちじきん）
　健康保険の被保険者が妊娠4か月以上で出産（分娩）したときに支給される一時金のことです。支給額は胎児1児につき42万円です。産科医療補償制度（出産時の事故で重度の脳性麻痺児が生まれた場合に補償を行う制度）に加入していない医療機関で平成26年以前に出産した場合は39万円、平成27年以降に出産した場合は40万4000円です。

■出産手当金（しゅっさんてあてきん）
　健康保険の被保険者が出産のため、休業することによって、賃金を得ることができなかった場合（または減額された場合）に支給される手当金です。出産手当金の支給額は、休業1日につき標準報酬日額（標準報酬月額の30分の1の額）の3分の2相当額です。

■ジョイントベンチャー（じょいんとべんちゃー）
　建設工事において、複数の事業者が共同連帯して仕事を行うことをジョイントベンチャーといいます。略して「JV」とも呼ばれています。ジョイントベンチャーでは、複数の元方事業者が存在することになります。そのため、労働安全衛生法では、一人の代表者を決めて、都道府県労働局長へ届け出なければならない、という規定を置いています。

■障害一時金（しょうがいいちじきん）
① 年金給付について、共済組合員に支給される給付のひとつです。厚生年金の障害手当金と同様の一時金です。支給事由も、障害手当金の支給事由と概ね共通します。
② 労災保険において、通勤中の負傷・疾病により、治ゆした後、障害等級第8級から第14級の障害が残った場合に支給される一時金を障害一時金といいます。

■障害基礎年金（しょうがいきそねんきん）
障害を支給事由とする国民年金の給付です。
障害基礎年金は、次の要件をすべて満たしている場合に支給されます。
ⓐ 病気やケガで診察を最初に受けた日（初診日）に国民年金に加入している、または、過去に国民年金の加入者であった60歳から65歳の人で、日本国内に在住している
ⓑ 初診日から1年6か月を経過した日または治癒した日（障害認定日）に障害等級が1級または2級に該当する
ⓒ 初診日の前日に保険料納付要件を満たしている（初診日の月の前々月までに国民年金の加入者であったときは、前加入期間のうち、保険料の納付期間と免除期間が3分の2以上あること。初診日の日付による特例があります）

■障害厚生年金（しょうがいこうせいねんきん）
厚生年金の被保険者の障害の程度が障害等級1～3級に該当する場合に支給される年金です。
障害厚生年金は、障害の原因となる傷病の初診日において、厚生年金の被保険者であることが支給要件になります。さらにその初診日の前日において保険料をきちんと納付していなければなりません。具体的には、初診日の属する前々月までに国民年金の被保険者期間があるときは、保険料納付済みの月と免除されている月の合計が、期間の3分の2以上あることが必要です（初診日の日付により特例があります）。さらに原因の傷病が治った日、あるいは初診日から1年6か月が経過した日が障害認定日となりますが、障害認定日に障害等級が1級から3級に該当する程度の障害であることが必要です。

■障害者控除（しょうがいしゃこうじょ）
本人が障害者である場合や、扶養している配偶者が障害者である場合などに、一定の所得控除を受けられるという制度のことをいいます。
障害者控除を受けられる障害者のうち、特に重度の障害がある者は、特別障害者として、より手厚い優遇措置を受けることができます。控除額は、27万円（特別障害者の場合は40万円）です。

■障害者雇用納付金（しょうがいしゃこようのうふきん）
独立行政法人高齢・障害・求職者雇用支援機構が、障害者の法定雇用率を達成していない会社から徴収する納付金のことを、障害者雇用納付金といいます。
常用労働者が101人以上の会社で法定雇用率を達成していない場合は、不足している障害者1人につき月額5万円の障害者雇用納付金を納めなければなりません。一方、法定雇用率以上に障害者を雇用している会社には、障害者雇用調整金が支給されます。

■障害者差別解消法（しょうがいしゃさべつかいしょうほう）
障害者の人権を保護するため、障害が原因で行われる差別を解消するための内容が定められた法律で、平成28年4月より施行されました。具体的には、障害のある者をそれを理由に入店拒否したり、

病院で診療をさせないなどの行為を禁止しています。また、バリアフリーやスロープの設置など、障害者が安心して生活できるような配慮も求めています。

■障害手当金（しょうがいてあてきん）

　厚生年金保険の被保険者が疾病または負傷し、5年を経過する前に治ゆした場合に、障害等級1〜3級に該当しない程度の障害が残った際に支給される一時金のことです。ただし、公的年金を受給している者や、同じ傷病において労災保険より災害補償を受給している者は受け取ることができません。

■障害補償給付（しょうがいほしょうきゅうふ）

　業務災害で、障害が残った時に給付される障害補償年金と障害補償一時金をまとめて障害補償給付といいます。労災保険給付のひとつです。

　業務中に、疾病、負傷を負い、治癒した後に障害が残ることがあります。その障害は労働能力の喪失程度によって14の等級に分類され、第1級から第7級の重度の場合は障害補償年金が、第8級から第14級の軽度の場合は障害補償一時金がそれぞれ支給されます。障害補償給付の額については、労働災害発生日以前3か月間の平均賃金による給付基礎日額により、等級ごとに年金額、一時金額を決定します。

　なお、通勤中の災害によって同様の障害を負った場合には障害給付が支給されます。給付内容は障害補償給付と同様です。障害補償給付と障害給付をあわせて障害（補償）給付と表現することもあり

ます。

■昇格／昇進（しょうかく／しょうしん）

　企業内において定められた等級が上昇することを昇格といいます。労働者の年齢、経験、成績などをもとに区分された等級制度をもとに、人事考課や試験、研修などを受けることで新たに上の等級が与えられます。逆に、等級を懲戒処分などに応じて下げることを降格といいます。

　一方、企業内における地位が上昇することを昇進といいます。たとえば、課長職より部長職へ変更することなどが挙げられます。具体的には、企業内での指揮命令系統の中で上位を占めることをいいます。休2日制とは1週おきに休日を2日設ける制度です。その他に、月1〜3回程度週休2日とするといった変形週休2日制の企業もあります。逆に、部長職から課長職へ変更することも、昇格の場合と同じく「降格」といいます。

■試用期間（しようきかん）

　正規社員を採用する際に、入社後の一定の期間（通常は1〜3か月程度）を、人物や能力を評価して本採用するかどうかを判断するための期間とします。この期間を試用期間といいます。この期間に不適格と判断されれば途中で解雇するか、または、期間終了時に本採用しないというものです。

■小規模企業共済等掛金控除（しょうきぼきぎょうきょうさいとうかけきんこうじょ）

　小規模企業共済法が定めている共済契約の掛金や、確定拠出年金法で定められ

ている個人型年金の掛金、心身障害者扶養共済制度の掛金を支払った場合に、所得控除を受けることができるという制度のことをいいます。

控除される金額は、納税者がその年の1月1日から12月31日までに支払った掛金の全額となっています。

■使用者（しようしゃ）

事業主または事業の経営担当者その他その事業の労働者に関する事項について、事業主のために行為をするすべての者です（労働基準法10条）。一般的に使用されている意味より範囲が広いといえますが、これは、現実に労働者の権利を左右する立場にある人すべてに労働法上の責任を負わせようとするためで、たとえば事業主に雇われている人であっても労働者を指揮・監督する立場にある人は使用者となります。

■使用者責任（しようしゃせきにん）

被用者（従業員）が仕事で運転中に事故を起こした場合など、被用者が職務行為をするにあたって他人に損害を与えたときに、会社の使用者（経営者）が負わされる責任です（民法715条）。使用者は、従業員を雇うことによって、経済活動を拡大し利益を得ています。そのため、利益を得ている者がリスクを負うべきとの考え方から、使用者に損害賠償責任を負わせる意味合いがあります。

被害者は、被用者に対して損害賠償請求をすることもできますが、従業員は会社の経営者の指示の下で動いているので、使用者に対しても損害賠償請求ができるものとされています。

使用者と被用者の間に雇用関係があり、被用者が不法行為を行った場合に使用者責任があると認められます。

■使用人（しようにん）

会社と雇用契約を締結している労働者や従業員のことです。特定の企業に従属して営業活動を補助する者を特に商業使用人といいます（商法20条、会社法10条以下）。支配人などが商業使用人に該当します。

■傷病手当（しょうびょうてあて）

失業者（一定の要件に該当する一般被保険者に限ります）が継続して15日以上の期間、傷病等により職業に就けない場合に基本手当に代えて支給される雇用保険の手当です。健康保険制度の傷病手当金と名称が似ていますが、雇用保険による失業者を対象とした手当です。

雇用保険の求職者給付の基本手当は、雇用保険の受給資格があり、労働する能力と意欲がある者に支給されます。そのため傷病により継続して15日以上職業に就けない状態では、労働する能力が欠けてしまいます。そのため、基本手当の支給対象ではなくなります。しかし、その間無収入になってしまうため、生活の安定を図るために傷病手当が支給されます。

なお、傷病手当を受給したときは、基本手当を支給されたものとみなされますので、全体として受給できる日数は傷病手当のない者と変わりません。また、職業につけない状態が30日以上に及ぶ場合は、傷病手当を受給せずに基本手当の受給期間を延長することもできます。

■傷病手当金（しょうびょうてあてきん）

健康保険の被保険者が業務外の事由による傷病のため労務不能となったときに支給されます。雇用保険の傷病手当と似ていますが、健康保険の被保険者を対象とした手当金で、被保険者が休業せざるを得ない場合、被保険者の賃金を補てんする位置付けで支給されます。

傷病手当金を受給するためには、療養のため労務に服することができなくなり、継続する3日経過していることが必要です。この3日間（待期期間）は、傷病手当金が支給されません。ただし、労務に服していなければよく、無給の欠勤でも有給の休暇でもどちらでもかまいません。

支給額は、1日につき標準報酬日額の3分の2相当額で、最長1年6か月支給されます。なお、傷病手当金の支給要件として、労務不能により、報酬を受けていないことがあります。報酬の一部が支給された場合、その額が傷病手当金の支給額よりも少ない場合は、その差額が支給されます。

■傷病補償年金（しょうびょうほしょうねんきん）

労災事故による療養開始後1年6か月経過して治ゆせず、傷病等級（第1～第3級）に該当するときに、給付基礎日額の313～245日分の範囲で支給される年金です。

なお、業務ではなく、通勤中のケガ・病気が原因で同様の状態に至った場合、傷病年金が支給されます。傷病補償年金と傷病年金をあわせて傷病（補償）年金と表現することもあります。

■賞与（しょうよ）

賞与は特別な給与でボーナスともいいます。日本では毎月の給与（月給）とは別に年に2回、夏と冬に支給されることが多いようです。

一般には過去の労働に対する報酬という意味があります。夏季と冬季の年2回の支給としているところや企業によっては決算賞与を支給するところもあります。使用者側の位置付けとして、功労のあった労働者に対し、恩恵的に支給すると考えることがある一方、労働者側は、生活費の一部として組み込んで考えており、住宅ローンの支払を賞与支給月は多くするようなケースも多くあります。

労働基準法では、就業規則、賃金規程に明記している場合は、使用者に支払義務が生じるとしています。そのため、就業規則等には、金額などの具体的事項は記載せず、また「業績不振のときは支給しない」趣旨の記載をすることが多いようです。

■常用就職支度手当（じょうようしゅうしょくしたくてあて）

障害者等の就職が困難な者が安定した職に就いた場合に支給される雇用保険の手当です。

■賞与支払届（しょうよしはらいとどけ）

従業員に賞与が支給された際に、事業主が日本年金機構へ提出する書類で、提出期限は賞与支給日より5日以内です。

賞与支給日や支給された従業員名とその生年月日、支給額などを記載して提出することで、社会保険料を計算する元となる標準賞与額が算出されます。

■**賞与支払届総括表（しょうよしはらいとどけそうかつひょう）**

賞与支払届と同時に提出する書類のことで、提出期限は賞与支払届と同じく賞与支給日より5日以内です。

事業所名や賞与支払月、支給した賞与の総額や支払人数、賞与の名称などを記載します。

■**所轄（しょかつ）**

自身の居住地を担当する行政機関などを呼ぶ際に用いる、「所在地を管轄する」ことの略語です。税金を納税する際には「所轄税務署」を、労働保険料を納付する際には「所轄労働基準監督署」を通して行うことになります。

■**職業性疾病（しょくぎょうせいしっぺい）**

特定の職業に従事することで発症しやすくなる病気の総称です。

一般的に職業において、長期間にわたり何らかの有害作用を受けることにがあります。たとえばタクシー運転手などは、長時間運転席に座りっぱなしとなります。それにより脚の血流が悪くなりエコノミー症候群にかかることがあると言われています。また原子力施設で作業をすると、徐々に放射性物質に被曝し、やがて健康被害を受けることもあります。

症状には急性のものと慢性のものがありますが、その職業に就く人に顕著に見られる疾病を職業性疾病、あるいは労働基準法上「業務上疾病」といいます。

■**嘱託社員（しょくたくしゃいん）**

業務を委託された社員（労働者）のことです。一種の契約社員ですが、一般的には定年で退職する労働者のうち再雇用される者のことをさします。

■**職長教育（しょくちょうきょういく）**

安全衛生教育の一つで、職長または職長に相当する者に対して行われる教育のことです。政令で定める建設業、電気業、ガス業、自動車整備業、機械修理業で職務を開始することになった職長に対して、安全・衛生にまつわる教育が行われます。

厚生労働省令により、教育の事項や教育にかける時間などが詳細にわたり定められています。

■**職能資格制度（しょくのうしかくせいど）**

従業員の職務遂行能力（職能）に応じて社内独自の格付け（職能資格等級という資格付け）をして、その格付けを基準にして賃金などの基本的な人事処遇を決定するしくみのことです。ここでの資格という意味は、あくまでも企業独自の定義で決められた資格等級のことです。

■**職務給／職能給／職種給（しょくむきゅう／しょくのうきゅう／しょくしゅきゅう）**

職務給は、職務の難易度により決定される賃金で、職能給は職務遂行能力により決定される賃金です。職種給は、職種そのものの違いにより決定される賃金です。

職務給は、その職務の難易度、必要な労力により決定されるため、すべての職務について職務分析、職務評価をしなければなりません。そして本来は同一の職務については、同一賃金が原則ですが、ある程度の幅が設定されることがあります。

職能給は、職務遂行能力を基準に決定され、同一の能力には同一賃金が原則となります。職能給を導入するにあたり、資格等級制度等を整備する企業も多いようです。

職種給は職種ごとに決定されるもので、世間相場で決定されることが多いといえます。

■職務発明（しょくむはつめい）

企業や官庁などの研究機関に所属する従業員が行った発明のことです。企業や官庁が特許を出願する場合、発明者は、法人ではなく個人や複数の個人である必要があるため、本来は従業員が発明者となり、その発明者が所属する企業などに特許を譲渡するという形式をとります。

しかし、この方法では権利の帰属が不安定となり、従業員と企業等との間で紛争の原因になるケースがありました。そこで特許法は、就業規則等において、あらかじめ使用者等が特許を受ける権利を取得すると定めた場合には、特許権は発生時点から企業等に帰属するという規定を置いています。

なお、従業者等が特許を受ける権利などを企業等に取得させた場合には、相当の金銭等の利益を受ける権利が認められています。

■女性活躍推進法（じょせいかつやくすいしんほう）

正式には「女性の職業生活における活躍の推進に関する法律」といいます。平成27年8月に成立した法律で、職場でより多くの女性が活躍することができるような環境を整えるために定められました。

この法律により、各企業は、平成28年4月1日までに職場での女性の活躍状況を調査・把握した上で、女性の活躍を推進するための計画を策定し、公表することが義務付けられています。対象は301人以上の従業員を雇ういわゆる大企業で、これより少人数の従業員を雇う企業は努力義務とされています。

■所定給付日数（しょていきゅうふにっすう）

雇用保険の求職者給付を受けることのできる日数のことです。失業理由や保険加入期間によって異なります。たとえば、離職時に45歳以上60歳未満の者で、被保険者であった期間が20年以上ある場合、基本手当の所定給付日数は330日です。

■所定労働時間（しょていろうどうじかん）

雇用契約や就業規則で定められた労働時間のことです。原則として所定労働時間は1日8時間以内にしなければなりません（労働基準法32条）。

■所得控除（しょとくこうじょ）

年末調整の際に所得税を算出する場合や住民税の計算時にあたり、所得額から差し引くことが許されている金額のことです。医療費控除や配偶者控除、社会保険料控除、扶養控除、寡夫控除、障害者控除など、15種類が定められています。

■ジョブ・ローテーション（じょぶ・ろーてーしょん）

あらかじめ定めた人材育成計画に沿った形で、社内の労働者を定期的に異動させ、異なる業務を経験させることです。様々な業務に携わることで職場のマンネ

リ化を防ぎ、労働者が一定のモチベーションを保ちながら仕事をすることができるというメリットがあります。また、労働者の適正を判断し、得意分野で力を発揮できるようになるため、生産性の向上も見込まれます。

■**書類送検（しょるいそうけん）**
労働基準監督署が調査により労働基準法違反を発見した場合の措置として、是正勧告では足りない深刻な場合に行う行為のことです。労働基準監督署の是正勧告書に対する無視行為やウソの報告を行った場合などに発令されます。

■**申告監督（しんこくかんとく）**
労働基準監督署が企業へ立ち入り検査を行う方法のひとつで、労働者による違反行為の内部告発や調査依頼をもとに実施されます。在職中の労働者の他、退職時にトラブルが生じた元労働者による申告のケースが多くあります。

■**人事委員会（じんじいいんかい）**
中立・公平に人事行政を処理する機関です（地方公務員法8条）。都道府県だけに置かれます。職員の昇任試験や給与の支払いに関する事務などを監督しています。

■**人事異動（じんじいどう）**
労働者の職種や勤務地を変えることです。人事異動は、効率的な人員配置をするために行われます。人事異動には大きく分けると、社内異動と労務の提供先が変わる社外異動があります。社内異動としては配転（配置転換）や転勤があり、配転とは、同じ使用者のもとで、職種や勤務内容が変更される人事異動をいいます。

■**人事考課（じんじこうか）**
社員の昇進・昇格、配置転換など、人事上の決定をする上で必要な情報を把握するために行われる評定のことを人事考課といいます。人事考課は、能力考課、業績考課、態度意欲考課の3つの内容に照らし合わせながら、客観的に行うようにします。

■**申請免除（しんせいめんじょ）**
前年の所得が少ないなど経済的な理由で保険料を納めることが困難な人のための国民年金の免除制度です。本人等からの申請により決定されます。
国民年金の保険料の免除には、法定免除と申請免除があります。法定免除は、障害基礎年金の受給権者、生活保護の生活扶助を受ける者、厚生労働省令で定める施設に入所している者が対象になります。
一方、申請免除は、前年の所得が政令で定める額より少ない者、生活保護の生活扶助以外の扶助を受ける者、障害者または寡婦で前年の所得が125万円以下の者、さらに天災その他、保険料の納付が著しく困難なときに免除されます。そしてその状況により、4分の1免除、半額免除、4分の3免除、学生納付特例、若年者納付猶予などがあります。狭義の意味では「申請免除」とは、保険料の全額が免除されることをいいます。

■**深夜労働（しんやろうどう）**
午後10時から午前5時まで（厚生労働大臣が必要と認める地域・期間については午後11時から午前6時まで）の時間帯における労働をいいます。深夜労働につ

いては、労働基準法をはじめとする法令によって一定の規制をしています（労働基準法61条など）。

す

■随時改定（ずいじかいてい）

昇給や降給などにより社会保険の標準報酬の額が大きく変動した場合において、次回の定時決定をまたずに標準報酬の改定を行うことです。

健康保険や厚生年金の保険料は、賃金に保険料率を掛けるのではなく、標準報酬月額というものを決め、その額に応じた保険料が1年間徴収されることになります。その標準報酬月額の決定方法は、第一に資格取得時、つまり入社時に想定される平均賃金から求めます。これを資格取得時決定といいます。次に雇用され続けている労働者については、7月1日現在で雇用されている者につき、その年の4月から6月の3か月の報酬を平均して標準報酬月額を決定します。これを定時決定といいます。

随時改定は、賃金の増減が著しく、資格取得時決定や定時決定で決定された標準報酬月額と保険料では現に受けている報酬とつり合わない場合に行われます。具体的には、昇給や降給があり、残業などの増減を含めて3か月の平均報酬が、今までの標準報酬月額と比べて2等級以上の差ができたときに、標準報酬月額と保険料が変更されます。

■ストレスチェック（すとれすちぇっく）

労働者の業務上の心理的負担の程度を把握するための検査の別称で、労働安全衛生法の改正により各事業者に実施が義務付けられた制度のことです。

事業者が雇用する労働者が抱えるストレスの状況を把握することと、労働者が自身のストレスの程度を把握することがストレスチェックの狙いとされています。

■スライド制（すらいどせい）

労災保険や公的年金制度において、賃金や物価の変動などを給付額に反映させる制度をスライド制といいます。

労災保険、国民年金、厚生年金保険にそれぞれの制度があります。年金などのように長期間給付を受ける場合、賃金や物価の変動等により給付の価値が下がる（または上がる）ことが予想されます。そのため、給付水準を適正に保つために物価の変動を受給金額にも反映させる制度が設けられています。この制度がスライド制です。改定率（スライド率）に基づいてスライドが行われ、給付金額が改定されます。

せ

■税額控除（ぜいがくこうじょ）

年末調整の際、算出した所得税額から控除することが可能な金額のことです。

税額控除を行うためには、一定要件を満たす必要があります。具体的には住宅ローン控除などがあり、ローンを組んでマイホームを購入した場合や、要件を満たす改修工事を行った際に認められます。

■成果主義賃金（せいかしゅぎちんぎん）

ある一定の課題を設定し、目標に対する達成度を個別に評価し、その評価に基づいて個別に賃金を決定していく制度です。

成果主義賃金制度では、成果に応じて

賃金が決定されるため、労働者の仕事に対する意欲の向上が期待できる、高い生産性を維持できる、といったメリットがあります。その反面、成果を残せないことへの不安が過度の精神的負担となる、行き過ぎた成果主義は社内の人間関係に悪影響を与える、といったデメリットも指摘されています。

■正社員（せいしゃいん）

正規に会社に雇用されている者のことを正社員といいます。正社員以外の労働形態としては、パートタイム労働者やアルバイトがあります。通常、正社員は、パートタイマー、アルバイトと比較して、給与体系や福利厚生、契約期間などの労働条件の点で厚遇されています。

■整理解雇（せいりかいこ）

経営不振による合理化など経営上の理由に伴う人員整理のことです。解雇権の濫用にあたらないように整理解雇を行うためには、ⓐ経営上、人員整理の必要性があること、ⓑ整理解雇を回避する努力をしたこと、ⓒ解雇対象者の人選に合理性があること、ⓓ労働組合や労働者と十分な協議を尽くしたことが必要とされています。

■生理休暇（せいりきゅうか）

生理日前後に就業が困難な女性に与えられる休暇のことをいいます。労働者が生理休暇を取得した日についての賃金の支払いの有無については使用者が決めることができます。無給にすることも可能です。

■セクシュアル・ハラスメント（せくしゅある・はらすめんと）

性的いやがらせのことです。一般的にセクハラと略称されています。職場のセクシュアル・ハラスメントには、対価型（仕事上のメリットを持ちだして性的関係を要求する行為など）と環境型（職場にわいせつなヌードポスターを掲示する行為などの就業環境を不快にする行為）があります。

男女雇用機会均等法は、事業主に対して、セクハラ被害に対応するための必要な体制の整備など、雇用管理上必要な措置をとることを義務付けています（男女雇用機会均等法11条）。

■是正勧告（ぜせいかんこく）

たとえば、労働基準監督署が労働基準法違反の事実を発見した場合に、違法行為を行った企業に対してそれを是正するよう指導することなどをいいます。

是正勧告は行政指導ですが、これに従わないと書類送検される可能性があります。

■是正勧告書（ぜせいかんこくしょ）

立ち入り調査を行った労働基準監督署が労働基準法違反の行為を発見した場合に、その内容を是正するよう指導するために作成する書類のことです。

是正勧告書内には、具体的な違反の内容や是正期日などが記されているため、受け取った企業側は改善策をとった上で労働基準監督署に是正の現状について報告します。

■是正報告書（ぜせいほうこくしょ）

立ち入り調査を行った労働基準監督署が労働基準法違反の行為を発見し、指導

のために是正勧告書を発行した場合に、是正を受けた企業側が改善内容を労働基準監督署へ報告するための書類です。

是正報告書には所定の様式があるものの、違反の内容やそれに対する是正内容、是正が完了した日が記載されていれば、必ずしも様式にこだわる必要はありません。

■船員保険（せんいんほけん）
海上で働く労働者（船員）を被保険者とする社会保険の制度で、一般の人の健康保険に相当する給付について規定しています。また、一般の人の労災保険に上乗せする給付についても規定しています。

もともとは雇用保険や年金に相当する部分も含む保険制度でしたが、制度の改正により、この部分は雇用保険制度や厚生年金保険制度に統合されています。

■全額払いの原則（ぜんがくばらいのげんそく）
給与支払いの5原則のひとつで、給与は定められた額の全額を必ず支払わなければならないとするルールです。

■全額免除（ぜんがくめんじょ）
厚生労働大臣に申請して承認を受けることにより国民年金保険料の納付（全額）を免除してもらう制度です。全額免除が認められるためには、本人・世帯主・配偶者の前年所得が一定額以下であることが必要です。

所得額の基準は、「（扶養親族等の数＋1）×35万円＋22万円」の算式で算出します。たとえば、単身世帯の場合、前年所得が57万円以下の場合に保険料の全額免除を申請することができます。

■全国健康保険協会（ぜんこくけんこうほけんきょうかい）
従来、国で運営されていた政府管掌健康保険を引き継ぐ目的で平成20年10月1日に設立された公法人です。東京千代田区に本部を置き、各都道府県に支部がおかれています。

■前借金相殺の禁止（ぜんしゃっきんそうさいのきんし）
使用者は、前借金その他労働することを条件とする前貸しの債権と賃金を相殺することはできません（労働基準法17条）。「前借金」とは、労働者が労働契約の締結の際、またはその後に使用者から借り入れ、将来の賃金から弁済することを約する金銭のことです。前借金相殺の禁止は、金銭貸借による労働者の身分拘束を防止し、金銭貸借と労働関係を完全に分離することを目的としています。

■専従休職（せんじゅうきゅうしょく）
労働組合の役員に専念するために休職することです。労働組合の業務は多岐に渡るため、企業で労働をしながら行うことが困難となる場合があるため、このような制度が設けられています。この場合は、労働者にとっての使用者は労働組合となり、労働組合から賃金が支給されることになります。

■専属（せんぞく）
労働安全衛生法における、その事業所のみで勤務を行うことです。具体的には、安全管理者を設ける場合はその事業所に専属の者を選任しなければならない、などの例が挙げられます。一方、専属した上でその業務にすべての勤務時間を費や

すことを「専任」といいます。

■ **専門業務型裁量労働制（せんもんぎょうむがたさいりょうろうどうせい）**

研究開発の業務等その性質上、業務の遂行の手段や時間の配分などについて、使用者が具体的な指示をしない制度です（労働基準法38条の３）。

仕事の進め方や、どの程度の時間を割くかなどの点において、使用者の判断ではなく、労働者の自主的な裁量の下で仕事を行う点で通常の労働とは異なります。

■ **専門26業種（せんもんにじゅうろくぎょうしゅ）**

労働者派遣法施行令で定められた、派遣期間制限のない26業種のことをいいます。具体的には、事務用機器操作業務・財務処理業務・取引文書作成業務・ファイリング業務などがあります。

この専門26業種の区分は、平成27年９月30日の労働者派遣法の改正によって廃止されたため、現在は他の業種と同様に期間制限の適用を受けます。ただし、改正以前の契約については、契約終了まで専門26業種として扱われます。

そ

■ **増加概算保険料（ぞうかがいさんほけんりょう）**

労働保険料の徴収について、保険料の増加が見込まれる場合に新たに申告が必要になる保険料のことです。

保険年度の中途において賃金総額等が一定額以上増大すると見込まれるときに新たに増加が見込まれる分の労働保険料を申告・納付することになります。

■ **総括安全衛生管理者（そうかつあんぜんえいせいかんりしゃ）**

事業所の安全衛生についての最高責任者です。安全管理者、衛生管理者を指揮し、安全衛生についての業務を統括管理する最高責任者です。工場長などのようにその事業所において、事業の実施を実質的に統括管理する権限および責任を有する者が該当しますが、選任義務のない事業所では、事業主がその責任を負います。安全管理者や衛生管理者と違って、特別な資格や経験は不要です。

■ **早期希望退職（そうききぼうたいしょく）**

定年前に退職を希望した労働者に対して、割増退職金を支給するなどの優遇措置をとって退職してもらうことです。法律的には、労働契約を合意解除することについての申込みの誘引ということになります。労働者側が希望をしただけでは、合意解除の申込みがあったにすぎず、使用者側の同意があってから契約が解除されます。

■ **総合振込依頼書（そうごうふりこみいらいしょ）**

給与計算において、従業員へ実際に給与の支払いを行う際に用いられます。指定された様々な振込先への振込を一括して行うことのできる「総合振込」の手続きを依頼するために使用する書類です。

■ **葬祭料（そうさいりょう）**

労働者が業務災害で死亡した場合に、葬祭を行った者に対して必要な費用を支

給する労災保険の給付です。「31万5000円＋給付基礎日額の30日分」と「給付基礎日額の60日分」のいずれか高い方が支給額になります。なお、通勤災害で死亡した場合、労災保険から葬祭給付が支給されます。支給内容は葬祭料と同様です。

■総支給額（そうしきゅうがく）
　給与計算における、控除前の支給額のことです。基本給に、家族手当や住宅手当などの各種手当や残業代などが加算された金額です。
　総支給額がそのまま従業員に支払われるわけではなく、実際には社会保険料や雇用保険料、源泉所得税、住民税などの金額が控除されて支給が行われます。

■総報酬制（そうほうしゅうせい）
　健康保険や厚生年金保険などの社会保険料を月給だけでなく賞与を含めたすべての報酬から徴収されます。これを総報酬制といいます。
　健康保険や厚生年金保険などの社会保険料は、平成15年3月まで月給（月次給与）のみから徴収され、賞与からはわずかの特別保険料が徴収されるだけでしたが（年4回以上の賞与が支給される賞与は標準報酬月額に算入されていました）、同年4月から賞与からも月次給与と同率の保険料が徴収されることになりました。月額の報酬は、標準報酬月額をもとに保険料を計算します。賞与の場合、厚生年金については150万円、健康保険については年540万円を上限とし、賞与額の1000円未満を切り捨てた額を標準賞与額として保険料が計算されます。

た

■第1号被保険者（だいいちごうひほけんしゃ）
① 国民年金において、国民年金加入者のうち、20歳以上60歳未満の自営業者とその配偶者、学生、無職の者などのことです。
② 介護保険において、市区町村の区域内に住所を有する65歳以上の者のことを第1号被保険者といいます。

■待期期間（たいききかん）
　虚偽の保険事故（疾病等、失業など）によって保険給付を受けようとすることなどを防止するために設けられた確認期間です。労災保険では通算3日間、健康保険では継続して3日間、雇用保険では通算して7日間（日雇労働被保険者は最初の1日のみ）が待期期間となっています。

■代休（だいきゅう）
　法定休日に労働させたことが前提になり、もともとの休日に出勤させ、使用者がその代償として事後に与える休日です。使用者には割増賃金の支払義務がありますが、代休を与える義務はありません。労働日と休日をあらかじめ入れ替える振替休日とは異なるものです。振替休日の場合は使用者に割増賃金の支払義務はありません。

■代行返上（だいこうへんじょう）
　厚生年金基金の給付の代行部分について、国の代わりに運用と給付を行っていた部分を国に返し、あわせて上乗せ支給している部分について確定給付企業年金に移行させることを代行返上といいます。

第2部　用語解説編

厚生年金基金については、近年運用の悪化が原因で、代行返上が相次いでいます。

■第三者行為災害（だいさんしゃこういさいがい）

被害者（またはその遺族）に、ⓐ労災保険給付の受給権と、ⓑ事故を起こした第三者（政府、事業主および労災保険の受給権者以外の加害者）に対する損害賠償請求権の両方が認められる事態のことを第三者行為災害といいます。労働者が業務中に自動車事故の被害に遭った場合、労災保険の給付と加害者に対する損害賠償請求権の両方をもちますが、このようなケースが第三者行為災害の代表例です。労災保険給付と損害賠償請求権の両方の取得を認めると、二重取りになるため、調整が行われます。

■退職（たいしょく）

労働契約が解消されるすべての場合を総称して退職といいます。主に、使用者と労働者双方の合意に基づいて行われる契約関係の終了を意味することが多いようです。種類としては自己都合退職、退職勧奨、契約期間の満了、休職期間満了後の退職、定年退職などがあります。

■退職勧奨（たいしょくかんしょう）

退職勧奨とは、もともと退職の意思のない労働者に自発的な退職の意思形成を促すことで、退職させることです。労働者がこれに応じて退職を希望すれば、法律上は、解雇には該当せず、労働契約の合意解除ということになります。労働者には退職勧奨に応じるべき法的義務はありません。

人事の刷新と業務の効率化を図る場合や、業績が厳しい場合に退職勧奨が行われます。退職勧奨は、それ自体は適法であり、対象者の人選や勧奨のための退職金の増額といった行為については使用者に裁量が認められます。しかし、過度の勧奨は退職強要となり、退職が無効となることもあります。

■退職強要（たいしょくきょうよう）

退職勧奨の仕方があまりに強引でしつこい場合など、行き過ぎた退職勧奨のことを退職強要といいます。退職勧奨も行き過ぎると不法行為となり、損害賠償（慰謝料）の請求が認められることもあります。

■退職金（たいしょくきん）

労働者の退職に伴って、勤務していた企業からその者に支給される金銭のことです。労働基準法などの法律上、確かな定義付けはありませんが、会社が就業規則や退職金規程などで退職金の支給について定めており、支給条件が明らかにされている場合には、退職金は労働者にとって重要な労働条件として保護されるべきものとなります。

退職金の法的性質としては、ⓐ長期にわたる勤務に対する会社からの慰労、ⓑ一定期間働いたことに対する賃金の後払い、ⓒ退職後の生活保障、といったものが考えられ、個々のケースごとに判断することになります。

■退職金規程（たいしょくきんきてい）

従業員の退職時に支給することとなっている退職金の支給に関するルールについて、あらかじめ定めた社内規程です。

■**退職証明書（たいしょくしょうめいしょ）**

社員が会社を退職した場合に、いつどういった経緯で退職するに至ったのかを証明する書類のことを退職証明書といいます。

社員から退職証明書の交付請求があった場合、会社は速やかに交付しなければなりません。記載内容は、会社がその社員を雇用していた期間、従事していた業務、その職場における元社員の地位、賃金または退職の事由です。退職の事由が解雇の場合には、その理由も含まれます。

ただし、会社は退職した社員が請求している事項だけを退職証明書に記載しなければなりません。したがって、その社員が解雇の理由の記載を求めなかった場合には、解雇の理由を記載することはできません。

■**退職所得（たいしょくしょとく）**

退職所得とは、退職手当、一時恩給その他の退職により一時に受ける給与およびこれらの性質を有する給与（退職手当等といいます）にかかる所得のことをいいます。一時恩給とは、恩給法の規定により公務員が3年以上勤務して普通恩給を受けることができる年数に達しないうちに退職する場合に支給される給与のことです。

退職所得の金額は、その年の退職手当等の収入金額から退職所得控除額を控除した残額の2分の1に相当する金額です。

■**タイムカード（たいむかーど）**

給与計算における、労働者の勤怠状況を管理するためのカードです。始業時や就業時に打刻することで、その日の勤務時間を洗い出すことが可能になります。タイムカードには、紙媒体のものやICカード、システム上で管理するタイプなどがあります。

■**多数該当（たすうがいとう）**

1年間に3回以上高額療養費を受けた者について、4回目から自己負担限度額を軽減するしくみのことです。

重い病気などで、医療費の自己負担額が高額になることがあります。そのような場合、1か月の自己負担額が一定の金額を超えると、その超えた分が支給されます。これを高額療養費制度といいます。高額療養費で設定する「一定の金額」は世帯の所得などにより決められています。

高額療養費として払い戻されたとしても、一定の金額までは自己負担となるため、それが頻繁にあると家計の負担が大きくなります。そこで、高額療養費が支給されるような月が1年間に3回以上もあるような場合は、4回目からは「一定の金額」つまり自己負担額が低くなります。この、1年間に高額療養費の支給が多数（3回以上）あることから、「多数該当」といわれています。

■**短期雇用特例被保険者（たんきこようとくれいひほけんしゃ）**

雇用保険法において定められた被保険者の種類のひとつです。雇用保険の加入者のうち、季節的雇用される者をいいます。ただし、ⓐ日雇労働被保険者、ⓑ4か月以内の短期雇用者、ⓒ週20時間以上30時間未満の者は短期雇用特例被保険者から除外されます。

■**短時間労働者（たんじかんろうどうしゃ）**

１週間の所定労働時間が同一の事業所に雇用される通常の労働者に比べて短い労働者のことです。

短時間労働者の名称は、企業によって様々ですが、一般的にはパートタイマーやアルバイトと呼ばれます。正規雇用の労働者を雇用するには、労働時間が余ってしまい、人件費が過度の負担になってしまう場合や、一時的に人員が必要な場合に雇用されることが多いといえます。短時間労働者にも労働基準法をはじめとする労働法の規定が適用されます。

また、短時間労働者の場合、問題となるのが、保険適用です。雇用保険では、労働時間が週に20時間以上で31日以上雇用される見込みのある労働者は雇用保険に加入することになります。健康保険や厚生年金では、正規雇用者の概ね４分の３以上の労働時間の場合、保険加入することとされていますが、さらに対象を拡大することが検討されています。

また、短時間労働者には、パートタイム労働法が適用されます。

■**男女雇用機会均等法（だんじょこようきかいきんとうほう）**

正式名称は、「雇用の分野における男女の均等な機会及び待遇の確保等に関する法律」といいます。職場における採用・配置・昇進などの人事上、男女の差別を行うことを禁止する法律です。

■**団体保険（だんたいほけん）**

団体保険とは、企業などの団体に所属する従業員や役員（所属員）を一括して加入させる保険です。企業が契約者となり、所属員が死亡したような場合に、企業もしくは所属員の遺族に対して保険金が支払われます。保険料については、企業が全額負担する場合と、企業と所属員双方で負担する場合があります。

ち

■**チェック・オフ（ちぇっく・おふ）**

会社が従業員に給料を支払う際に、労働組合費の分を天引きして、その分を労働組合に渡すことをいいます（労働基準法24条）。チェック・オフ制度は労働者の給料を減少させるものなので、法律の要件を満たした場合でなければチェック・オフをすることは許されないとされています。

■**治ゆ（ちゆ）**

治ゆとは、これ以上治療をしても傷病の改善が期待できなくなった状態をいいます。

一般的な意味で「治ゆ」とは、病気やケガが完治し、健康な状態に戻ることをさしますが、社会保険では、異なった使い方をします。労災でケガをしたり、病気にかかると、治療費が支給されたり、病気、ケガにより働けない日について、給料がもらえない分を補償してもらえます。このとき「治ゆ前」か「治ゆ後」かによって補償も異なり、どの時点を「治ゆ」とするかが重要になります。そこで傷病の状態が安定（固定）して、これ以上治療の効果が期待できない状態のことを「治ゆ」と呼び、後遺症などがある場合には、その程度に応じて障害認定がなされます。

■中間搾取の禁止（ちゅうかんさくしゅのきんし）
　労働者が就職したり仕事を継続していくことに第三者が関与し、その第三者が労働者の給料を自分のものにしてしまうなどの中間搾取をすることは禁じられています（労働基準法6条）。職業紹介、労働者募集、労働者供給をすることは、職業安定法でも規制されています。なお、人材派遣業による派遣の場合、労働契約は派遣元と労働者の間に存在するので中間搾取ではありません。

■中高齢寡婦加算（ちゅうこうれいかふかさん）
　子のいない妻や、子が18歳到達年度の末日に達したために遺族基礎年金を受給できなくなった妻が受け取ることのできる、遺族厚生年金に加算される金額のことです。子のある妻に比べて受給金額が低額になってしまうことに配慮して定められました。
　厚生年金に原則として20年以上加入していた夫が死亡した当時、その夫によって生計を維持されていた40歳以上65歳未満の妻がいる場合に、遺族厚生年金について加算が行われます。中高年寡婦年金の加算額は、生年月日を問わず、一律として「780,900円×改定率×3/4」です。

■中小企業退職金共済（ちゅうしょうきぎょうたいしょくきんきょうさい）
　中小企業の事業主が契約し、掛金を納付することで、従業員の退職の際に掛金に応じた退職金が直接従業員に支払われる制度のことです。独立行政法人勤労者退職金共済機構が運営しています。略称として中退共と呼ばれています。中小企業は、中小企業退職金共済制度と会社独自の退職金制度を併用することも可能です。

■中小企業倒産防止共済（ちゅうしょうきぎょうとうさんぼうしきょうさい）
　中小企業が、取引先が倒産することで共倒れすることを防ぐために設けられた中小機構の制度で、経営セーフティ共済ともいいます。掛金は、月に5,000円〜20万円の範囲で選択することが可能で、総額800万円に至るまでは積み立てることができます。実際に取引先が倒産し、売掛金を回収することが不可能になった場合、最大8,000万円の貸付を受けることが可能です。その他、一時貸付金制度も設けられています。

■中断（ちゅうだん）
　労災保険法上の用語で、通勤の間に通勤とは関係のない行為を行うことです。帰宅途中で映画を見たり、居酒屋で飲酒する場合などがこれに該当します。労働者が、往復の経路を逸脱し、または往復を中断した場合には、逸脱または中断の間およびその後の移動は労災保険法上は通勤とは扱われません。そのため、通勤災害にも該当しないことになり、労災保険給付の受給も認められなくなります。

■懲戒解雇（ちょうかいかいこ）
　就業規則上の懲戒処分として行われる解雇のことです。通常、解雇予告手当は支給されません（労働基準法20条1項但書）。他の解雇と比べて、本人に大きな不利益を与える処分です。そのため、判例は、懲戒解雇をすることは、簡単には

認められないとしています。

■懲戒処分（ちょうかいしょぶん）
　労働者が何らかの不祥事を起こした場合に、会社や官公署などの組織の秩序を維持するために雇用者が労働者に対して与える制裁のことです。
　懲戒の種類には、ⓐ戒告やけん責、ⓑ減給、ⓒ出勤停止、ⓓ降格人事、ⓔ諭旨退職、ⓕ懲戒解雇、などがあります。労働者が懲戒事由に該当した場合、まずは口頭による指摘から始め徐々に懲戒内容を重くしていく、という方法をとります。

■長期要件（ちょうきようけん）
　遺族厚生年金は、死亡した者が厚生年金に加入していたことが支給要件になりますが、老齢厚生年金の受給資格要件を満たす長期間（原則25年以上の期間）にわたり厚生年金に加入していた場合を長期要件といいます。短期間しか加入していなかった短期要件の場合より多くの遺族厚生年金を受給できます。
　老齢厚生年金の被保険者や受給者が生計を支えている場合で、その被保険者、受給者が死亡した場合、遺された家族に遺族厚生年金が支給されます。そのとき、老齢厚生年金の受給権者や受給資格要件を満たしている者と、受給資格要件を満たしていない者では、遺族に支給される遺族厚生年金の額の計算方法が異なります。老齢厚生年金の受給権者や受給資格要件を満たしている場合は被保険者期間も長いので長期要件といい、遺族厚生年金の額の計算において、実際の被保険者期間を用いて計算することになります。

■徴収高計算書（ちょうしゅうだかけいさんしょ）
　正式名は「所得税徴収高計算書」といい、源泉徴収義務者が源泉徴収した税額を税務署に納付するときに提出する書類です。納付書と呼ぶこともあります。
　いくつか種類がありますが、給料や賞与、退職金などから源泉徴収をした場合は、「給与所得・退職所得等の所得税徴収高計算書」を使用します。具体的には、毎月給与から源泉徴収している税額を納付するときや、年末調整後に12月分の徴収税額を納付するときに使用します。

■直接払いの原則（ちょくせつばらいのげんそく）
　給与は労働者本人に対して支払わなければならないとするルールです。直接払いの原則は、代理人が事業主と労働者本人の間に入って、給与をピンハネ（中間搾取）することを予防するためにあります。本人の使者に渡す場合などの例外があります。

■賃金（ちんぎん）
　給料だけでなく、賃金、給料、手当、賞与その他名称のいかんを問わず、労働の対償として使用者が労働者に支払うすべてものをいいます（労働基準法11条）。賃金には実際に行った労働の直接の対価だけでなく、家族手当、物価手当のように生計を補助する目的のものや、通勤手当のように労働の提供をよりよくさせるためのもの、また休業手当や年次有給休暇手当のように実際には労働しなくても法が支払を義務付けているものも含みます。

■賃金控除(ちんぎんこうじょ)
　労働基準法により、使用者は労働者に対して賃金を全額支払わなければならないという義務があります(賃金全額払いの原則といいます)。しかし、所得税や社会保険料など、法律に定めのある場合は賃金の控除が認められていることを、賃金控除といいます。その他、旅行積立金など、労使協定で定めを行うことで控除が認められるケースもあります。

■賃金支払基礎日数(ちんぎんしはらいきそにっすう)
　賃金支払基礎日数とは、給与の支払対象となる日数のことです。同じ暦日数で、同じ出勤日数でも、日給の場合は休日が除外され、固定月給の場合は休日も含まれます。なお、日給の場合、出勤日だけでなく有給休暇を取得した日についても賃金支払基礎日数に含まれます。また、会社都合で休業したため、休業手当を受けた日も賃金支払基礎日数にカウントされます。
　失業して求職者給付を受給する場合、通常、離職日から遡って2年間に12か月の被保険者期間が必要になります。離職日から1か月ずつ遡り、それぞれの1か月の中に賃金支払基礎日数が何日あるかについて判断します。2年間で賃金支払基礎日数が11日以上ある月が12回あることが必要になります。

■賃金台帳(ちんぎんだいちょう)
　事業主に雇用された従業員の賃金を算出するために必要な事項や賃金額が記された帳簿のことで、給与計算を行う際に作成されます。
　労働基準法により、記載項目が定められており、たとえば賃金額、氏名、性別、賃金計算期間、労働日数、労働時間などの項目があります。賃金台帳は、労働基準法において作成が義務付けられた給与書類のひとつで、作成より3年間は保存しなければなりません。

■賃金日額(ちんぎんにちがく)
　雇用保険の給付額を計算するにあたり、失業する以前の1日当たりの賃金を賃金日額といいます。
　失業すると雇用保険から求職者給付(失業手当)が給付されます。給付額は、1日当たりの金額に所定給付日数を掛けたものが給付されます。この1日当たりの金額を基本手当の日額といいます。賃金日額の5割から8割となります。賃金日額は、被保険者期間として計算された最後の6か月間の賃金の総額(賞与など3か月を超える期間ごとに支払われる賃金および臨時に支払われる賃金を除く)を180で割った金額です。また、低所得者や高所得者のバランスを考え、賃金日額には、下限額と上限額が定められています。なお、日給や時給、あるいは出来高払などの場合は、賃金日額が低額になるおそれがあるため、特例措置が設けられています。

■賃金の非常時払い(ちんぎんのひじょうじばらい)
　労働基準法によると、賃金は定められた支払期日に支払われることが原則とされています。しかし、労働者が非常時に陥った場合(出産、疾病、災害、その他厚生労働省令で定められた場合など)には支払期日前に賃金を支払うことが義務付けられています。

つ

■追徴金（ついちょうきん）

　労働保険の保険料を申告しなかった場合に、制裁金として課せられるものを追徴金といいます。

　雇用保険や労災の保険料は労働保険料として、雇用保険料の労働者負担分を含めて、年に1回、確定保険料および概算保険料を申告します。企業の事業形態や保険料の金額などにより、納付方法は異なりますが、法律の定めるところにより定められた期限までに保険料を納付しなければなりません。しかし企業が確定保険料を申告しないこともあり、その場合は政府が確定保険料の額を認定します。この場合、納付すべき額の100分の10（印紙保険料の場合は100分の25）が追徴金として徴収されます。ただし、天災事変その他やむを得ない理由により、保険料を納付できなかった場合や、納付すべき保険料が1000円未満のときは、追徴金は徴収されません。

　なお、税金についても、確定申告の際に届け出た税額と修正申告や更正処分によって算出された税額の差額分を徴収されることがあり、そのように行われる徴収を追徴といいます。

■通貨払いの原則（つうかばらいのげんそく）

　給与は通貨（日本円の現金）で支払わなければならないという原則のことです。ドルなどの外国の通貨で支払うことも、手形・小切手で支払うこともできません。自社製品や商品を労働者に支給すること（現物支給）もできません。ただし、ⓐ各労働者の同意がある場合は、給与を労働者の預貯金口座に振り込むこと（同意は書面でも口頭でもよい）、ⓑ労働協約（会社と労働組合との間で締結した約束ごと）に定めがある場合は、通勤定期券や自社製品などによる現物支給ができる、ⓒ退職金については、労働者の同意を得て銀行振出小切手や支払保証小切手、郵便為替での支払ができる、という例外があります。

■通勤（つうきん）

　通勤とは、労働者が、次に掲げる移動を、合理的な経路および方法により行うことをいいます。仕事に向かう途中あるいは仕事を終えた後の移動です。また、業務の性質を有するものは除かれます（労働者災害補償保険法7条2項）。
ⓐ　住居と就業先との間の往復
ⓑ　厚生労働省令で定める就業の場所から他の就業の場所への移動（たとえば、A社からB社へと向かう途中のことです）
ⓒ　ⓐに掲げる往復に先行し、または後続する住居間の移動（たとえば、単身赴任者が赴任先から帰省先へ向かう移動です。もっとも、厚生労働省令で定める要件に該当するものに限られています）

■通勤災害（つうきんさいがい）

　労働者が通勤中に被った負傷、疾病、障害、死亡のことです。

　通勤災害として認定されるためには、負傷や疾病が通勤と相当因果関係があることが必要になります。会社の帰りであっても、寄り道して飲酒し、その結果、事故にあったり、全然異なる経路に寄り道して事故にあったような場合には、「通勤による」とはされません。労災保険で

は、通勤について細かく定義しています。まず、会社への往復であっても「就業のため」に行ったものでなければなりません。また、通勤経路も合理的な経路および方法であることが必要です。いつもと異なる経路であっても、たまたま工事をしていて迂回をしたような場合は、「合理的」とされます。

また、通勤途上で、日常生活上必要な買い物程度であれば、買い物終了後は通勤とみなされますが、飲酒や映画鑑賞などはその時点で通勤途上とはみなされなくなります。

■通勤手当（つうきんてあて）

給与計算の際に必要となる項目のひとつで、通勤の際に要する費用を会社が支給する際に使用されます。なお、所得税法によって定められた一定額までの通勤手当は非課税となります。通勤手当については必ずしも雇主が全額負担をする義務はなく、会社によって全額負担、一部負担、負担なしなどに分類されます。

■通知カード（つうちかーど）

マイナンバーを通知する紙製のカードのことです。住民票を有するすべての住民に郵送されます。通知カードには、マイナンバーの他、氏名、住所、生年月日、性別が記載されています。マイナンバーカードの交付を受ける場合は、通知カードを市区町村に返納することになっています。

■積立方式（つみたてほうしき）

賦課方式とは異なり、将来の年金給付に必要な資金をあらかじめ保険料で積み立てておく方式のことです。現役世代が徐々に減少していく少子高齢化の状況で、年金制度を維持していくためには積立方式への移行が必要という意見もあります。

て

■定期監督（ていきかんとく）

労働基準監督署が企業へ立ち入り検査を行う方法のひとつです。労働基準監督署が年度ごとに定めるテーマに沿って行う調査のことです。昨今では、未払残業代や長時間労働に対する調査が多く実施されています。

■定期健康診断（ていきけんこうしんだん）

労働安全衛生法において、常時雇用する労働者に1年以内ごとに1回以上の定期的な実施が義務付けられた健康診断のことです。ただし、特定業務従事者の場合は、特定業務従事者専用の健康診断受診義務があるため、対象からは除外されます。

■定時決定（ていじけってい）

年に1回、社会保険の保険料を決定する手続きを定時決定といいます。

健康保険や厚生年金の保険料は、給与を支払うたびに計算するのではなく、毎月どの程度の給与を支給されているかを示す標準報酬月額を決定し、それに応じた保険料を原則として1年間支払うことになります。資格取得したばかり（入社したばかり）の人や、給与が大幅に変更になり随時改定をした人を除き、毎年7月1日現在において、その事業所に在籍する労働者の4、5、6月の給与額を基

準にします。この3か月の給与から1か月当たりの平均の給与を計算し、標準報酬月額の該当する等級にあてはめ、その年の9月から翌年の8月までの保険料を決定します。この一連の手続きを定時決定といいます。

■定昇／ベア（ていしょう／べあ）

いずれも昇給の際に用いられる方法で、併用した昇給の場合もあれば、いずれか一方が用いられた昇給の場合もあります。

定昇とは正式には「定期昇給」といい、各会社に応じた賃金規程に定められたルールをもとに、定期的な昇給を行うことです。たとえば、年齢に応じた年齢給、勤続年数に応じた勤続給、業務成績に応じた昇給などが挙げられます。一方、ベアとは正式には「ベースアップ」といい、昇給のもとになる金額自体を引き上げることです。一律金額に基づいたベースアップの場合は、従業員全体の賃金を一定金額引き上げます。平均値に基づいたベースアップの場合は、従業員全体の増額分が平均して同額になるように引き上げられます。

■停職（ていしょく）

懲戒処分として一定期間出勤させないという処分です。具体的には、自宅謹慎や懲戒休職などがあります。その間は給料が支払われないため、結果としてその間減収となります。出勤停止は2週間以内程度とするのが一般的です。

■出来高払い（できだかばらい）

歩合給、出来高給ともいいます。こなした作業（仕事）分に対応する給与を支給するという給与支払形態のことです。

ただし、労務を提供した以上、その仕事量が少ない場合であっても、一定額の賃金の支払いは保障されています（労働基準法27条）。これを保障給といいます。労働基準法では保障給の基準は定められていませんが、平均賃金の100分の60程度は保障すべきだというのが厚生労働省労働基準局の見解です。

■適用事業（てきようじぎょう）

労働保険を労働者に適用するにあたり、どのような事業所に雇用されている労働者を対象にするかという区分として、対象とされる一定の要件を満たす事業を適用事業といいます。

適用事業では、労災保険や雇用保険の対象となりますので、保険料が徴収され、保険事案が発生した場合に、所定の給付を受けることができます。労働保険（労災保険と雇用保険）では1人でも労働者を使用するときは一部の例外（暫定任意適用事業）を除いて強制的に適用事業となります。なお、社会保険の各法律では、保険が適用される事業につき、「適用事業所」と「所」をつけて表記します。

■適用除外（てきようじょがい）

一定の場合に法律の適用が除外されることをいいます。たとえば、労働基準法の規定はすべての事業所、すべての労働者に適用されるのが原則ですが、一部適用されない対象があり、これを適用除外といいます。

労働基準法では原則として労働時間については1日8時間、1週40時間までとし、休日については毎週1回与えることとしています。しかし警察や消防に代表

されるように、一定の事業では厳格に労働時間の規定を適用すると事業が成り立たなくなってしまいます。そのため、一定の場合にはこれらの規定の適用を除外するとしています。

また、社会保険、労働保険において、本来適用事業所に該当する場合であっても、被保険者としないことを「適用除外」という言葉で表現します。特殊な業種であるために適用事業所としない場合や、本来雇用保険の被保険者となるべき者が、高年齢のため、離職を保険で担保することが必ずしも適切でないなどの事情がある場合に、「適用除外」とされます。

■手待時間（てまちじかん）

業務が発生したときには直ちに作業を行えるよう待機している時間のことです。実際に仕事はしていなくても、労働者側からすれば私的な活動を制限されているため、手待時間は、「労働者が使用者の指揮監督のもとにある時間」と考えられ、労働時間とみなされます。

■テレワーク（てれわーく）

遠く離れたところ（TELE）で仕事を行うこと（WORK）という意味です。「情報通信技術（IT）を利用した場所・時間にとらわれない働き方」をさします。会社や職場ではなく自宅などでクライアント（業務発注者）と連絡を取り合いながら仕事を進めていくような働き方などがこれにあたります。

■転記（てんき）

ある帳簿に記載された内容を他の帳簿などへ写す作業のことです。

具体的には、日々の取引内容が記された仕訳帳への記載が終了した時点で、勘定科目ごとにまとめて総勘定元帳へ書き換えることをいいます。

■転給（てんきゅう）

労災保険の遺族補償年金・遺族年金は受給資格者のうち、最先順位者（受給権者）に支給されますが、その遺族が受給権者でなくなった場合、受給権は次順位者に移ります。これを転給といいます。労災独自の制度であり、受給資格者の全員が失権するまで行われます。

■転勤（てんきん）

配転のうち、勤務地の変更を伴うものです。勤務地が労働契約で定まっていない場合の配転命令は、業務上の必要性や労働者の不利益を考慮した上で有効性を判断します。また、現地採用者やパート社員などのように採用時に勤務地が限定されている場合は、本人の同意なしに一方的に出された配転命令は無効とされます。

■電子申請（でんししんせい）

インターネットを利用して行政手続上の申請をすることを、電子申請といいます。

社会保険や労働保険の手続きの多くは、イーガブ（e-Gov）という電子政府の総合窓口を利用して電子申請することができます。グループ申請という機能を利用すれば、複数の手続きをまとめて行うこともできます。なお、電子申請を行う場合には、申請データに対する電子署名をしなければなりません。この電子署名をするには、認証局が発行する電子証明書が必要になります。

■ **店社安全衛生管理者（てんしゃあんぜんえいせいかんりしゃ）**

小規模な建設現場において、労働者の安全を確保するために、元請負人と下請負人の連携をとりながら事業所の安全衛生の管理をする人を店社安全衛生管理者といいます。

建設現場などでは、同一の場所で異なる事業者に雇用された労働者が作業を行うことがあります。大規模な建設現場では、元請負人と下請負人の連携が円滑にいくように、統括安全衛生責任者、元方安全衛生管理者、安全衛生責任者の選任を義務付けて、作業間の連絡、調整などを行います。小規模作業現場ではこれらの管理者を選任しなくてもよいことになっていますが、やはり元請負人と下請負人が存在し、その連携が労働災害を左右します。そこで、中小規模の建設現場においても労働災害を防止するため、統括安全衛生責任者等の管理者の代わりに店社安全衛生管理者を選任することが義務付けられています。

■ **転籍（てんせき）**

元の会社の労働者としての地位も失う人事異動のことです。雇用先企業から他の企業に籍を移して勤務するもので「移籍出向」ともいわれています。

と

■ **同一労働・同一賃金法（どういつろうどう・どういつちんぎんほう）**

正式名を「労働者の職務に応じた待遇の確保等のための施策の推進に関する法律」といい、同一労働・同一賃金推進法と呼ぶ場合もあります。

平成27年9月に成立した法律で、正社員と派遣社員の待遇格差を解消するために定められました。同じ水準の労働を行う場合は、正社員・非正規社員問わず、同じ賃金を支払うべきという考え方に基づきます。

■ **統括安全衛生責任者（とうかつあんぜんえいせいせきにんしゃ）**

同一の場所で事業者の異なる労働者が作業する建設現場などで、元請負人と下請負人の連携をとりながら、労働者の安全衛生を確保するための責任者を統括安全衛生責任者といいます。建設現場などでは、元請負人を頂点に数次の請負が行われ、下請負、そのまた下請負と、複数の事業者に雇用された労働者が一つの作業場で作業をします。そのため作業間の連絡、調整が不十分になりがちで労働災害が発生しやすくなります。そこで、そのような事態を防止するため、請負にかかる建設業および造船業で、労働者数が常時50人以上（ずい道等の建設、橋梁の建設、圧気工法による作業では常時30人以上）の場合、統括安全衛生責任者を選任して協議組織の設置および運営、作業間の連絡、調整、作業場所の巡視をすることが義務付けられています。

■ **当月引去（とうげつひきさり）**

当月にかかる保険料を、その月の給与から控除する方法のことです。給与計算の際には、自身の会社が当月引去か翌月引去かを事前に確認する必要があります。

たとえば、20日締め・翌月10日払いの方法を取る会社に、4月1日に新入社員が入社した場合は、4月分の保険料は5月10日支給分で控除することになります。

■同日得喪（どうじつとくそう）
　定年後に再雇用される者について、被保険者資格の喪失と同時に新しく被保険者の資格を取得させる特例のことです。

■特定機械等（とくていきかいとう）
　労働安全衛生法において、特に危険で有害な作業が必要となる機械・器具・その他設備で、製造・流通・使用における規制のあるもののことです。
　たとえば、特定機械等に該当するクレーンを製造する場合は、都道府県労働局長の許可が必要になります。

■特定業務従事者（とくていぎょうむじゅうじしゃ）
　労働安全衛生法における、配置換え時もしくは半年に一度の定期健康診断が必要とされる業務に従事する者のことです。
　なお、胸部エックス線検査や喀痰検査は1年に一度の検査が認められています。

■特定個人情報（とくていこじんじょうほう）
　取扱いに配慮を要する個人情報のうち、個人番号（マイナンバー）を含む情報のことです。個人情報の場合は個人情報保護法の規制を受けますが、特定個人情報の場合はマイナンバー法の規制を受け、利用目的の制限や取扱いについての特別な配慮が必要になります。

■特定支出（とくていししゅつ）
　給与を得るために必要であるとされる支出のことです。特定支出額の年間合計が給与所得控除額を超える場合は、確定申告の際に超過分を差し引くことが可能になります。特定支出の種類には、通勤費や転居費、研修費、資格取得費、帰宅旅費などが挙げられます。

■特定疾病（とくていしっぺい）
　公的保険の介護保険や健康保険、民営の生命保険などの各保険において、その特殊性から他の疾病とは異なる扱いを受ける疾病をいいます。何を特定疾病に指定するかは、それぞれの保険領域、つまり何を保険の対象とするかによって異なります。
　介護保険では、その病気を患った場合に介護の対象として認定が行われる疾病で、ガン（末期）や初老期における認知症などが特定疾病となります。健康保険では、人工透析を必要とする慢性腎不全や血友病、あるいは後天性免疫不全症候群など、長期間にわたる医療を必要とする疾病が対象となり、自己負担額の上限を設定しています。生命保険では、ガン、急性心筋梗塞、脳卒中の三大疾患が、保険金の支払において死亡と同様に扱われることがあります。

■特定受給資格者（とくていじゅきゅうしかくしゃ）
　雇用保険の失業等給付の受給要件や受給額について特別な取扱いを受ける者のことです。勤務先の倒産や解雇などによって再就職先を探す時間も与えられないまま離職を余儀なくされた人や、賃金が85％未満に低下したために離職した者など、会社を辞めざるを得なくなった人が特定受給資格者と判断されます。特定受給資格者に該当すると、自主退職者などの一般の受給資格者に比べて基本手当の受給日数が長くなることがあります。

■特定の寡婦（とくていのかふ）
　夫と死別、離婚、生死不明により別離しており、子を扶養し、合計の所得金額が500万円以下である寡婦のことです。
　特定の寡婦に該当した場合、寡婦控除の額が27万円に8万円を上乗せした35万円となります。

■特定元方事業者（とくていもとかたじぎょうしゃ）
　特定事業を行う元方事業者（最初に注文主から仕事を引き受けた事業主）のことを、特定元方事業者といいます。なお、特定事業とは、建設業や造船業のことをいいます。特定元方事業者は、労働者や請負人に対して生じる労働災害を防止するために、協議組織の設置と運営、作業間の連絡と調整、作業場の巡視などの措置を講じる必要があります。

■特別加入（とくべつかにゅう）
　本来労災保険が適用されない会社の代表者や個人事業主などであっても、現実の就労実態から考えて一定の要件に該当する場合には、例外的に特別に労災保険への加入を認める制度です。特別加入できる対象者（特別加入者）は以下の3種類です。
・第1種特別加入者
　中小企業の事業主（代表者）とその家族従事者、その会社の役員
・第2種特別加入者
　個人タクシー、左官などの一人親方、災害発生率の高い作業（特定作業）に従事している特定作業従事者
・第3種特別加入者
　海外に派遣されて勤務する労働者

■特別加入保険料（とくべつかにゅうほけんりょう）
　特別加入者にかかる労働保険料（労災保険のみ）で、第1種から第3種まであります。第1種特別加入保険料とは、労災保険の中小事業主等の特別加入者についての保険料です。第2種特別加入保険料とは、労災保険の一人親方等の特別加入者についての保険料です。第3種特別加入保険料とは、労災保険の海外派遣の特別加入者についての保険料です。

■特別教育（とくべつきょういく）
　労働安全衛生法で実施が義務付けられた、危険または有害な業務に労働者が従事する場合に行う安全・衛生の教育のことです。危険または有害な業務には、具体的には、つり上げ荷重5トン未満のクレーン運転、最大荷重1トン未満のフォークリフト運転などが挙げられます。

■特別支給金（とくべつしきゅうきん）
　労災保険の受給権者に対し、社会復帰促進等事業から保険給付とは別に支給される支給金（上乗せ給付）のことです。請求は労災保険の給付と同一の申請書で同時に行います。

■特別障害者（とくべつしょうがいしゃ）
　年末調整や確定申告の際に用いられる区分のひとつで、特に重い障害を持つ障害者のことをいいます。特別障害者と認められるには、主に精神障害により弁識能力を欠く者や重度の知的障害者、精神障害者保健福祉手帳の1級、身体障碍者手帳2級以上、などの要件があります。

■ **特別条項付き三六協定（とくべつじょうこうつきさぶろくきょうてい）**

一時的または突発的な事情がある場合に、上限時間を超えた時間外労働時間の設定をする労使協定のことをいいます。

1か月の時間外労働の限度時間は45時間（厚生労働省、時間外労働の限度に関する基準）ですが、決算業務など臨時的な特別の事情があるときは、特別条項付き三六協定を締結することで、上限時間を超えた時間外労働時間の設定をすることができます。

ただし、限度時間を超える時間外労働を実施しようとしている期間は、全体として1年の半分を超えないことが見込まれるようなものでなければなりません。

■ **特別徴収（とくべつちょうしゅう）**

給料から天引きして税金を納めることを特別徴収といいます。

会社員については、一般的に「住民税の税額通知書」が毎年5月初旬頃、市町村から会社宛てに郵送されますので、会社は、その通知された税額を6月から翌年5月までの12回、毎月の給与から天引きして市町村へ納付します。

このように給与から天引きして会社が納める方法を「特別徴収」といいます。

なお、特別徴収に対して個人で税金を納めることを普通徴収といいます。

■ **特別徴収税額の通知書（とくべつちょうしゅうぜいがくのつうちしょ）**

1月〜12月の1年間の所得額に基づいて算出され、その年の6月より納付が開始される住民税の金額が記された通知書類のことです。通知書は市町村より2部郵送され、それぞれ給与支払元の会社と本人が保管します。

■ **特別療養費（とくべつりょうようひ）**

① 健康保険において、日雇特例被保険者に対して療養の給付の代わりに行われる給付のことです。

日雇労働者が健康保険の被保険者（日雇特例被保険者といいます）になって保険給付を受けるためには、2か月に26日以上または6か月に78日以上就業し、そのつど保険料を支払う必要があります。つまり保険給付を受けるためには少なくとも2か月必要になり、要件を満たさないケースも生じます。そこで日雇特例被保険者として療養の給付を受けられない者であっても、一定の要件を満たす者について特別療養費が支給されるしくみになっています。

② 国民健康保険において、医療費を全額支払った後に払い戻される現金給付のことです。国民健康保険の保険料を滞納すると、被保険者証を返還し、被保険者資格証明書の交付を受けることになります。この場合、医療費は全額自己負担することになります。後日保険料を支払うか、滞納の事情が認められると、本来の自己負担分を除いて現金給付（特別療養費）を受けることができます。

■ **努力義務（どりょくぎむ）**

法律に定められた内容を行うために努める必要があることです。法律内容に違反した場合に罰則を受けることはありません。たとえば、労働安全衛生法で実施が定められたストレスチェックは、労働者数が50人未満の事業場は努力義務とされています。

な

■内定取消し（ないていとりけし）

就職内定を取り消すことです。採用内定の取消事由は、採用内定当時知ることができず、また知ることが期待できないような事実であって、もしその事が内定時に判明していればおそらくは採用しなかったであろうと社会通念上是認できるものに限られます。単に会社の業績が悪化したからという事情だけでは、内定取消は認められません。

■名ばかり管理職（なばかりかんりしょく）

主に残業手当を支給しないことを目的に実態は管理職の権限のない社員であるにもかかわらず役職を与えられた管理職者を「名ばかり管理職」といいます。

労働基準法では、残業や休日出勤をさせた場合にはその時間に見合った割増賃金を支給しなければならないことになっています。しかし管理監督者については、残業や休日出勤の規定から除外されることになっていますので、管理職者には残業手当を支給しなくてもよいことになります。通常は「店長」「課長代理」といった肩書きを与えられているものは、管理監督者として、労働時間は自己管理するなどの権限が与えられるため、労働時間管理の対象外となりますが、近年役職が名称だけで、実質的にはほとんど権限を与えられていない管理職が増えてきています。このような管理職を名ばかり管理職といい、残業代不払いの隠れ蓑とされ、問題視されています。実際に、大手ファーストフード店の店長という立場は残業代を支払わなくてよい管理職には該当しないという裁判例がでています（東京地裁平成20年1月28日判決）。

また、コンビニエンスストアの店長に対して残業代を支払いを命じた裁判例もあります（東京地裁平成23年5月31日判決）。

に

■二元適用事業（にげんてきようじぎょう）

その事業の実態からして、労災保険と雇用保険の適用の仕方を区別する必要があるため、保険料の申告・納付等をそれぞれ別個に二元的に行う事業です。一般に、農林漁業・建設業等が二元適用事業で、それ以外の事業が一元適用事業となります。

■二次健康診断等給付（にじけんこうしんだんとうきゅうふ）

労働安全衛生法に基づく定期健康診断等の結果、一定の事項に異常が見つかった場合に行われる給付です。直近の一次健康診断で、脳・心臓疾患に関連する一定の項目について異常の所見が認められる場合に、労働者の請求に基づいて、特定保健指導等が行われます。二次健康診断等給付を一言でいうと、過労死を予防するための給付ということができます。

■日給（にっきゅう）

「1日〇〇円受け取る」という給料の決め方をする勤務形態です。割増賃金の計算をする場合、日給を1日の所定労働時間で割って1時間当たりの賃金を算出します。

■**入院時食事療養費（にゅういんじしょくじりょうようひ）**

入院時に受ける食事にかかる費用から自己負担となる標準負担額を差し引いたもの、つまり健康保険で負担される食事の費用を入院時食事療養費といいます。

健康保険の被保険者または被扶養者が入院した際に食事の提供を受けます。これは食事療養として保険給付の対象となります。ただし、食事療養が行われなくても、食事は必ず摂取するものです。そこで食事療養に必要な平均的な費用の額から、平均的な家計での食事の費用として定められる標準負担額を控除したものが入院時食事療養費として支給されます。入院時食事療養費は、保険者から医療機関に直接支払われますので、被保険者は標準負担額だけを支払うことになります。

なお、1日の標準負担額は、3食に相当する額を限度とし、高額療養費の対象から除外されます。

■**任意継続被保険者（にんいけいぞくひほけんしゃ）**

退職後も以前に加入していた健康保険に引き続き加入し続ける者を任意継続被保険者といいます。

通常、会社を退職し、失業すると、それまで加入していた健康保険の被保険者の資格を失い、国民健康保険の被保険者となります。この場合、被扶養者の状況や健康保険組合が独自に行う福利厚生の有無によっては、それまで加入していた健康保険の被保険者でいた方が有利なこともあります。このような場合、資格喪失の前日まで被保険者期間が継続して2か月以上ある者は、退職後も引き続き2年間健康保険の被保険者でいることができます。これを任意継続被保険者といいます。なお、健康保険料については、在職中は会社と折半して負担していましたが、任意継続被保険者は全額自己負担しなければなりません。

■**任意包括加入（にんいほうかつかにゅう）**

健康保険で、強制加入でない事業所が任意に保険加入するときは、保険加入を希望しない労働者も含めて保険加入することを任意包括加入といいます。

健康保険では、個人事業主のうち製造業など法律で定められた16の業種以外の業種で、常時労働者が5人未満の事業所では、強制適用事業所とされていません。しかしそのような事業所でも健康保険に加入したい場合は、被保険者となるべき労働者の2分の1以上の同意を得て、厚生労働大臣に申請し、認可されると適用事業所となることができます。

■**任意包括被保険者（にんいほうかつひほけんしゃ）**

健康保険で、任意包括加入した事業所に雇用される労働者で、被保険者となる者を任意包括被保険者といいます。

事業所が任意包括加入した場合、健康保険に加入することに同意しなかった労働者であっても、被保険者となるべき要件を満たしている場合、つまり、2か月以内の雇用期間を定めて雇用された者など適用除外とされている者を除き、全員が健康保険の被保険者となります。

な

■妊産婦（にんさんぷ）

労働基準法や育児・介護休業法において、妊娠中の女性と産後1年未満の女性のことをいいます。通常以上に健康に配慮した生活を送る必要があるため、妊産婦が請求した場合、法定労働時間を超えた労働や時間外労働、休日労働、深夜労働を行わせることができません。

■認定決定（にんていけってい）

会社が支払う労働保険料を決定する方法のひとつです。

年度更新を期限内に行わなかった場合や、年度更新の際に提出した申告書が誤っていた場合に、国が代行して労働保険料の金額を決定します。

認定決定が行われた場合は、会社側にその旨の通知が行われます。その後は、通知が行われてから15日以内に労働保険料の納付をする必要があります。

ね

■年休の計画的付与（ねんきゅうのけいかくてきふよ）

年次有給休暇（年休）の取得日を労使協定であらかじめ指定することを年休の計画的付与といいます（労働基準法39条）。

年休は本来、労働者が自分の都合に合わせて自由に指定できるものですが、例外的に年休のうち5日を超える分（たとえば、年休を13日とる権利のある労働者は、そのうち8日間）について、使用者は労働者個人の意思にかかわらず労使協定で決めた日を年休の日と定めることができます。年休の計画的付与の方法として、ⓐ事業所全体の休業による一斉付与方式、ⓑグループ別の付与方式、ⓒ年休付与計画表による個人別付与方式の3つがあります。

年休の計画的付与を実施する場合には、就業規則に規定し、事業所ごとに労使協定を結ぶ必要があります。そして計画的付与がされたときは、労働者の時季指定権も使用者の時季変更権も行使することはできなくなります。

■ねんきん定期便（ねんきんていきびん）

被保険者が自分の年金記録を定期的に確認できるようにするために、日本年金機構が年に一度、誕生月に被保険者に送付する通知のことです。

主な記載内容はこれまでの年金加入期間・具体的な年金加入履歴・受給できる年金額の見込額などです。ただし、「50歳未満」「50歳以上」「年金受給者で現役被保険者」といった区別に応じて記載内容が若干異なっています。

■ねんきんネット（ねんきんねっと）

インターネットを利用して、自分の年金記録を確認できるシステムです。

年金制度は長期間に渡り保険料を納付し、また老後働けなくなったときの唯一の収入源という国民にとってとても重要なセーフティネットでありながら、とてもわかりにくいという問題点がありました。そこで所定の手続きにより登録することで、今までの加入記録や保険料納付実績、将来の年金見込額試算、すでに死亡した人の国民年金の記録などを確認することができるようになっています。

■年次有給休暇（ねんじゆうきゅうきゅうか）

　所定休日とは別に給料をもらいながら労働が免除される休暇で、付与することが義務付けられているものをいいます（労働基準法39条）。年休、有給休暇ともいいます。

　労働者は、最低でも週に1日（または4週の4日）の休日を与えられます。しかし、さらに心身のリフレッシュを図るため、所定休日以外に休暇が与えられます。本来所定の休日以外に休むと、給与は支給されませんが、有給休暇は休んでも通常の給料または相当額が支払われる休暇です。

　入社から6か月継続勤務し、全労働日の8割以上出勤していれば、10日の有給休暇が与えられ、さらに1年6か月、2年6か月と継続勤務した場合に、勤務年数に応じた有給休暇が与えられます。

　なお、法律よりも労働者に有利な条件で有給休暇を与えることもできます。

■年次有給休暇の消滅（ねんじゆうきゅうきゅうかのしょうめつ）

　年次有給休暇には時効が設けられており、取得時より2年後に消滅することをいいます。2年間の間に付与された有給休暇の半分しか消化しなかった場合は、残りの半分は2年を過ぎると利用できなくなります。会社によっては、未消化の有給休暇を買い上げる制度を設けている場合もあります。

■年少者（ねんしょうしゃ）

　労働基準法において満18歳に満たない者をいいます。なお、年少者のうち、満15歳に達した日以後の最初の3月31日が終了するまでの者を児童といいます。

■年度更新（ねんどこうしん）

　毎年、6月1日から7月10日までの間に前年度の労働保険の概算保険料と確定保険料を精算し、翌年度の概算保険料を申告する手続きのことです。

■年俸制（ねんぽうせい）

　賃金体系のひとつで、1年単位で賃金総額を決定する賃金制度です。

　近年、管理職を中心に、前年の人事考課や当年の期待度から1年間の給与総額（年俸）を決定する年俸制を導入する企業が増えています。年俸制の導入にあたり、仕事に直接関係のない手当（住宅手当や家族手当など）などを除外することにより、より仕事の成果を重視した待遇が可能になる、といったメリットがあります。しかし年俸制であっても「毎月1回以上払いの原則」は適用されますので、年俸の12分の1あるいは、賞与分を考慮して14分の1、16分の1の金額が毎月支給されます。

■年末調整（ねんまつちょうせい）

　企業などにおいて、概算で納付している所得税額について1年間のすべての給与とボーナスが支給された後に個人的事情にあわせて精算する手続きのことです。従業員から受け取った「扶養控除等（異動）申告書」「給与所得者の保険料控除申告書」などの書類に基づいて、その年の年末調整後の年税額を算定します。源泉徴収した金額が確定後の税額より多い場合には差額を還付し、少ない場合には差額を徴収します。

■年齢要件（ねんれいようけん）

　一定年齢に達した際に社会保険料の資格を取得、喪失することです。

　具体的には、ⓐ40歳に到達した月より介護保険の徴収が開始、ⓑ65歳に到達した月より介護保険料がかからない、ⓒ70歳に到達した月より厚生年金保険料がかからない、ⓓ75歳に到達した月より健康保険料がかからない、などの要件が設けられています。

の

■能力向上教育（のうりょくこうじょうきょういく）

　労働安全衛生法における、安全管理者、衛生管理者、安全衛生推進者、衛生推進者、作業主任者、元方安全衛生管理者、店社安全衛生管理者などが受ける安全得製教育のひとつです。事業場の安全・衛生を向上するために必要となる能力を向上させるために行われます。

■ノーワーク・ノーペイの原則（のーわーく・のーぺいのげんそく）

　労働者は使用者に労働力を提供することによって、その見返り（「対償」という）として給与をもらうことができるということです。

　労働者が欠勤・遅刻・早退した場合には、ノーワーク・ノーペイの原則に基づき、使用者はその分を給与から控除することができます。

は

■パートタイマー（ぱーとたいまー）

　非正規雇用であり、1週間の所定労働時間が同一の事業所に雇用される通常の労働者の1週間の所定労働時間に比べて短い労働者のことをパートタイマーといいます。しかし、実際には正規雇用の社員と同じ労働時間である場合も多く、正規雇用の社員との大きな違いは待遇によるところが大きくなっています。

　一般的にパートタイマーは時給で給与が支給されることが多く、その金額も正規雇用の社員と比べると割安であり、賞与や退職金もない雇用形態となっています。また、有期雇用であることが多く、人員の調整弁として活用されることもあります。ただし、パートタイマーであっても、労働法で保護されている労働者ですので、有給休暇も取得でき、会社側も安易に解雇することはできません。また、繰り返し更新をした労働契約を打ち切る場合は不当解雇になることもあります。

■パートタイム労働指針（ぱーとたいむろうどうししん）

　パートタイム労働者の適正な労働条件の確保と雇用管理の改善について、事業主が講じなければならない措置を定めた指針で、パートタイム労働法を適切に実施するために事業主が何をすべきかが詳細にわたり定められています。たとえば、正社員との差別化の禁止についてや、パートタイム労働者を新規雇用した場合の事業主による説明義務などが挙げられます。

■パートタイム労働法（ぱーとたいむろうどうほう）

正式には、「短時間労働者の雇用管理の改善等に関する法律」といいます。企業において重要な戦力となりつつある短時間労働者（パートタイム労働者）の雇用などについて規制した法律です。

パートタイム労働法では、通常の労働者との均衡のとれた待遇の確保（パートタイム労働法3条）、労働時間など労働条件を明らかにした文書の交付（同法6条）、短時間労働者用の就業規則の作成と、就業規則の変更における短時間労働者の過半数代表者からの意見の聴取（同法7条）といった規定が置かれています。

■配偶者（はいぐうしゃ）

民法における、婚姻関係を結んだ相手側の総称で、内縁関係の者は含みません。

生計が同一で、年間の合計所得金額が38万円以下（給与の収入だけであれば103万円以下）の場合は、年末調整や確定申告の際に配偶者控除の制度を受けることができます。

■配偶者控除（はいぐうしゃこうじょ）

年末調整や確定申告を行う際に、納税者に配偶者がいる場合、一定要件に該当すれば受けることができる控除のことです。なお、この配偶者には内縁関係の者は当てはまりません。

一般の控除対象配偶者がいる場合は38万円、70歳以上の老人控除対象配偶者がいる場合は48万円が、それぞれ控除されます。

■配転命令（はいてんめいれい）

労働者の職場を移したり、職務を変更することを配置転換といい、使用者から労働者に対して出される配置転換についての命令のことを配転命令といいます。職務内容または勤務場所を変更する人事異動が配転命令に該当します。このうち、勤務場所を変更せずに職務内容を変更する場合を配置換えといい、勤務場所の変更を転勤といいます。

本来、ジョブローテーションによる人材育成、士気高揚を目的として実施される性質のものですが、近年では配転命令が嫌がらせのために行われることもあり、問題化しています。

■派遣切り（はけんぎり）

派遣先企業が派遣元企業との労働者派遣契約を打ち切ることや、派遣契約の解約に伴い、派遣元企業が派遣労働者を解雇または契約更新の終了とすることです。

派遣切りは派遣先企業の業績悪化や経営方針の変更などの要因により行われます。労働者を求める企業が直接労働者を雇用すると、業績悪化などで労働力が過剰になった場合にも、解雇できないこともあります。そこで派遣契約により、派遣労働者を受け入れることになります。派遣契約の終了自体は契約に基づくものですので、違法というわけではありませんが、長期間派遣労働として勤務していた労働者にとっては死活問題となります。なお、労働基準法所定の解雇の手続きに基づかない派遣切りは違法解雇になる可能性もあります。

■派遣労働者（はけんろうどうしゃ）

派遣元が自己の雇用する労働者を、他人（派遣先）の指揮命令を受けて、派遣先のために労働に従事させることです。労働者派遣法によって認められたもので、派遣元・派遣先・派遣労働者の三面関係で働く「間接雇用」の一種といえます。この労働者のことを正規雇用労働者と区別する意味で派遣労働者といいます。

■端数処理（はすうしょり）

労働基準法で定められた、給与計算時に算出される1円未満の端数の処理方法のことです。たとえば、割増賃金や平均賃金を求める場合は、時間単位の賃金に1円未満の端数が出た際には50銭未満を切り捨て、それ以上で1円未満の端数を1円に切り上げる処置をとります。

■パパ・ママ育休プラス（ぱぱ・ままいくきゅうぷらす）

父親と母親が同時に育児休業をとる場合に、その期間を延長できる育児・介護休業法の制度をいいます（育児・介護休業法9条の2）。

本来、父親と母親が取得できる育児休業は各々1年間で、取得できる期間は「子が1歳に達するまで」となっています。しかし、母親と父親が共に育児休業を取得する場合、取得できる期間を「子どもが1歳2か月に達するまで」に延長できます。

この制度の目的は、男性の育児休業の取得を促そうとするところにあります。

■パワー・ハラスメント（ぱわー・はらすめんと）

パワーハラスメントを略した用語です。パワーハラスメントとは、不合理な命令、過剰な指導、被害者の人格を無視した行為、雇用不安を与える行為などをさします。

不合理な命令とは、たとえば、仕事の内容をその部下だけに伝えない、わざと仕事を与えない、他の人が参加する会議に参加させない、といった行為のことです。

また、実現することが不可能なノルマを課したり、その労働者の担当する業務とは無関係な仕事をさせるような場合は、過剰な指導にあたります。

人格を無視した行為とは、その労働者を無視したり、誹謗中傷するといった行為の他、その労働者を孤立化させるような行動も該当します。

合理的ではない配置転換を行ったり、解雇をちらつかせるような言動をとった場合、雇用不安を与える行為となります。

厚生労働省は、「同じ職場で働く者に対して、職務上の地位や人間関係などの職場内の優位性を背景に、業務の適正な範囲を超えて、精神的・身体的苦痛を与えるまたは職場環境を悪化させる行為」をパワーハラスメントであると定義しています。上司から部下に行われるものだけでなく、先輩・後輩間や同僚間、さらには部下から上司に対して様々な優位性を背景に行われる行為についてもパワーハラスメントに含まれるとしています。

■半額免除（はんがくめんじょ）

国民年金の保険料を半額免除してもらうことを半額免除といいます。

国民年金の第1号被保険者は、会社員

などの第2号被保険者と異なり、自分で国民年金の保険料を納付しなければなりません。しかし、収入が低いなど、保険料の納付が困難な場合、保険料が免除されることがあります。

国民年金の保険料免除には、全額免除、4分の3免除、2分の1免除、4分の1免除の4種類があり、2分の1免除を半額免除ということもあります。なお、免除された場合は、全額免除を除き、残り（免除されていない分）の保険料を納付すれば、受給資格期間として扱われますが、残りの保険料を納付しないと、未納扱いになります。なお、全額免除の場合は、無条件で受給資格期間として扱われます。

ひ

■非課税所得（ひかぜいしょとく）
所得税や住民税がかからない所得額のことです。年末調整や確定申告の際に算出します。具体的には、雇用保険による失業時の基本手当やオークションなどによる売却額（30万円未満）、健康保険による給付金などが挙げられます・

非課税となる金額は所得控除額や被扶養者の人数に応じて異なります。

■非工業的事業（ひこうぎょうてきじぎょう）
製造業等、鉱業等、建設業等、旅客または貨物の運送事業、倉庫等における貨物の取扱いの事業等を工業的事業といい、それ以外の事業を非工業的事業といいます。この区分が必要となる場面として、満15歳に達した日以後の最初の3月31日が終了する前に児童（義務教育終了前の児童）を使用することができる事業とできない事業の区別があります。

非工業的事業で児童の健康および福祉に有害なものではなく、軽易な労働であれば、満13歳以上の児童を修学時間外に使用することができます。その場合、年齢を証明する戸籍証明書や学校長の修学に差し支えないとする証明書、親権者の同意書を備え置く必要があります。

■非常時災害の特例（ひじょうじさいがいのとくれい）
労働基準法において、災害などの非常事態時には労働時間に制限のある者を含めた労働者に、勤務時間を超えた労働や深夜業、休日労働をさせることができる権利のことです。非常時災害とは、災害やその他避けられない事由のことで、事故、地震、火災、風水害などが挙げられます。

■一人親方（ひとりおやかた）
労働者を使用せずに事業を行うことを常態とする自営業者やその事業に従事する者のことです。

災害補償につき、一人親方は使用者に雇用されて働く労働者ではないため、本来、労災保険が適用されない立場にあります。しかし、労災保険の特別加入制度を利用することで、労災保険に加入することが認められています。

■被扶養者（ひふようしゃ）
健康保険では、事業所に勤務する被保険者本人について保険給付を行うのはもちろんですが、その被保険者に扶養されている親族に対しても保険給付が行われます。この被保険者に扶養されている親

族を被扶養者といいます。

被扶養者として認められるためには、被保険者により生計を維持されていることが必要です。配偶者、直系尊属、子、孫、弟妹および同一世帯に属する3親等以内の親族が被扶養者となることができます。

■被保険者（ひほけんしゃ）

保険に加入する者のことをいいます。その定義は各保険制度によって異なります。生命保険などは任意で加入することで被保険者となりますが、社会保険では、被保険者になるための定義がそれぞれ厳格に定められています。

雇用保険では、1週間に20時間以上労働し、31日以上引き続き雇用することを予定している場合、その労働者は被保険者となります。健康保険では、適用事業所に雇用される者で、臨時に雇用されたなどの適用除外に該当しない者は被保険者となります。

被保険者は保険の給付が必要な時に、要件を満たせば保険の給付を受けることができます。

■日雇派遣（ひやといはけん）

固定的な職場で就業しているわけではなく、携帯電話で翌日の仕事の予約をし、1日肉体労働をしておよそ数千円の日当を得る労働形態のことをいいます。「スポット派遣」「ワンコールワーカー」と呼ばれることもあります。

自分が登録する人材派遣会社から前日～数日前に電話やメールで派遣先を伝えられ、当日はその派遣先の指示に従って労働します。仕事内容は工場内軽作業などの熟練を必要としない単純労働が多く、手軽に働けるというメリットがある反面、給与が安く、働きたいと思ってもその日に仕事がないといったデメリットもあり、不安定な雇用形態だといえます。そのためワーキングプアの根源となっています。

■日雇労働被保険者（ひやといろうどうひほけんしゃ）

日々雇用される者または30日以内の期間を定めて雇用される雇用保険の被保険者のことです。ただし、前2か月の各月において、同じ事業主の会社などの適用事業に18日以上雇用された者は、日雇労働者として扱われなくなります。

■標準賞与額（ひょうじゅんしょうよがく）

社会保険の加入者に支払われた賞与額から求められる金額です。具体的には、支払われた賞与額の1000円未満の端数を切り捨てて算出します。

標準賞与額は、健康保険料や厚生年金保険料などを求める際に必要となります。健康保険では、年間（4月1日から翌3月31日）で標準賞与額の合計が573万円を超える場合は573万円、厚生年金保険では1か月で標準賞与額の合計が150万円を超える場合は150万円となります。

■標準賃金日額（ひょうじゅんちんぎんにちがく）

日雇特例被保険者の1日当たりの賃金を11の等級に区分した金額を標準賃金日額といいます。

健康保険の日雇特例被保険者の保険料や保険給付の基礎になります。日雇特例被保険者は、働いた日ごとに「健康保険

被保険者手帳」に事業主が健康保険印紙を貼り、消印をします。この印紙を貼付、消印することで、印紙保険料を納付したことになります。それが2か月で26日分以上あるいは6か月で78日分以上あると健康保険の給付を受けることができます。日雇特例被保険者の給与は、あらかじめ11等級（3000円～2万4750円）に区分されており、それぞれの等級に標準賃金日額が定められています。その標準賃金日額に見合った保険料が定められており、その金額を納付することになっています。

■標準報酬（ひょうじゅんほうしゅう）
　社会保険の保険料を計算するために便宜上定められた等級ごとの標準的な給与額です。
　社会保険の保険料は、実際の賃金に保険料率を掛けて定める方法によることが公平です。しかし実際の賃金は毎月変動することが多く、そのまま保険料を算定するのは、手続きが煩雑になってしまいます。そこで健康保険や厚生年金の保険料は、実際の報酬（給与）とは別に、報酬月額をいくつかの等級に区分し、それぞれの区分の中間的な金額を標準報酬として保険料を決定しています。たとえば月給が19万5000円以上21万円未満の人は、一括りにして同じ等級とされます。19万5000円の人も20万9000円の人も月給20万円として保険料を計算します。区分される等級は、健康保険で50等級、厚生年金で30等級（平成28年度）になります。
　標準報酬は、社会保険の資格取得時（入社時）の資格取得時決定の他、定時決定、随時改定で決定されます。

■標準報酬日額（ひょうじゅんほうしゅうにちがく）
　標準報酬月額の30分の1の額です。標準報酬は、社会保険の保険料と保険給付の決定の基礎になるもののことです。

■日割計算（ひわりけいさん）
　月の途中で支払いの義務が生じた労働者に対して、賃金を労働日に応じて算出し、支払うことです。日割計算の方法には、ⓐ暦日に応じた方法、ⓑ月の所定労働日に応じた方法、ⓒ月平均の所定労働日に応じた方法、の3種類があります。

ふ

■付加金（ふかきん）
　解雇の際の予告手当や休業手当が支払われなかった場合に、裁判所は雇用者が支払わなければならない金額の他に、同一の額の金銭を支払うよう命じることができます。この金銭のことを付加金といいます（労働基準法114条）。
　賃金や手当の支払いがなされなかった場合で、その不払いが悪質な場合に付加金の支払いが命じられます。

■付加年金（ふかねんきん）
　厚生年金に加入していない国民年金第1号被保険者が年金の上乗せ支給として受け取る年金です。
　厚生年金の被保険者は、年金を受給するときには、国民年金に厚生年金を上乗せした金額を受給することができます。一方、自営業者など、国民年金第1号被保険者にはそのような上乗せされる年金がありません。そのため、将来受給できる金額が少なくなってしまいます。そこ

で、第1号被保険者は、付加保険料として月額400円を支払うことで、年額として納付済期間に200円を掛けた金額を国民年金に上乗せして受給することができます。つまり、10年間払い続けると、200円×120か月で、24000円が毎年の年金に加算して支給されます。

■復職（ふくしょく）
　疾病や事故により長期間働くことができなかった労働者が職場に戻ることです。会社の指示によるものではなく、労働者側に休職の理由があることが特徴です。昨今では、うつ病による休職のケースが増加していることから、復職支援のプログラムを組む会社などが増加傾向にあります。

■服務規律（ふくむきりつ）
　労働者が職場の一員として守る必要があるルールのことで、就業規則に定めが設けられています。法的な記載義務はありませんが、就業規則に明確に文章化することで従業員全員が同じ認識のもとに業務にあたることができます。服装規程や社内備品の取扱い、メール対応など、会社の業種や業務内容に応じて内容は多岐に渡ります。服務規律に違反をした場合は懲戒事由に該当する場合があります。

■福利厚生（ふくりこうせい）
　福利厚生とは、賃金とは別に会社が社員やその家族に利益や満足をもたらすために提供する施策をいいます。
　福利厚生の目的は、社員がその施策によって会社への帰属意識を高めたり、働く意欲を増幅させたり、職場のコミュニケーションを図ることにあります。また、福利厚生の充実は、優秀な人材を採用しやすくなる、社員の自己啓発の援助になるなどの効果が期待されます。

■福利厚生費（ふくりこうせいひ）
　福利厚生にかかる費用のことを福利厚生費といいます。会社は限られた予算の中で福利厚生費を捻出していかなければなりません。
　雇用継続を望む高齢者が増加したことにより、法定福利費（社会保険料や労働保険料）は年々増加傾向にあります。会社は、膨らみつつある法定福利費の代わりに、法定外福利を見直すことで効率化を進めることができます。

■普通解雇（ふつうかいこ）
　病気回復の見込みがない、負傷したため長期にわたり業務に支障が出る、能力が足りない、といった理由で労務の提供ができないとして解雇されることを普通解雇といいます。
　使用者が労働者に対して一方的に行う、労働契約を終了させる旨の意思表示を解雇といいます。普通解雇では、労務の提供ができないとする判定は使用者の主観に基づくため、不当解雇として争いになることもあります。
　他に解雇には、その原因によって、懲戒解雇、諭旨解雇、整理解雇があります。

■普通徴収（ふつうちょうしゅう）
　個人で税金を納めることを普通徴収といいます。
　自営業の人や住民税を給与から差し引かれていない人には、「住民税の納税通知書と納付書」が毎年6月初旬頃、市町村から自宅へ郵送されるので、その通知

された税額を年4回に分けて納めます。このように個人で納める方法が「普通徴収」です。

なお、普通徴収に対して、給料から天引きして税金を納めることを特別徴収といいます。

■物価スライド（ぶっかすらいど）
　物価スライドとは、経済情勢による物価の変動に合わせて年金の支給額が変わる制度です。物価が上昇しているにもかかわらず、年金の支給額が変わらず以前のままという場合、上昇の度合いによっては年金受給者の生活が苦しくなってしまいます。そのため、物価の変動により、生活設計に支障を生じさせないように定められたのが、物価スライドという制度です。具体的には、たとえば物価が10％上がった場合、年金支給額もそれに応じて10％上げるというシステムのことです。

■扶養控除（ふようこうじょ）
　年末調整や確定申告の際に必要となる扶養親族に応じて控除される金額のことです。一般の控除対象となる扶養親族の場合は38万円、19歳以上23歳未満の特定扶養親族の場合は63万円、70歳以上の老人扶養親族で同居している場合は58万円、同居以外の場合は48万円となります。

■扶養親族（ふようしんぞく）
　年末調整や確定申告の際に必要となる扶養控除に該当する親族のことです。
　具体的には、民法によると配偶者を除く16歳以上の者で、6親等内の血族または3親等内の姻族です。また、給与による収入が38万円以下、納税する者と生計

を同一にしていることなどの要件が設けられています。

■振替加算（ふりかえかさん）
　それまで夫の年金に配偶者分として加算されていた額を、妻が年金を受け取る年齢になったときに、妻が受け取る年金に加算する制度のことです。
　厚生年金の加入者が老齢厚生年金を受け取る場合に、要件を満たす配偶者や子がいると加給年金が上乗せ支給されます。配偶者を対象とする加給年金の要件のひとつに配偶者が65歳未満というものがあります。その配偶者が65歳になり、配偶者自身（妻）が老齢基礎年金をもらいはじめたときに、夫に支給されていた加給年金は支給されなくなり、その分が妻の老齢基礎年金に上乗せ支給されます。これを振替加算といいます。
　旧国民年金法においては、会社員の妻など、被用者年金各法（厚生年金保険法など）の被保険者などの被扶養配偶者は、国民年金への加入は任意とされていたため、加入していない人も多くいました。昭和61年4月1日の法改正により、会社員の妻なども第3号被保険者として国民年金の強制被保険者になりました。
　ただ、国民年金の被保険者となっても、その加入期間が短く、受給できる年金が少額になることもあるため、一定の要件を満たす者については、振替加算という上乗せ支給が行われています。

■振替休日（ふりかえきゅうじつ）
　就業規則などで休日があらかじめ決まっている場合に、休日を他の日と事前に入れ替える場合の休日のことです。この場合、実際の労働日は休日労働とはな

第2部　用語解説編　205

らないため、割増賃金の支払義務は生じません。

なお、当初は働く予定ではなかった日に働き、他の日に休みを与えることを代休といいます。この場合は、使用者は割増賃金を支払わなければなりません。

■フレックスタイム制（ふれっくすたいむせい）

1か月以内の一定の期間の総労働時間を定めておいて、労働者がその範囲内で各日の始業と終業の時刻を選択することができる制度のことです（労働基準法32条の3）。フレックスタイム制を採用する場合、「始業・終業の時刻を労働者が決めることができる」ということを、就業規則や社内規程で定めることが必要です。次にフレックスタイム制を採用することについての労使協定を結びます。なお、この労使協定を労働基準監督署に届け出る必要はありません。

■分割納付（ぶんかつのうふ）

年度更新の際に行う労働保険料の納付を分割して行うことができる制度のことです。

分割納付を可能とする要件は、ⓐ労働保険料の概算額が40万円以上、ⓑ労災保険・雇用保険のいずれか一方の概算額が20万円以上、ⓒ労働保険事務組合に委託を行っている場合は、労働保険料を3分割して納付できます。基本的な納期限は7月10日、10月31日、翌年1月31日の3回で、新規に成立した事業所の場合は時期に応じて異なります。

■紛争調整委員会（ふんそうちょうせいいいんかい）

「個別労働関係紛争の解決の促進に関する法律」に基づいて行われる労働局のあっせんのために組織される委員会のことです。個別労働関係紛争とは、使用者と個々の労働者との間のトラブルのことです。紛争調整委員会は、弁護士、大学教授などの労働問題の専門家である学識経験者からなり、都道府県労働局ごとに設置されます。この紛争調整委員会の委員のうちから指名されるあっせん委員が、紛争解決に向けてあっせんを実施します。

へ

■平均所定労働時間（へいきんしょていろうどうじかん）

給与計算の際に残業代を算出する場合などに用いる、月平均の所定労働時間のことです。年間の合計所定労働時間を12で除し、1か月相当の平均所定労働時間を求めます。所定労働時間は、その企業側が定める労働時間のことで、労働基準法で定められた法定労働時間とは異なります。

■平均所定労働日数（へいきんしょていろうどうにっすう）

給与計算の際に残業代を算出する場合などに用いる、月平均の所定労働日数のことです。平均所定労働日数を求めるには、まずは年間の所定労働日数を割り出します。たとえば、年間の所定労働日数が252日である場合は、月平均所定労働日数は21日となります。

■平均賃金（へいきんちんぎん）

　労働者が賃金として受け取るものの1日当たりの金額を平均賃金といいます。

　賃金の計算では、労働契約で定められた月給や時給を基に計算します。契約に基づき、実際に仕事をした分を計算することになります。

　一方、解雇予告手当、休業手当などは、実際に労働していない者に支給するので、支給する金額の根拠に困る場合があります。そのような場合は、その金額を算定すべき原因が発生した日、解雇予告をした日や休業が開始される日の直前3か月に支給された賃金の総額を同じ期間の総日数で割ったもの（賃金総額÷総日数）を平均賃金とし、休業手当などの計算根拠とします。

　ただし、出来高や時給により賃金が定められている場合は、平均賃金が異常に低くなってしまうことがあるため、「時給、出来高払いの賃金総額÷労働日＋月ぎめの賃金÷総日数」と前述の式の高いほうの金額が平均賃金となります。

■平均標準報酬額（へいきんひょうじゅんほうしゅうがく）

　厚生年金の報酬比例部分の計算をする際に使用される、現役時代の標準報酬額の平均をいいます。

　毎月の給与にかかる保険料は、標準報酬月額から算出します。以前は年3回以下の賞与では社会保険の保険料を支払う必要がなかったため、将来厚生年金を支給する際の報酬比例部分の計算をするときには被保険者期間の標準報酬月額の平均となる「平均標準報酬月額」を使用していました。現在は総報酬制が導入されているため、賞与支給時も給与と同じく社会保険料を支払う必要があります。そこで、標準報酬月額と標準賞与額を合算した平均を計算します。賞与を考慮することから「月」の文字がない「平均標準報酬額」という言い方をします。その額を使用して報酬比例部分の計算をします。

■平均標準報酬月額（へいきんひょうじゅんほうしゅうげつがく）

　平成15年3月以前の期間の厚生年金保険の被保険者であった時期の標準報酬月額の平均額です。厚生年金保険の報酬比例部分の金額の計算の際、平成15年3月以前の期間については、平均標準報酬月額を基準にします。ただし、20年前の報酬と現在の報酬では相場が違います。過去の標準報酬月額のままで平均額を算出すると極端に低額の平均標準報酬月額となってしまいます。そこで過去の標準報酬月額に加入時期に応じた再評価率を掛けて標準報酬月額の総額を算出し直し、その期間の月数で割って得た額が平均標準報酬月額となります。

　なお、再評価率は最大で5年に一度行われる財政検証で見直しが行われます。平成28年度の再評価率は、昭和24年4月2日以降生まれの場合は14.773～0.949の範囲で、被保険者期間に応じて定められています。

■併合認定（へいごうにんてい）

　同一人物が、異なる事由により複数の障害年金を受給できる場合に、併給を調整して一つの障害年金として支給する制度です。

　たとえば、障害厚生年金を受給していた者に新たな障害により障害厚生年金の受給権が発生した場合は、前後の障害を

あわせて新たな障害等級が決定されます。これを併合認定といいます。この場合、従前の障害厚生年金の受給権は消滅します。

■変形週休制（へんけいしゅうきゅうせい）

毎週1日の休日ではなく4週を通じて4日以上の休日を与えるとする制度のことです（労働基準法35条2項）。変形週休制では、休日のない週があってもよく、どの週のどの日を休日にするということを具体的に就業規則で決めておく必要もありません。

■変形労働時間制（へんけいろうどうじかんせい）

一定の条件を満たせば、一時的に法定労働時間を超えて労働者を働かせたとしても、法定労働時間を超えたとは扱わないとする制度のことをいいます（労働基準法35条の2）。

多くの企業では、労働時間について始業時刻と終業時刻が定められていますが、営業時間の長い小売業などの勤務形態に適さないことがあります。そのような場合、一定の期間内で平均して「1週40時間（44時間の特例あり）」の原則を守っていれば、期間内の特定の日や特定の週に「1日8時間、1週40時間」を超えて労働させることができる制度です。変形労働時間制には1か月単位、1年単位の変形労働時間制、1週間単位の非定型的変形労働時間制、およびフレックスタイム制の4種類があります。

■変動的給与（へんどうてききゅうよ）

支給されるごとに支給額が異なる給与のことを変動的給与といいます。

時間外手当・休日労働手当・深夜労働手当などの残業手当や精皆勤手当などがこれにあたります。

ほ

■ポイント制退職金（ぽいんとせいたいしょくきん）

在職中の、企業への貢献度に応じたポイントを付与し、退職時にはそのポイントに応じた退職金を支給する制度です。

退職金については様々な算定方法があり、日本では、従来から退職時の基本給に勤続年数に応じた支給率を掛けて支給するという算定方法が多く利用されていました。ただ、この算定方法は、過去の貢献度を無視し、直近の基本給のみがベースにされるため、不公平感が出ることがあるという批判がありました。

ポイント制退職金制度は、毎年の会社への貢献度に応じてポイントを付与し、そのポイントを退職金額に反映させる制度です。そのため、直近の基本給のみをベースにする制度と比較して公平性の高い制度といえ、社員の士気向上といった効果も期待できます。

なお、ポイント付与の基準は企業によりまちまちですが、役職ごとに一定のポイントを設定することが多いようです。

■報酬（ほうしゅう）

事業に使用される者が労務（労働）の対償として受ける賃金、給料、俸給、手当または賞与およびこれに準ずるものすべてを意味します。ただし、臨時に受け

るものおよび3か月を超える期間ごとに受けるものは含みません。

■法人番号（ほうじんばんごう）
　マイナンバー制度において、1つの法人に1つずつ指定される13桁の番号のことです。法人番号は、個人に指定されるマイナンバーとは異なり、原則として公表されます。国税庁の「法人番号公表サイト」で検索をすれば、商号や所在地から法人番号を調べることができます。また、法人番号は誰でも自由に利用することが可能です。

■法定外福利（ほうていがいふくり）
　法定外福利とは、会社が独自で設ける任意の福利厚生施策のことです。具体的には、住宅手当、財形貯蓄、慶弔見舞金などがあります。
　法定外福利は会社の規模や労働組合の有無などで内容が大きく異なります。

■法定休日（ほうていきゅうじつ）
　労働基準法で定められた休日のことを法定休日といいます。
　労働基準法上では、毎週1日または4週間につき4日の休日を与えなければならないと定めています（労働基準法35条）。また、1日の労働時間を8時間以内、1週間の労働時間を40時間以内と定めていますので、1日8時間働けば、5日間で40時間働くことになるため、多くの企業が週休2日制を採り入れています（同法32条）。この場合、同じ週に2日の休日がありますが、労働基準法で要求されている休日は1日でよいので、一方は法定休日、他方は法定外休日ということになります。休日出勤の割増賃金は、法定休日のみが対象となり、法定外休日については、通常の時間外労働手当で足りることになります。

■法定控除（ほうていこうじょ）
　給与計算を行う際に差し引かれる控除額のうち、国の法律（健康保険法・厚生年金保険料・雇用保険料など）によって定められた控除のことです。
　給与額から控除された法定控除額は、企業負担分と合わせて行政機関に納付されます。

■法定3帳簿（ほうていさんちょうぼ）
　労働基準法により定められた、各事業所ごとに設置することが義務付けられた帳簿のことで、ⓐ労働者名簿、ⓑ出勤簿、ⓒ賃金台帳、の3種類があります。
　それぞれの帳簿には、記入する事項が詳細にわたり定められており、作成後3年間は事業所で保存しなければなりません。

■法定16業種（ほうていじゅうろくぎょうしゅ）
　社会保険は、法人の場合は一人でも雇用すれば業種にかかわらず強制適用事業所になります。一方、個人事業主の場合は、法律で定めた16業種については、労働者が5人以上の事業所については強制適用事業所になります。その16業種は以下の業種になります。
・物の製造、加工、選別、包装、修理または解体の事業
・鉱物の採掘または採取の事業
・電気または動力の発生、伝導または供給の事業
・貨物または旅客の運送の事業
・貨物積卸しの事業

- 物の販売または配給の事業
- 金融または保険の事業
- 物の保管または賃貸の事業
- 媒介周旋の事業
- 集金、案内または広告の事業
- 焼却、清掃または屠殺（とさつ）の事業
- 土木、建築その他工作物の建設、改造、保存、修理、変更、破壊、解体またはその準備の事業
- 教育、研究または調査の事業
- 疾病の治療、助産その他医療の事業
- 通信または報道の事業
- 社会福祉法に定める社会福祉事業および更生保護事業法に定める更生保護事業

■法定調書（ほうていちょうしょ）

年末調整後に作成する書類で、給与や報酬などの支払を行った者が、1年分（1月1日から12月31日）の支払額や支払先についてを記載し、1月31日までに税務署や市区町村へ提出します。法定調書には、給与支払報告書や源泉徴収票、支払調書などの種類があります。

■法定内残業（ほうていないざんぎょう）

所定労働時間を超えるが法定労働時間を超えない範囲の残業時間のことです。法定内残業は時間外労働ではないため、使用者が支払う賃金については、割増賃金ではなく、通常の賃金の支払でかまいません。

■法定福利（ほうていふくり）

法定福利とは、法律で義務付けられている福利厚生施策のことです。社会保障がこれに該当し、社会保険と労働保険の2種類に分けられます。

社会保険には、健康保険や厚生年金保険、介護保険などがあります。また、労働保険には、雇用保険、労災保険などがあります。

■法定免除（ほうていめんじょ）

障害基礎年金をもらっている人や生活保護法に基づく生活扶助を受けている人などのための国民年金の免除制度です。申請免除と異なり、申請によらず、法律上当然に免除されます。

■法定労働時間（ほうていろうどうじかん）

労働者が労働可能な時間の限度のことです。法定労働時間は1日8時間、1週間については40時間です（労働基準法32条）。1週間とは就業規則等に特に定めがなければ、日曜日から土曜日までで、1日は午前0時から午後12時までです。

■ボーナス特別支給金（ぼーなすとくべつしきゅうきん）

労災が原因で働くことができない者に国から支給される賞与相当分の支給金をボーナス特別支給金といいます。

労災によるケガや病気、あるいはその後遺症として残った障害により働くことができない場合は、労災保険として、その症状あるいは障害の程度により、年金や一時金が支給されます。これは、月々の給与をベースに計算されています。一方、通常勤務をしていれば、会社の業績にもよりますが、賞与が支給されることがあります。しかし、労働していない者は、賞与をもらえず、所得が下がってしまいます。そこで、働いていた時のボーナス（賞与）などの特別給与を基礎として算出されたボーナス特別支給金が労災

保険の受給権者に対し、年金または一時金として支給されます。

■**保険者（ほけんしゃ）**

保険を運営する主体のことです。労災保険、雇用保険、国民年金、厚生年金保険は政府、健康保険は全国健康保険協会または健康保険組合がそれぞれ保険者となります。介護保険は市区町村、国民健康保険は市区町村または国民健康保険組合がそれぞれ保険者となります。

保険者はそれぞれの保険の運営の主体となっていますが、実務的にはその権限が委任されています。たとえば雇用保険の業務のうち、厚生労働大臣の権限は、都道府県労働局長に委任され、さらに公共職業安定所長に委任されています。同様に国民年金、厚生年金の業務で厚生労働大臣の権限は、日本年金機構に委任されています。

■**保険者算定（ほけんしゃさんてい）**

社会保険の標準報酬や保険料を、保険者が本来の規定とは異なる方法で決定することを保険者算定といいます。

健康保険や厚生年金の保険料は、定時決定や随時改定で改定されます。これは、特定の3か月間の平均報酬を事業主が計算して、規定に基づいて標準報酬月額というものを算出し、届け出るのが原則です。

しかし、単純に規定に則って計算しても、その算出が著しく困難であったり、著しく不当である場合に、保険者（健康保険組合や日本年金機構）が報酬月額を算定します。これを保険者算定といいます。

「著しく不当」のケースとして、給与の遅配や遡り昇給、休職による給料の低下やストライキによる賃金カットがあった場合、定時決定の対象となる4月～6月の報酬が他の時期と比較して著しく変動するような場合が該当します。

■**保険年度（ほけんねんど）**

それぞれの保険契約における開始日から起算した1年間を保険年度といいます。

生命保険や損害保険は、加入日（契約日）を基準に1年間を保険年度とするケースが一般的です。2年目以降も同じ月日（契約日の丸1年後）で開始する1年間となります。したがって、被保険者により、保険年度の始期と終期は異なります。

一方、国民皆保険である社会保険では、それぞれの誕生日や会社の入社日を基準にすると、とても管理できません。そこで、社会保険では、4月1日から翌年3月31日までを保険年度の1年としています。労働保険は、この保険年度に基づいて、保険料を計算し、申告納付する必要があります。

■**保険料（ほけんりょう）**

国などの保険者が保険給付をはじめとする保険の事業の費用にあてるために事業主や被保険者などから徴収する金銭のことです。

■**保険料控除申告書（ほけんりょうこうじょしんこくしょ）**

年末調整や確定申告の際に控除される保険料を計算するための書類です。正式には、「給与所得者の保険料控除申告書兼給与所得者の配偶者特別控除申告書」といいます。

保険料の内容に応じて、生命保険料、地震保険料、社会保険料、小規模企業共

済等掛金に分類され、年間に支払った、もしくは支払う予定の金額を記入します。生命保険料、地震保険料については、記入した上で控除額の算出も行います。

■保険料納付済期間（ほけんりょうのうふずみきかん）

国民年金は保険料を支払った期間に応じて年金額が決まりますが、対象となる保険料を支払ったと認定される期間をいいます。保険料を納付した期間は保険料納付済期間となりますが、実際には納付していない期間も含まれることがあります。自営業者などの第1号被保険者は、規定通りに保険料を支払った期間が該当します。半額免除の場合は、保険料の半額を支払うと保険料納付済期間になります。第2号被保険者は、通常給与天引で保険料を徴収されますので、特別な事情により保険料が納付されないというケースを除いて、すべてが保険料納付済期間になります。第3号被保険者は、保険料を納付しませんが、配偶者である第2号被保険者が保険料を支払っている限り、その間も保険料納付済期間になります。

■保険料免除期間（ほけんりょうめんじょきかん）

経済的な理由などで国民年金第1号被保険者としての保険料が支払えず、保険料の支払を免除された期間のことです。国民年金の保険料の免除には、法定免除と申請免除があります。

■保護具（ほごぐ）

労働安全衛生法により定められた、人体の安全や健康を守るための器具のことです。屋外での建築作業場や化学工場など、危険や有害物質にさらされる状況下で業務を行う労働者は、防塵マスクやヘルメット、命綱として用いるワイヤーロープなどを着用しなければなりません。

■母性健康管理のための措置（ぼせいけんこうかんりのためのそち）

男女雇用機会均等法や労働基準法における、産前産後の女性を保護するための対応策のことです。男女雇用機会均等法では、健康診査時間の確保や医師の指導に応じた労働時間の配慮、妊娠や出産を理由とした不利益な扱いを禁止することなどが挙げられます。

一方、労働基準法では、産前産後休業や妊娠中の女性への軽易な業務への転換、変形労働時間制、時間外労働、休日労働、深夜業の制限などが挙げられます。

■ホワイトカラーエグゼンプション（ほわいとからーえぐぜんぷしょん）

時間で成果を評価することがふさわしくない一定の労働者について、労働時間規制の適用を免除し、仕事の成果に応じて賃金を支払うしくみをいいます。そのため、残業代をゼロにする制度といわれることもあります。我が国では、「高度プロフェッショナル制度」という名の下で、実質的にホワイトカラーエグゼンプションの導入が検討されており、平成28年5月現在、労働基準法の改正が国会で審議されています。成立した場合は、研究開発や金融等の高度な専門的知識が必要な業種に就く人で、年収が一定額以上の労働者は、労働時間管理の対象から外れることになります。その他の労働者とは異なり、時間外・深夜・休日労働などの割増賃金が支払われないことになります。

ま

■埋葬料／埋葬費（まいそうりょう／まいそうひ）

健康保険の被保険者、被扶養者が業務外の事由で死亡した場合に給付される、埋葬をするための費用のことです。

埋葬料は、死亡した被保険者により生計を維持されていた者が埋葬を行う場合に支給されます。健康保険では5万円が支給されます。被扶養者が死亡した場合には、被保険者に家族埋葬料が支給されます。

一方、埋葬費は、被保険者と生計維持関係にあった者がいないため、埋葬料を受ける者がいない場合に、実際に埋葬を行った者に支給されます。健康保険では5万円を上限として実際に埋葬に要した費用が支給されます。

なお、国民健康保険の場合は、葬祭費が支給され、労災で死亡した場合は葬祭料（業務災害）または葬祭給付（通勤災害）が支給されます。

■毎月1回以上払いの原則（まいつきいっかいいじょうばらいのげんそく）

使用者は労働者に給与を毎月1回以上支払わなければならないとする労働基準法のルールのことです（労働基準法24条）。年俸制を採用している事業所であっても年俸額を分割して毎月1回以上給与を支給する必要があります。

■マイナンバー制度（まいなんばーせいど）

住民票を持つすべての人、および、設立登記されたすべての法人を対象に、番号を与えて、医療・福祉などの社会保障や租税等の手続きにおいて、番号（個人番号・法人番号）を用いて事務処理を行うことを想定した制度です。平成27年10月から個人や法人に対して番号の通知が開始され、平成28年1月から実際の制度運用が開始されています。

■マクロ経済スライド（まくろけいざいすらいど）

その時点での経済状態（社会保険の被保険者数や平均寿命の延びなど）に応じて、年金の給付金額を変動させる制度のことです。

年金は、現役時代に保険料を納付し、老後に年金として受給します。しかし、現役時代の前半と老後の間には、およそ30～40年ほどの期間があり、その間には物価の増減があるため、単純に納付した金額だけをベースに支給する年金額を決定した場合、将来の受給時における生活が困窮する可能性があります。

そこで、賃金や物価に応じた伸び率より、現在の経済状況を加味した調整額である「スライド調整率」を控除することで、受け取る年金の水準を調整する制度が導入されました。

なお、平成16年の法改正で導入されたマクロ経済スライドは、平成27年度に初めて適用が行われました。伸び率2.3％より、スライド調整率である0.9％を控除した1.4％が、平成27年度の新規裁定者の年金改定率となります。さらに、その金額から「過去の物価下落時に引下げを行わなかった分」として0.5％が差し引かれるため、基礎年金の改定率は0.9％となり、実質的な年金額は減額となっています。一方、平成28年度はスライドの実施

はなく、年金額は据え置きとなります。

■孫請負人（まごうけおいにん）
　元請負人から仕事の受注を受けた下請負人が、さらに他の事業者に仕事を受注した場合に、下請負人から仕事を請け負った事業者のことを孫請負人といいます。
　建設業や造船業の現場では、下請負人や孫請負人が同じ場所で作業を行うことが一般的になっています。

■マタニティ・ハラスメント（またにてぃ・はらすめんと）
　職場環境において、女性に対して行われる妊娠・出産に関係する様々な嫌がらせのことで、マタハラともいいます。たとえば、産休、育休請求時にあからさまに嫌な顔をする、産休・育休明けの復帰の際に勤務継続が困難な部署への異動や降格を言い渡す、などの行為が挙げられます。
　なお、マタハラをめぐる判例として、平成26年に「妊娠をきっかけとする降格は男女雇用機会均等法違反」とする最高裁の判断がなされた事件があります。副主任の助成が妊娠時に負担の軽い業務への配属替えを希望したところ、異動と同時に副主任の任を解かれたことが経緯となっています。最終的には降格人事が違法であると認められ、勤務先には175万円の賠償を行うことが命じられました。この判決を受けて、平成27年に男女雇用機会均等法及び育児・介護休業法の解釈通達が改正されました。妊娠・出産・育児休業などを契機に不利益な取扱いが行われた場合、妊娠・出産、育児休業等などを理由に不利益な取扱いが行われたものとして扱われます。

み

■未支給の給付（みしきゅうのきゅうふ）
　社会保険の給付で、受給権者が死亡したため、まだ支給されていない保険給付を未支給の給付といいます。
　社会保険の保険給付は、ほとんどの給付が後払いのため、受給権（請求権）が具体的に発生したときに受給権者本人が死亡してしまっていることもあります。そのような場合には、未支給となった保険の給付が発生します。
　未支給の保険給付がある場合、死亡した者の配偶者、子、父母、孫、祖父母、兄弟姉妹で、死亡した者と生計を同じくしていた者のうち、最先順位者は、自己の名で請求することができます。なお、労災保険の遺族補償年金（または遺族年金）に限り、生計が同一である必要はありません。

■みなし残業制度（みなしざんぎょうせいど）
　毎月、一定時間の時間外労働を行ったものとして設定した割増賃金額を給与額に含めて支払う制度のことです。固定残業制や定額残業代ともいいます。
　みなし残業制度を実施した場合でも、労働者が設定した時間外労働を超えた労働を行った場合は、超過分の割増賃金の支払いをすることが義務付けられます。

■みなし労働時間（みなしろうどうじかん）
　営業社員のように労働時間の算定が難しい外回りで働く人について、労働基準法は「事業場外（事業場施設の外）で業

務に従事した場合において、労働時間を算定し難いときは、所定労働時間労働したものとみなす」と定めています（労働基準法38条の2第1項）。これをみなし労働時間といいます。

■身元保証（みもとほしょう）

保証の一種で、労働者が会社に損害を与えた場合に、保証人が会社に対してその損害賠償の保証をするという契約のことです。

身元保証は、保証人が支払うべき金額が多額になる危険性があります。そのため、保証人の保護を目的として、身元保証法（身元保証に関する法律）が制定されています。

身元保証法によれば、保証契約は原則として5年以内に制限されます（身分保証法2条）。また、労働者が勤務地を変更した場合などには、会社が保証人に労働者の状況について通知しなければならないとされています（同法3条）。

め

■メタボ健診（めたぼけんしん）

成人病を予防するために行う、肥満や血糖値、コレステロール値、血圧などを診断する健康診断です。

内臓脂肪の蓄積による生活習慣病の予防を目的とした健康診断です。

40～74歳の健康保険加入者に対して実施されていて、メタボリックシンドローム（内臓脂肪症候群）を抽出し、その予備軍を含めてメタボリックシンドロームと診断されるとそれぞれの状態に応じた保健指導をうけることになります。

具体的には、腹囲またはBMI［体重（kg）÷身長（m）×身長（m）］による肥満状況の検査、血糖値、コレステロール値、血圧、喫煙習慣の検査が行われます。

■メリット制（めりっとせい）

労働災害を起こさない事業所と、よく起こす事業所を保険料徴収で差別化する制度です。

労災保険は、原則として業種ごとに保険料率が定められています。労働災害が発生しやすい危険の伴う業種は高く、危険な作業の少ない業種は低く設定されています。しかし、業種ごとに一律に保険料率を設定してしまうと、労災防止に努力している事業所とあまり努力をせずに多くの労働災害を発生させている事業所が同じ保険料を払うことになるので、不公平な結果となります。そこで、労災事故が少ない事業所の保険料率を引き下げ、逆に多い事業所の保険料率を引き上げる制度を導入したものです。

■免税所得（めんぜいしょとく）

年末調整や確定申告で納税額を計算する際に用いられる区分のひとつで、租税特別措置法により定められた、所得税の課税が免除される収入部分のことです。具体的には、牛肉を売却する場合の農業所得などが挙げられます。

■面接指導（めんせつしどう）

過重労働による健康障害を防止するため、すべての事業場において、長時間労働者に対して医師による面接指導の実施を義務付ける制度です。

長時間労働は、脳血管疾患や虚血性心疾患等の発症と関連性が強いとされていることから、その予防のため、さらにはメ

ンタルヘルスに対する配慮のため、医師による面接指導を行うことになりました。

面接指導の対象となる労働者は、週40時間を超えて労働した場合で、その超えた時間が1か月当たり100時間を超え、かつ、疲労の蓄積が認められる労働者です。そのような労働者から申し出があった場合には、事業者は、原則として医師による面接指導を行わなければなりません。

また、事業者は、1か月当たり80時間を超えたことにより疲労の蓄積が認められ、または健康上の不安を有している労働者に対しても面接指導、あるいはそれに準じる措置を行うように努めなければなりません。

■メンタルヘルス（めんたるへるす）

一般的に、心の健康のことをメンタルヘルスといいます。実力主義化・格差社会化が進む中で、心の健康を害する社員が増加して問題となったことにより注目を集めました。うつ病や自殺といった事態に陥る前にケアすることが大切だといえます。なお、労働者のメンタルヘルス障害についても労災認定基準が作成されているため、使用者は職場のメンタルヘルス対策を重要な問題として捉える必要があります。

も

■持株会（もちかぶかい）

自社株を購入する従業員の集まりのことを持株会といいます。持株会の会員になると、出資金額にあわせて株式を購入することができます。単元株数に満たなくても株主になれるため、少額で株式投資をすることが可能です。なお、持株会の会費は、労使協定を締結することで給与から控除することが可能です。

■元請負人／下請負人（もとうけおいにん／したうけおいにん）

元請負人とは、建設工事などの事業を注文者から直接請け負った者のことです。下請負人とは、元請負人が注文者から請け負った工事を行うために使用する工事業者などのことをいいます。

■元方安全衛生管理者（もとかたあんぜんえいせいかんりしゃ）

建設現場で統括安全衛生責任者のもとで技術的な事項を管理する実質的な安全衛生管理者をいいます。

一定の規模以上の建設現場などでは、同一の場所で異なる事業者に雇用された労働者が作業を行うことがあります。このとき元請負人と下請負人の連携が円滑にいくように、統括安全衛生責任者、元方安全衛生管理者、安全衛生責任者を選任しなければなりません。統括安全衛生責任者がそのトップとして指揮するのですが、実務的なところで、元方安全衛生管理者が技術的事項の管理の側面から統括安全衛生責任者を補佐します。元方安全衛生管理者になるためには、学校教育において理科系統の学科を修了し、学歴に応じた実務経験が必要です。

■元方事業者（もとかたじぎょうしゃ）

事業者のうち、一つの場所で行う事業の業務の一部分を、請負人に依頼している事業者のことを、元方事業者といいます。

複数の請負関係が存在する事業の場合は、最も上位に位置する注文者のことをさします。

や・ら・わ行

■役員（やくいん）
　会社法上、取締役、会計参与、監査役のことを役員といいます（会社法329条）。役員は株主総会の決議によって選任されます。また、株式会社と役員は委任の関係にあります。

　なお、役員と役員等は異なります。役員等という場合には、取締役、会計参与、監査役、執行役、会計監査人のことをさします（同法423条）。

■役員賞与（やくいんしょうよ）
　役員が会社から受け取る金銭には、通常の月額報酬の他に、会社が利益をあげた場合に支払われる賞与や、退職する場合に支払われる退職慰労金があります。このうち、役員に対して賞与として支払われる金銭のことを役員賞与といいます。

　取締役が受け取る報酬については、株主総会決議を経なければなりません（会社法361条）。賞与も報酬の一種ですので、取締役に支給するためには株主総会決議を経なければなりません。

■役職手当（やくしょくてあて）
　部長職や課長職、係長職など、部門を束ねる立場として役職を持つ従業員に対し、給与支給の際に基本手当に上乗せして支給される金額のことです。役付手当や役付給与といった名称が使用されることもあります。

　役職手当の支給は法律による義務はなく、各企業が就業規則に定めることによって有効となります。

■雇入れ時・作業内容変更時教育（やといいれじ・さぎょうないようへんこうじきょういく）
　労働安全衛生法で実施が義務付けられた、安全衛生教育のひとつで、労働者を新たに雇い入れた場合や異動により労働者の作業内容が変更になった場合に教育を行う必要があります。

　具体的な教育内容には、ⓐ機械・原材料の危険性・有害性・取扱い方法、ⓑ安全装置・有害物抑制装置・保護具の性能・取扱い方法、ⓒ作業手順の内容、ⓓ作業開始時における点検について、ⓔ業務遂行により発生の危険がある疾病の原因・予防方法、ⓕ整理・整頓・清潔の保持方法、などが挙げられます。

■雇止め（やといどめ）
　契約期間の定めがある労働契約により雇用していた契約社員やパート労働者について、期間の満了により契約を終了させることを雇止めといいます。

　雇用期間が満了すれば雇用契約は終了するのが原則です。しかし、労働者の保護の観点から、合理的な理由がなければ使用者は雇用契約を更新しなければならず、合理的な理由かどうかは労働者の業務内容や労働形態、継続雇用への期待をもたせる制度や言動があったか、などの状況から判断されます。

■有害物質（ゆうがいぶっしつ）
　人体の健康に負傷や疾病などの悪影響を及ぼす可能性がある物質のことで、石綿や黄りんマッチ、ベンジジン、ベリリウムなど内容は多岐に渡ります。国の調査により高い有害性が確認された物質の場合は、製造に許可が必要な物質や特別

規制が設けられた物質などがあります。

■**有期事業（ゆうきじぎょう）**

建設の事業や林業の事業のように、一定の予定期間に所定の事業目的を達成して終了する事業のことです。

労働保険徴収法（労働保険の保険料の徴収等に関する法律）に関する用語で、有期事業以外のことを継続事業といいます。

労働保険は原則として「事業」単位で適用されます。しかし、同一事業主が小規模な有期事業を順次開始し、同時に複数の事業が存在するケースも少なくありません。このような場合、それぞれを個別に1つの事業として取り扱うと事務処理が煩雑になるため、法律上当然にそれらの有期事業を一括して1つの事業として取り扱われます。このことを、有期事業の一括といいます。ただし、一定規模以上の事業は除外されます。

有期事業の一括により、同一の事業主が同時並行して行う有期事業の保険手続きがひとまとめにして行われます。全体として長期の事業となるため、労働保険料の申告納付においては、継続事業のように取り扱われることになります。

■**有給休暇（ゆうきゅうきゅうか）**

⇨年次有給休暇

■**諭旨解雇（ゆしかいこ）**

労働者の行為が懲戒解雇事由に該当するような場合であっても、懲戒解雇とせずに使用者が労働者に自主的な退職を促し、労働者がこれを受け入れて自分から退職することを諭旨解雇といいます。

使用者が労働者に対して一方的に労働契約を終了させる解雇には、懲戒解雇、諭旨解雇、整理解雇、普通解雇があります。懲戒解雇は労働者が服務規定に違反する行為、それも重大な違反を行った場合に懲罰として解雇されることをいいます。しかし、懲戒解雇になると通常退職金も支給されず、離職理由も「懲戒解雇」として記録されます。

そこで、違反をした労働者であっても情状酌量の余地がある場合に、懲戒解雇とせずに、自主的に退職するように促し、退職させます。これが諭旨解雇です。この場合、形式上、自己都合退職になるため、懲戒解雇の場合と異なり、労働基準監督署の認定は不要になります。

■**ユニオン（ゆにおん）**

会社外で組織される労働組合のうち、個人でも加入できるものをいいます。労働組合は、社内労働組合が一般的ですが、特に中小零細企業においては、労働組合を設置していないことも少なくありません。そこで、労働者が個人単位で、ユニオンに加入することで、労働者に不利な雇用条件や、労働環境の改善を求めることが可能になります。

■**ユニオンショップ制（ゆにおんしょっぷせい）**

労働組合の形態のひとつで、採用時に労働組合に加入することが義務付けられ、加入しなかったり、脱退すると使用者はその労働者を解雇しなければならないという制度です。

労働組合には、ユニオンショップの他、組合員のみしか採用することができないクローズドショップ制、労働組合の加入を労働者の自由意思にまかせるオープン

ショップ制があります。ユニオンショップ制は日本でも広く用いられています。組合に入らない自由、組合選択の自由に反するものとしてユニオンショップ協定は無効であるとする考え方もありますが、一般的には、労働者の過半数を代表するという要件を満たせば、有効であるとされています。

■翌月引去（よくげつひきさり）
　当月にかかる保険料を、その翌月の給与から控除する方法のことです。給与計算の際には、自身の会社が当月引去か翌月引去かを事前に確認する必要があります。
　たとえば、20日締め・翌月10日払いの方法をとる会社に、4月1日に新入社員が入社した場合は、4月分の保険料は6月10日支給分で控除することになります。

■呼び出し調査（よびだしちょうさ）
　労働基準監督署が必要となる帳簿などを持参の上、出向くよう呼び出しを行った上で調査を行うことです。呼び出し調査を行う理由の多くには、労働基準監督署が定期的に実施している調査の一環であるケースなどが挙げられます。

■離婚時の年金分割（りこんじのねんきんぶんかつ）
　離婚すると女性の年金が少額になるケースが多いため、夫の分の年金を離婚後は妻に分割できるようにする制度です。離婚分割制度には平成19年4月1日から施行されている合意分割制度と平成20年4月1日から実施されている3号分割制度があります。

■離職票（りしょくひょう）
　雇用保険被保険者離職票といいます。公共職業安定所（ハローワーク）が被保険者でなくなった者（離職者）に対して、事業主を通して交付する書類です。雇用保険の失業等給付の各給付の計算の基礎とされます。

■リスクアセスメント（りすくあせすめんと）
　労働安全衛生法における、事業場内で発生する可能性がある危険性や有害性を明らかにし、危険性を優先順に整理し、リスクの度合いを算出する方法のことです。算出されたリスクの度合いを低くするための対策を検討し、実施した上で結果を記し、事業場内での危険を防いでいきます。

■療養の給付（りょうようのきゅうふ）
　業務外の病気、ケガなどについて、病院や診療所などで診察を受けたり、薬をもらったり、手術を受けたり、入院した場合に受けることができる健康保険の給付です。治療（行為）という現物により支給される医療給付です。

■療養費（りょうようひ）
　保険者（全国健康保険協会および健康保険組合）が療養の給付が困難であると認めたときや、被保険者が保険医療機関・保険薬局以外の医療機関・薬局で診療や調剤を受けたことにつきやむを得ないと認められたときに支給される健康保険の給付です。現金給付で行われます。

■療養補償給付（りょうようほしょうきゅうふ）

業務上または通勤途上の負傷・疾病によって療養を必要とする場合に行われる労災保険の給付です。治療を行うという現物給付の「療養の給付」と、現金給付の「療養の費用の支給」の2種類があります。なお、通勤中の負傷・疾病により療養を必要とする場合、労災保険から療養給付が支給されます。療養補償給付と療養給付をあわせて療養（補償）給付と表現することもあります。

■臨検（りんけん）

一般には、行政機関などが法規の遵守状況などの確認のために、現場に出向いて立入検査することをいいます。

労働基準監督署による企業に対する立入検査も臨検といいます。

雇用者が不当な条件で労働者を働かせているような場合に臨検が行われ、そのような状況を是正するような措置が講じられることになります。

■労災隠し（ろうさいかくし）

発生した労働災害を労働基準監督署に報告しないことを労災隠しといいます。

労働災害が発生した場合、使用者は労働基準監督署にその状況や原因などを報告しなければなりません。労災を労災として届けることで、負傷（病気）した労働者は、労災保険の給付で治療を受けることができます。労災として届けない場合には、労働者は健康保険の保険給付を受け、医療機関で3割を自己負担しなければなりません（本来、業務上の傷病は健康保険の保険給付を受けることはできません）。

しかし、労災を報告すると、労働保険料のメリット制の適用により保険料率が上がってしまいます。また、対外的な評判も悪くなります。そのようなマイナス要因を排除するため、実際に起きてしまった労災を届け出ない使用者がおり、問題となっています。

■労災病院（ろうさいびょういん）

労働災害や職業病への対応として、勤労者医療という考えの下に運営されている医療機関です。

勤労者医療とは、勤労者の健康と職業生活を守ることを目的とした医療と医療に関連する行為の総称です。その中心的役割を果たしているのが、労働者健康福祉機構が運営する労災病院です。労災病院は、全国に点在し、予防から治療、リハビリテーション、職場復帰に至る一貫した高度・専門的医療を提供するだけでなく、職場における健康確保のための活動への支援を行っています。

■労災保険料率（ろうさいほけんりつ）

労災保険に加入する事業主に支払う義務のある労災保険の料率のことです。

原則として、労働者を1人以上雇用する事業所は労災保険への加入義務があります。労災保険料率は、過去3年間の労働災害の発生状況をもとに、3年ごとに改定されています。なお、改定時期は4月となります。

■労使委員会（ろうしいいんかい）

賃金などの労働条件に関する事項を審議する、使用者とその事業所の労働者を代表する者が構成員となっている委員会です（労働基準法38条の4）。

企画業務型裁量労働制を導入する際は、対象となる事業所において労使委員会を設置し、当該委員会の委員の5分の4以上の多数による決議で、必要な事項を決議する必要があります。

■労使協定（ろうしきょうてい）

事業所に、労働者の過半数で組織する労働組合があるときはその労働組合（労働者の過半数で組織する労働組合がないときは労働者の過半数を代表する者）と使用者の間で結ぶ書面による協定です。その効力は、労働基準法の原則的な定めによらない場合でも法違反にならないという免罰効果が得られることにあります。労使協定には、行政官庁（労働基準監督署）への届出が義務付けられているものとそうでないものがあります。

■労働安全衛生法（ろうどうあんぜんえいせいほう）

職場における労働者の安全と健康を確保し、快適な作業環境をつくることを目的とした法律です。昭和47年（1972年）に労働基準法の第5章「安全と衛生」の部分を独立させる形で作られました。

■労働安全コンサルタント（ろうどうあんぜんこんさるたんと）

労働安全衛生法により定められた「労働安全コンサルタント試験」に合格し、登録を行った者のことです。労働安全コンサルタントは、事業場内で選出する安全管理者となることができ、事業場における労働者の安全を守るための活動を行います。

■労働委員会（ろうどういいんかい）

賃金や労働時間など労働条件をめぐる労使間の紛争が自主的に解決困難な場合に、中立・公平な第三者として仲介をし、紛争解決の援助をする公的機関です。

もともと労働組合と会社側の労使紛争（集団的労使紛争）を解決するために設置された機関ですが、現在では労働者個人と会社側との紛争解決にも取り組んでいます。各都道府県に設置されている労働委員会（都道府県労働委員会）は、個別労働関係の紛争解決のためにあっせんや相談・助言などを行っています。

■労働衛生コンサルタント（ろうどうえいせいこんさるたんと）

労働安全衛生法により定められた「労働衛生コンサルタント試験」に合格し、登録を行った者のことです。労働衛生コンサルタントは、事業場内で選出する衛生管理者となることができ、事業場における労働者の衛生を守るための活動を行います。

■労働関係調整法（ろうどうかんけいちょうせいほう）

労働基準法、労働組合法と並ぶ労働三法のひとつで、労働条件などをめぐっておきる労使間のトラブルを防止し、あるいは解決するための法律です。

労働者が自らの労働条件の向上をめざし、ストライキなどの行動に出ることがあります。このような労働争議を予防し、または解決して産業の平和を維持し、ひいては経済の発展に寄与することを目的にしています。現実に労働争議が発生した場合には、使用者委員、労働者委員、公益委員による労働委員会により裁定が

行われます。

■労働基準監督署（ろうどうきじゅんかんとくしょ）

労働基準法等の法律に基づき事業所の監督指導、労働保険の加入手続き、労災保険の給付等を主な業務内容とする公的機関です。労働基準法による規制の実効性を確保するために、企業に対して書類の提出を要求したり、尋問をするなどの権限が与えられています。

■労働基準法（ろうどうきじゅんほう）

労働者を保護するために労働条件の最低基準を示している法律です。労働基準法に反する労働（雇用）契約、就業規則、労働協約は無効となり、労働基準法の提示する最低基準が労働契約の内容になります。就業規則、労働協約、労働基準法の内容に食い違いがあるケースでは、労働基準法≧労働協約≧就業規則≧労働契約の順に効力が判断されます。

■労働基本権（ろうどうきほんけん）

憲法で保障された団結権、団体交渉権、団体行動権のことをいいます（憲法28条）。3つの権利を意味するので、労働三権とも呼ばれています。

団結権は、労働者が団結する権利のことです。具体的には、労働組合を結成する権利をいいます。

団体交渉権は、労働者がまとまって使用者と交渉する権利のことです。

団体行動権は、労働者がまとまって活動する権利のことです。具体的には、ストライキをする権利になります。

■労働供給契約（ろうどうきょうきゅうけいやく）

他人の労力を利用する契約のことを労働供給契約といいます。雇用・請負（請負人がある仕事の完成を約束し、注文者がその仕事の結果に対して報酬を支払うことを約束することによって成立する契約）・委任（当事者の一方が、法律行為の事務処理をすることを相手方に委託し、相手方がこれを承諾することで成立する契約）、寄託（当事者の一方が相手方のために保管することを約してある物を受け取ることによって成立する契約）の4種類があります。

たとえば、雇用であれば使用者の下で働くという形で労働を供給していますし、請負であればある仕事を完成させるために労働を供給していることになります。

■労働協約（ろうどうきょうやく）

労働組合が労働条件を向上させるために使用者との間で書面により結んだ取り決めです。組合員の賃金、労働時間、休日、休暇などの労働条件や労働組合と使用者との関係についての事項が内容とされ、団体交渉によって労使間で合意に達した事項を文書化し、労使双方の代表者が署名または記名押印することで効力が生じます。労働協約は、使用者が主導的立場で制定できる就業規則とは異なります。法律、労働協約、就業規則に齟齬が生じた場合、法律が最優先され、法律に違反する労働協約は無効とされますが、労働協約に違反する労働契約や就業規則は無効となり、無効となった部分は労働協約で決めている内容が労働契約の内容になります。

なお、労働協約が及ぶのは原則として

協約の当事者である労働組合の組合員に限られます。ただし、事業所に常時使用される同種の労働者の4分の3以上の労働者が労働協約の適用を受ける場合、組合員以外の労働者にも労働協約が適用されることが規定されています（労働組合法17条）。

■労働局（ろうどうきょく）

厚生労働省の地方出先機関のひとつが労働局です。各都道府県におかれています。各労働局の下には労働基準監督署および公共職業安定所（ハローワーク）があります。

■労働組合（ろうどうくみあい）

労働条件の改善や賃金の引上げなどを目的として、労働者の間で組織される団体のことを労働組合といいます。労働者の経済的地位の向上を図ることを目的としています。労働組合の組織や運営は、使用者から独立したものでなければなりません。勤労者の団結する権利は憲法上保障されているので（憲法28条）、労働組合を組織することは憲法上認められた行為だといえます。

日本の企業は、新たに雇用された労働者は労働組合に加入しなければならないとしていることが多いようです（ユニオンショップ協定）。

■労働組合法（ろうどうくみあいほう）

労働組合の結成および活動に関する法律関係を定めた法律です。昭和24年に施行されました。労使対等を促進することにより労働者の地位向上を図ることを目的としています。

労働組合の行う活動について民事上・刑事上の責任を免責する規定（労働組合法1条2項）、不当労働行為（同法7条）に対する救済制度、労働協約、労働委員会について規定しています。

■労働契約（ろうどうけいやく）

労働者が労働力を提供し、使用者がその労働力に対する対価（賃金）を支払うことを約した契約のことです。雇用契約ともいいます。

■労働契約法（ろうどうけいやくほう）

労働者と使用者が労働契約を定めるにあたって守らなければならないルールについて定めた法律です。平成20年3月に施行されています。

使用者と比べて立場の弱い労働者を保護し、労使関係が安定することを目的としています。労働契約の締結にあたって、労働者および使用者の対等な立場における合意を要求しています（労働契約法3条）。

日本の企業において就業規則で一括して個々の労働者の労働条件が定められている実態を重視し、就業規則に関する規定を多く置いています（同法7条、9条、13条など）。

また、解雇については、客観的に合理的な理由がない解雇については無効とされることを明記し（同法16条）、契約期間が定められている従業員についても、やむを得ない理由がない限り期間中の解雇が認められないことを明文で定めています（同法17条）。

さらに、有期労働者の安定した雇用を守るため、有期契約労働者が同一の職場で5年を超えて働いた場合は、申し出により無期雇用に転換することができる旨も定められています。

■労働契約申込みみなし制度（ろうどうけいやくもうしこみみなしせいど）

派遣先企業が受入期間の制限に違反した場合に、派遣先企業がその派遣労働者に対して「直接雇用の申込みをした」とみなす制度です。

受入期間の制限違反とは、同一組織内に３年を超えて同一の派遣労働者を受け入れた場合や、過半数労働組合等に聴取せずに受入期間を延長して派遣労働者を受け入れた場合です。また、派遣禁止業務に従事させた場合や無許可の派遣会社から派遣労働者を受け入れた場合、労働者派遣以外の名目で契約を締結していた場合も適用対象です。

なお、「労働契約申込みみなし制度」が適用されても、派遣労働者が申込みを承諾しない場合には、雇用契約は成立しません。また、派遣元は、派遣労働者に対して就業条件とあわせて制度の概要を明示する必要があります。

■労働災害（ろうどうさいがい）

労働者が業務や通勤に伴って、ケガをしたり、病気になったり、死亡した場合に、その原因となった災害のことを労働災害といいます。業務上の原因による業務災害と、通勤中の原因による通勤災害の２種類があります。

労働災害と認められるためには、そのケガ等と業務・通勤の間に、相当因果関係があることが必要です。労働災害として認められると、労働者災害補償保険法上の保険給付を受けることができます。

■労働災害防止計画（ろうどうさいがいぼうしけいかく）

労働者が事業場で災害に遭うことを防ぐため、事業者に策定することが義務付けられている計画のことをいいます。

事業者は、労働災害防止計画を策定するにあたり、まずは労働政策審議会の意見を聴きます。その上で社会情勢による労働災害の変化を反映させ、労働災害防止対策またはその他労働災害の防止に関する事項を定めます。

具体的には、ⓐ計画の目標（死亡者数の減少など数値目標を掲げる）、ⓑ重点施策、ⓒ重点施策ごとの具体的取り組み、などを策定することになります。

■労働三権（ろうどうさんけん）
　⇨労働基本権

■労働三法（ろうどうさんぽう）

労働基準法、労働組合法、労働関係調整法の３つをまとめた総称です。多くの労働法の中心となる法律です。

■労働時間（ろうどうじかん）

労働者が使用者の指揮監督（命令）の下にある時間のことです。始業時刻から終業時刻までの拘束されている時間から休憩時間を除いた時間が労働時間（実労働時間）となります。休憩時間は拘束時間内であっても、使用者の指揮監督から完全に解放されていて、自由に利用することができるため、労働時間には含めません。労働時間を計算する際に実労働時間を基礎として計算します。

■労働者（ろうどうしゃ）
　労働基準法や労働契約法において、会社などの使用者に雇用されることでその対価として労働を行い、賃金を受け取る者のことです。労働者と使用者は対等な関係を保つべきであり、この理念に基づいて定められたのが労働基準法です。

■労働者災害補償保険（ろうどうしゃさいがいほしょうほけん）
　労働者やその遺族のために必要な保険給付を行う保険制度です。業務上の事由または通勤による労働者の負傷・疾病・障害または死亡に対して給付が行われます。労災保険といわれていますが、正式には労働者災害補償保険といいます。
　労災保険は、適用事業に使用される労働者のすべてに適用されます。労災保険は、農業、林業、水産業での一定の規模以下の個人経営の事業を除き、一人でも労働者を雇用するすべての事業所に適用されます。正規労働者やパート・アルバイトなどの雇用形態は一切関係なく、常時雇用されているかどうかも問いません。日雇労働者についても労災保険の適用があります。また、外国人であっても適用されます。さらにその外国人が不法就労者であっても、労働災害が発生した場合は労災保険の適用を受けることができます。

■労働者死傷病報告（ろうどうしゃししょうびょうほうこく）
　労働者が労働災害（業務中のケガや疾病）を被った場合に提出が義務付けられている報告書のことです。
　労働災害による休業の日数により提出する書式が異なります。休業日数が4日以上の場合は遅滞なく報告を行うことが求められますが、休業日数が4日未満の場合は、四半期ごとにまとめてその翌月末までに報告を行います。たとえば、4月から6月の間に起こった労働災害は、7月末までに提出する必要があります。

■労働者代表（ろうどうしゃだいひょう）
　その事業所に労働者の過半数で組織する労働組合があるときはその労働組合のことを意味します。その事業所に労働者の過半数で組織する労働組合がない場合は、労働者の過半数を代表する者となります。

■労働者年金保険（ろうどうしゃねんきんほけん）
　昭和17年（1942年）6月に施行された制度で、現在の厚生年金保険の前身となっている制度です。戦時下にあって非事務系の男性労働者だけを対象にし、報酬比例部分だけを給付することにしていましたが、昭和19年（1944年）に事務系男性や女性にも適用範囲を拡大し、厚生年金保険となりました。
　もともと年金制度誕生のきっかけは「戦費集め」の口実であったと言われています。戦後、会社員に対しては厚生年金、公務員に対しては共済年金として発展し、昭和36年（1961年）には自営業者を含めた国民年金法が成立しました。そのため現在は3つの年金制度が存在し、不平等感のある制度となっているため、年金の一元化が議論されています。

■労働者の心の健康の保持増進のための指針（ろうどうしゃのこころのけんこうのほじぞうしんのためのししん）

事業者が労働者のメンタルヘルス対策を実施するにあたって、行うべきとされている実施手順を定めた指針です。厚生労働省が策定しています。

指針には、衛生委員会などが調査審議を行うことや、それに基づいて「心の健康づくり計画」を策定すること、計画の実施においては4つのケア（ⓐセルフケア、ⓑラインによるケア、ⓒ事業場内産業保健スタッフによるケア、ⓓ事業場外資源によるケア）を適切に実施すること、などが規定されています。

■労働者派遣法（ろうどうしゃはけんほう）

正式名を「労働者派遣事業の適正な運営の確保及び派遣労働者の就業条件の整備等に関する法律」といいます。派遣労働者の保護を目的としています。

派遣労働者は労働契約期間が限定されており、使用者と比べて非常に弱い立場にあります。そのため、労働者派遣法により、一定の保護がなされています。

港湾運送業務、建設業務、警備業務など、労働者派遣が認められない業務として労働者派遣法で定められた業務を除いて、すべての業務で派遣労働が認められています（労働者派遣法4条）。

なお、平成27年の法改正により、派遣期間の制限がない専門26業務が廃止されました。また、派遣労働者個人単位での同一組織における派遣期間が最大3年となったため、3年以降も就労させる場合は組織を変更しなければなりません。

さらに、事業所単位での派遣労働者の受入可能期間が原則として3年になりました。3年を超えた受け入れを検討する場合は、派遣先企業に設置された労働組合などへの意見聴取が求められます。

■労働者名簿（ろうどうしゃめいぼ）

使用者が事業所ごとに調整し、各労働者（日々雇い入れられる者を除く）について、氏名、生年月日、履歴その他の事項を記入する帳簿です。法定三帳簿のひとつで使用者に作成が義務付けられています。

■労働条件（ろうどうじょうけん）

賃金や労働時間など、労働者の就労に関する条件のことを労働条件といいます。

労働基準法を中心とした法律の制約があります。労働基準法に違反する労働条件については是正しなければなりません。また、労働基準法以外にも、男女雇用機会均等法、最低賃金法などの法律を遵守して労働条件を定める必要があります。

■労働審判（ろうどうしんぱん）

労働者と雇用者との間の紛争を解決する手続きのことをいいます。労働審判の申立てについては、申立人が、管轄の地方裁判所に労働審判申立書を提出する方法で行います。

裁判官である労働審判官と一般の人である労働審判員が協力して紛争の解決にあたります。

労働審判では、賃金未払いの問題や職場内でのセクハラなどから生じたトラブルの解決にあたります。労働審判は原則として3回以内の期日で審理を終えるというしくみをとっており、訴訟に比べて

時間がかからないのが特徴です。また、申立ての際の手数料は、一般民事訴訟の半分と定められており、訴訟に比べて手数料が安く設定されている点も特徴のひとつです。

■労働法（ろうどうほう）
　労働基準法、労働組合法、労働者派遣法、育児・介護休業法、男女雇用機会均等法などの多数の法律と命令（政・省令）、通達を総称したものです。これらは働く人が生活と健康を守りながら仕事をするために重要な役割を果たしています。

■労働保険（ろうどうほけん）
　労働者災害補償保険（労災保険）と雇用保険の総称です。労災保険と雇用保険は、保険給付では別々に行われますが、保険料の納付において一体のものとして取り扱われます。これを一元適用事業といいます。ただし、建設業や農林、水産など、一部の事業では、労災保険料の納付と雇用保険料の納付が別個に取り扱われています。このような事業を二元適用事業といいます。
　労働保険の保険料は、年間の賃金総額に労災保険の保険料率と雇用保険の保険料率の合計を掛けたものを保険料として納付します。納付の際には、まず見込額より概算保険料を納付し、1年間の実績により、確定保険料を計算し、差額を調整します。概算保険料は、40万円以上（労災保険・雇用保険いずれか一方が成立する場合は20万円）のとき、最大3回まで分割による延納ができます。

■労働保険事務組合（ろうどうほけんじむくみあい）
　事業主の委託を受けて、労働保険の事務を代行する中小事業主などの団体です。商工会、商工会議所、事業協同組合などが厚生労働大臣の認可を受けて労働保険事務組合となっている例が多いようです。

■労働保険料（ろうどうほけんりょう）
　労災保険の保険料と雇用保険の保険料をまとめて労働保険料といいます。
　労働保険料の概算保険料（前払いで納めるその年度分の労働保険料）は一括で納付するのが原則です。
　ただし、概算保険料の額や労働保険事務組合への委託など、一定の条件に該当する場合には、事業主は労働保険料を分割して納付することができます。これを労働保険料の延納といいます。

■労務管理（ろうむかんり）
　労働生産性を高める目的から、企業がその従業員に対して行う管理のことです。労務管理の内容としては、人事・教育訓練・福利厚生・労働組合対策・人間関係管理などがあります。

■労務費率（ろうむひりつ）
　労災保険料を計算するにあたり、正確な賃金を計算することが困難な場合に、請負金額から賃金相当額を計算するための比率を労務費率といいます。
　労災保険料は、賃金総額に労災保険料率を掛けて計算します（労災保険＝賃金総額×労災保険料率）しかし、建設業などでは、下請け、孫請けへと数次の請負が行われます。本来は元請負人が下請

負人に雇用されるすべての労働者の賃金を算定し、前述の式に基づいて労災保険料を計算しなければなりませんが、現実的ではありません。

そこで、請負金額に一定の率を掛けたものを賃金総額とみなすことができます。ここで使用する率が労務費率で、事業の種類によって定められています。

■老齢基礎年金（ろうれいきそねんきん）

国民年金の保険料を納付したものに対し、老齢（原則65歳）により支給される年金をいいます。なお、会社員などは厚生年金に加入していますが、厚生年金保険料を支払うと（給与天引）、基礎年金についての給付も受給できます。

国民年金の保険料は、所得が少ない人は支払を免除されることもありますが、保険料の納付期間と保険料の免除期間の合計が25年以上ある人が受給でき、40年間にわたり全期間で納付した人は満額の年金を受給することができます。老齢基礎年金は国民年金から支給される年金で、老齢給付の土台となる年金です。25年以上の加入期間（経過措置あり）で受給資格を得たすべての者に支払われます。老齢基礎年金の年金額は「何か月保険料を払ったか」で決まります。20歳から60歳まで、40年間のすべての月の保険料を払った場合、満額で年78万100円を受給できます（平成28年4月分からの金額）。

■老齢厚生年金（ろうれいこうせいねんきん）

厚生年金の被保険者が、老齢基礎年金の上乗せとして受給することができる年金です。

会社員など事業所に雇用され、厚生年金に加入している場合、毎月厚生年金保険料を支払う（給与天引）ことになります。

国民年金の保険料の納付期間と保険料の免除期間の合計が25年以上ある人は、65歳になると老齢基礎年金を受給することができますが、その人が1年以上厚生年金に加入し、保険料を支払っている場合はその期間と額に応じて老齢厚生年金が老齢基礎年金に上乗せされて支給されます。

老齢厚生年金には、被保険者であった期間に応じて支払われる定額部分、その時の標準報酬月額に応じて支払われる報酬比例部分、配偶者や子の状況によって支払われる加給年金、があります。

■割増賃金（わりましちんぎん）

通常の賃金とは別に、時間単価を割増計算して支給される賃金です。主に時間外労働をした場合に、割増賃金が支払われます。

労働基準法では、1日8時間、週40時間という労働時間の上限を規定しています。この上限を超えて労働させる場合（いわゆる残業）は、使用者は、通常の賃金だけでなく、割増分の賃金を支払わなければなりません。

具体的な割増分については、月間の残業時間が60時間以下の場合は25％、60時間を超える場合には50％の割増賃金の支払いが必要です。22時から翌5時までの深夜勤務の場合は、25％の割増賃金の支払いが必要です。

法定休日（週に1日「法定」とした休日）に労働させた場合は35％の割増賃金の支払いが必要になります。

巻末

日常業務で使う
届出書式集

採用・退職・住所変更にかかわる書式

書式1　雇用保険被保険者資格取得届（235ページ）

社員を採用した場合、雇用保険の資格取得の手続きを行わなければなりません。正社員以外でも以下の場合には被保険者となります。
① 1週間の所定労働時間が20時間以上であり、31日以上雇用される見込みがあるパートタイマー（一般被保険者）
② 4か月を超えて季節的に雇用される者（短期雇用特例被保険者）
③ 30日以内の期間を定めて日々雇用される者（日雇労働被保険者）

なお、65歳に達した日以後新たに採用される者は被保険者にはなりませんが、平成29年以降は65歳以降の場合でも新たに雇用保険が適用されます。ただ、保険料の徴収は平成31年以降になります。

また、個人事業主、会社など法人の社長は雇用保険の被保険者にはなりませんが、代表者以外の取締役については、部長などの従業員としての身分があり、労働者としての賃金が支給されていると認められれば、被保険者となる場合があります。

添付書類は原則不要として不要です。ただし、事業主として初めてこの届出をする場合や、届出期限を過ぎたような場合には、①労働者名簿、出勤簿（またはタイムカード）、賃金台帳、労働条件通知書（パートタイマー）等の雇用の事実と雇入日が確認できる書類、②雇用保険適用事業所台帳を添付します。

書式2　健康保険厚生年金保険被保険者資格取得届（236ページ）

事業主は、採用した日から5日以内に「健康保険厚生年金保険被保険者資格取得届」を、事業所を管轄する年金事務所に届け出ます。

添付書類は、①健康保険被扶養者（異動）届（被扶養者がいる場合）、②定年再雇用の場合は就業規則、事業主の証明書等、です。

書式3　健康保険被扶養者（異動）届（237ページ）

事業主が「健康保険厚生年金保険被保険者資格取得届」と同時に、「健康保険被扶養者（異動）届」を管轄の年金事務所に届け出ます。添付書類は以下の通りです。

① 在学証明書（16歳以上で学生の場合）
② 非課税証明書など（16歳以上の場合）
③ 住民票（同一世帯要件が必要な場合）
④ 年金支払通知書写しなど（60歳以上の父母・祖父母など）
⑤ 年金支払通知書写しなど（60歳以上の父母・祖父母など）

書式4　国民年金第3号被保険者資格取得届（238ページ）

被保険者に、被扶養者である配偶者がいる場合には、「健康保険被扶養者異動届」だけでなく、「国民年金第3号被保険者資格取得・種別変更・種別確認（3号該当）届」の提出が必要になります。

年金制度のしくみとして、会社員や公務員など第2号被保険者に扶養されている配偶者は、国民年金の第3号被保険者という扱いをするため、そのための手続きが必要になるわけです。健康保険が協会けんぽの場合は「健康保険被扶養者異動届」と「国民年金第3号被保険者資格取得・種別変更・種別確認（3号該当）届」は複写式の書式となっているため、両方を同時に作成することができます。

手続きとしては、「国民年金第3号被保険者資格取得・種別変更・種別確認（3号該当）届」に配偶者の基礎年金番号を記入し、資格を取得した日から14日以内に管轄の年金事務所に届け出ます。添付書類は、生計維持を確認できる書類、日本国内に住所がない者については氏名、性別、生年月日を確認できる書類です。

書式5　健康保険厚生年金保険被保険者資格喪失届（239ページ）

　社員が離職したときは健康保険と厚生年金保険の資格も喪失します。資格の喪失日は原則として離職した日の翌日になります。

　事業主は、労働者が社会保険の資格を喪失した日（離職した日の翌日）から5日以内に管轄の年金事務所へ「健康保険厚生年金保険被保険者資格喪失届」を提出します。添付書類としては、健康保険被保険者証が必要になります。離職した者と連絡がつかない場合などには被保険者証を回収できないこともあります。そのようなときは、「資格喪失届」の他に「健康保険被保険者証回収不能届」を提出します。

　会社の社会保険事務という観点から注意すべき点は「月末退職」の問題です。資格の喪失日は原則として「離職した日の翌日」になることを前述しましたが、社会保険料は喪失した日（退職日の翌日）の属する月の前月まで発生します。このため、月末に退職すると社会保険料の負担が1か月分増えることになります。たとえば、10月に退職する場合で考えると以下のようになります。

10/30退職→10/31資格喪失→10月の前月である9月まで保険料発生
10/31退職→11/1資格喪失→11月の前月である10月まで保険料発生

　このように、退職日が1日違うだけで会社が負担する社会保険料が1か月分増加するため、月末退職を避ける方向で従業員と調整することも多くあります。ただし、厚生年金および健康保険の資格を喪失すると、その月について従業員は国民年金および国民健康保険に加入しなければならず、費用の面や手続きの煩雑さで従業員にとっては負担が増えることもあります。会社としては社会保険の制度を説明した上で、従業員と退職日の調整をするのがよいでしょう。

書式6　雇用保険被保険者資格喪失届（240ページ）

　社員が離職したときに雇用保険の資格を喪失させる手続きを行いま

す。主な離職理由には、①自己都合、②契約期間満了、③定年、④取締役就任、⑤移籍出向、⑥解雇があります。

事業主が、離職した日の翌日から10日以内に雇用保険被保険者資格喪失届を、管轄の公共職業安定所へ届け出ます。原則として「雇用保険被保険者離職証明書」を添付しますが、本人が離職票の交付を希望しないときは添付する必要がありません。

その他の添付書類には、①労働者名簿、②出勤簿、③賃金台帳、などがあります。また、離職理由によっては事実確認のための書類の提出が必要になることがあります。

書式7　離職証明書（241ページ）

離職した人が雇用保険の失業等給付を受けるためには、離職票が必要になります。そして、離職票の交付を受けるために作成しなければならない書類が離職証明書です。離職者が雇用保険の失業給付を受けるために離職票の交付を希望したときは、資格喪失届に加えて雇用保険被保険者離職証明書を作成します。離職票の交付を本人が希望しないとき（転職先が決まっているときなど）は作成・届出の必要はありません。ただし、離職者が59歳以上のときは本人の希望にかかわらず作成・届出をしなければなりません。

事業主は、離職日の翌日から10日以内に管轄の公共職業安定所に離職証明書を届け出ます。添付書類は、ⓐ雇用保険被保険者資格喪失届、ⓑ労働者名簿、ⓒ賃金台帳、ⓓ出勤簿、ⓔ退職届のコピーまたは解雇通知書など（離職理由が確認できる書類）です。

書式7は、平成27年3月20日に自己都合で離職した場合の離職証明書です。⑧欄の「被保険者期間算定対象期間」には、離職日から1か月ずつさかのぼり区分日付を記入していきます。さかのぼる月数は、⑨欄の「支払基礎日数」が11日以上ある月が12か月になるまでです。

その⑨欄には、月給者では、暦日数または所定出勤日数から欠勤控

除された日数を除いた日数を記入します。⑩欄の「賃金支払対象期間」には、離職日から直前における賃金締切日の翌日まで一区分としてさかのぼり、後は賃金締切日ごとに1か月ずつさかのぼり⑨欄と同じ列になるまで区分日付を記入していきます。

⑪欄には、賃金支払対象期間ごとに⑨欄と同様の方法で算出した日数を記入します。⑫欄の「賃金額」には、その支払対象期間に基づき支給されたすべての賃金の総額を記入します。忘れがちなのが通勤手当ですが、もちろんこれも算入します。

本ケースは自己都合での離職であることから、⑦欄には「労働者の個人的事情による離職（一身上の都合、転職希望等）」に○をつけます。

書式8 健康保険・厚生年金保険被保険者住所変更届（243ページ）

健康保険・厚生年金保険の被保険者の住所が変更になった場合、被保険者の被扶養配偶者の住所が変更になった場合に提出します。

被保険者やその被扶養配偶者に住所変更があった場合に、事業主が、管轄の年金事務所に、速やかに「健康保険・厚生年金保険被保険者住所変更届」を提出します。特に添付する書類はありません。

この届出は、複写式になっていて、2枚目が「国民年金第3号被保険者住所変更届」となっています。被保険者のみ住所変更する場合は1枚目のみ提出します。また、被扶養配偶者が被保険者と同居している場合は、書式中段の「□被保険者は配偶者と同居している」の□欄にチェックをつけます。いずれの場合も被扶養配偶者住所変更欄の記載は不要です。被扶養配偶者が被保険者と別の住所に変更するときは、被扶養配偶者住所変更欄の記載をします。

なお、雇用保険の場合は、住所変更の手続きを行う必要はありません。離職時に提出する喪失届に現時点での住所を記載することで足ります。また、結婚などにより氏名が変更になった場合は「雇用保険被保険者氏名変更届」という届出書を提出します。

書式1　雇用保険被保険者資格取得届

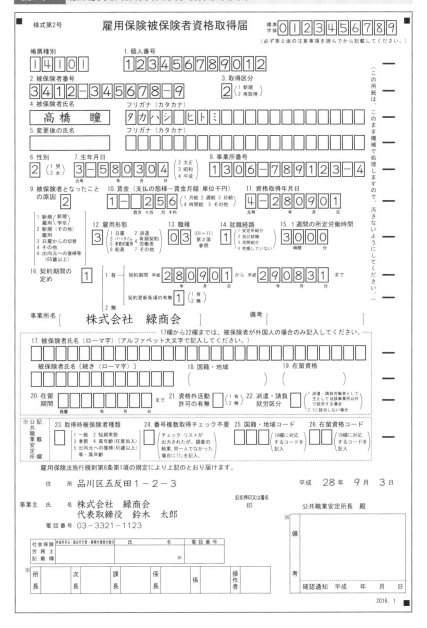

書式2 健康保険厚生年金保険被保険者資格取得届

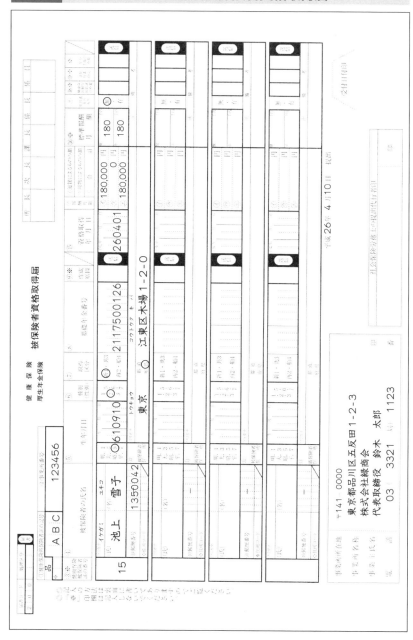

書式3　健康保険被扶養者（異動）届

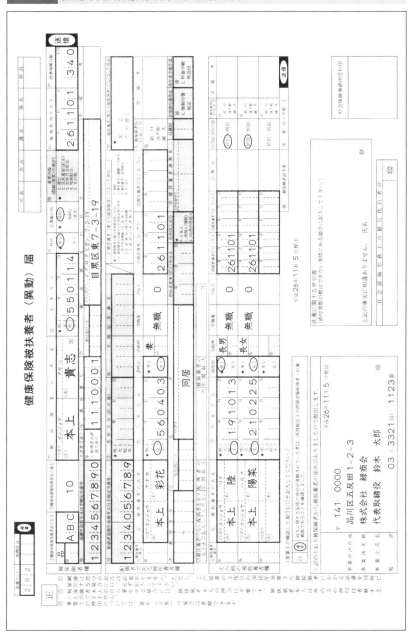

書式4 国民年金第3号被保険者資格取得・種別変更・種別確認（3号該当）届

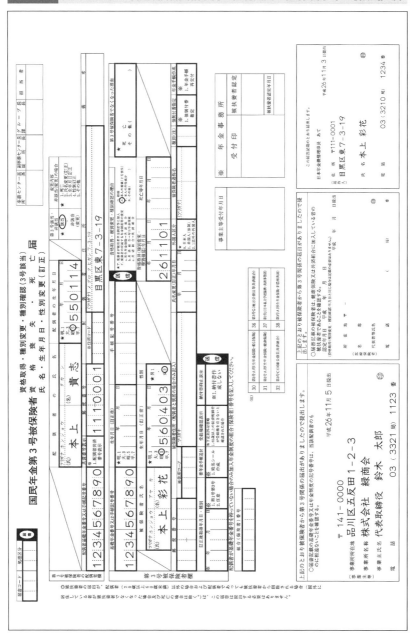

書式5 健康保険厚生年金保険被保険者資格喪失届

健康保険 厚生年金保険 被保険者資格喪失届

被保険者氏名: 加藤 聡
生年月日: 昭49年10月3日
個人番号(基礎年金番号): 2117 500 1352 7032 1
資格喪失年月日: 平成27年3月21日
標準報酬月額: 健200 厚200
備考: 平成27年3月20日 退職

平成27年 3月 24日 提出

事業所所在地: 〒141-0000 品川区五反田1-2-3
事業所名称: 株式会社 緑商会
事業主氏名: 代表取締役 鈴木 太郎 ㊞
電話: 03（3321）1123

書式6　雇用保険被保険者資格喪失届

様式第4号　（移行処理用）雇用保険被保険者　資格喪失届／氏名変更届

標準字体　0 1 2 3 4 5 6 7 8 9
（必ず第2面の注意事項を読んでから記載してください。）

※帳票種別：1 3 1 9　　0 氏名変更届／1 資格喪失届

1. 個人番号：2 3 4 5 6 7 8 9 0 1 2 3
2. 被保険者番号：5 0 1 8 - 1 3 5 2 4 6 - 1
3. 事業所番号：1 3 0 6 - 7 8 9 1 2 3 - 4
4. 資格取得年月日：4-260801（3 昭和／4 平成）
5. 離職等年月日：4-280320
6. 喪失原因：2（1 離職以外の理由／2 3以外の離職／3 事業主の都合による離職）
7. 離職票交付希望：1（1 有／2 無）
8. 1週間の所定労働時間：4000（時間／分）
9. 補充採用予定の有無：1（空白 無／1 有）
10. 新氏名：　　フリガナ（カタカナ）：

※公共職業安定所記載欄
11. 喪失時被保険者種類：（3 季節）
12. 国籍・地域コード：（17欄に対応するコードを記入）
13. 在留資格コード：（18欄に対応するコードを記入）

――14欄から18欄までは、被保険者が外国人の場合のみ記入してください。――
14. 被保険者氏名（ローマ字）または新氏名（ローマ字）（アルファベット大文字で記入してください。）
　　被保険者氏名（ローマ字）または新氏名（ローマ字）〔続き〕
15. 在留期間：西暦　　　　　まで
16. 派遣・請負就労区分：（1 派遣・請負労働者として主として当該事業所以外で就労していた場合／2 1に該当しない場合）
17. 国籍・地域：（　　）
18. 在留資格：（　　）

19. （フリガナ）カトウ サトシ　被保険者氏名：加藤 聡
20. 性別：男・女
21. 生年月日：（大正／昭和／平成）49年10月3日
22. 被保険者の住所又は居所：足立区足立1-2-3
23. 事業所名称：株式会社 緑商会
24. 氏名変更年月日：平成　年　月　日
25. 被保険者でなくなったことの原因：転職希望による退職

雇用保険法施行規則第7条第1項・第14条第1項の規定により、上記のとおり届けます。

平成 28 年 3 月 27 日

事業主　住所：品川区五反田1-2-3
　　　　氏名：株式会社 緑商会
　　　　　　　代表取締役 鈴木 太郎
　　　　電話番号：03-3321-1123

記名押印又は署名印

公共職業安定所長　殿

社会保険労務士記載欄

確認通知年月日　平成　年　月　日

2016. 1

書式7 離職証明書（月給労働者が転職により自己都合退職する場合）

雇用保険被保険者離職証明書（安定所提出用）

様式第5号

① 被保険者番号 1234-567890-1
② 事業所番号 1111-111111-1
③ フリガナ カトウサトシ
  離職者氏名 加藤聡
④ 離職年月日 平成27年3月20日

⑤ 名称 株式会社佐藤商事
  事業所所在地 品川区○○1-1-1
  電話番号 03-1111-1111

⑥ 離職者の住所又は居所 〒120-0123 足立区○○1-2-3
  電話番号（03）1234-5678

この証明書の記載は、事実に相違ないことを証明します。
事業主 住所 品川区○○1-1-1
氏名 代表取締役 佐藤清 ㊞

※離職票交付 平成　年　月　日
（交付番号　　　番）

離受領職票印

離職の日以前の賃金支払状況等

⑧被保険者期間算定対象期間		⑨⑧の期間における賃金支払基礎日数	⑩賃金支払対象期間	⑪⑩の基礎日数	⑫賃金額			⑬備考
Ⓐ一般被保険者等 離職日の翌日 3月21日	Ⓑ短期雇用特例被保険者				Ⓐ	Ⓑ	計	
2月21日～離職日	月　　日	28日	2月21日～離職日	28日	250,000			
1月21日～2月20日	月　　日	31日	1月21日～2月20日	31日	250,000			
12月21日～1月20日	月　　日	31日	12月21日～1月20日	31日	250,000			
11月21日～12月20日	月　　日	30日	11月21日～12月20日	30日	250,000			
10月21日～11月20日	月　　日	31日	10月21日～11月20日	31日	250,000			
9月21日～10月20日	月　　日	30日	9月21日～10月20日	30日	250,000			
8月21日～9月20日	月　　日	31日	8月21日～9月20日	31日	250,000			
7月21日～8月20日	月　　日	31日	7月21日～8月20日	31日	250,000			
6月21日～7月20日	月　　日	30日	6月21日～7月20日	30日	250,000			
5月21日～6月20日	月　　日	31日	5月21日～6月20日	31日	250,000			
4月21日～5月20日	月　　日	30日	4月21日～5月20日	30日	250,000			
3月21日～4月20日	月　　日	31日	3月21日～4月20日	31日	250,000			
月　日～月　日	月　　日		月　日～月　日					

⑭賃金に関する特記事項

⑯この証明書の記載内容（⑦欄を除く）は相違ないと認めます。（記名押印又は自筆による署名）
（離職者氏名）加藤聡 ㊞

※公共職業安定所記載欄
⑮欄の記載　有・無
⑯欄の記載　有・無
資・聴　有・無

社会保険労務士記載欄　作成年月日・提出代行者事務代理者の表示　氏名　電話番号　㊞

※所長　次長　課長　係長　係

⑦離職理由欄…事業主の方は、離職者の主たる離職理由が該当する理由を1つ選択し、左の事業主記入欄の□の中に○印を記入の上、下の具体的事情記載欄に具体的事情を記載してください。

【離職理由は所定給付日数・給付制限の有無に影響を与える場合があり、適正に記載してください。】

事業主記入欄	離 職 理 由	※離職区分
	1 事業所の倒産等によるもの	1 A
□ ……	(1) 倒産手続開始、手形取引停止による離職	
□ ……	(2) 事業所の廃止又は事業活動停止後事業再開の見込みがないため離職	1 B
	2 定年、労働契約期間満了等によるもの	
□ ……	(1) 定年による離職（定年　　歳）	2 A
□ ……	(2) 採用又は定年後の再雇用時等にあらかじめ定められた雇用期限到来による離職	
□ ……	(3) 労働契約期間満了等による離職	2 B
	① 一般労働者派遣事業に雇用される派遣労働者のうち常時雇用される労働者以外の者	
	（1回の契約期間　　箇月、通算契約期間　　箇月、契約更新回数　　回）	2 C
	（契約を更新又は延長することの確約・合意の 有・無 （更新又は延長しない旨の明示の 有・無））	
	（を希望する旨の申出があった	2 D
	労働者から契約の更新又は延長（を希望しない旨の申出があった	
	（の希望に関する申出はなかった	2 E
	a 労働者が適用基準に該当する派遣就業の指示を拒否したことによる場合	
	b 事業主が適用基準に該当する派遣就業の指示を行わなかったことによる場合（指示した派遣就業が取りやめになったことによる場合を含む。）	3 A
	（aに該当する場合は、更に下記の4のうち、該当する主たる離職理由を更に1つ選択し、○印を記入してください。該当するものがない場合は下記の5に○印を記入した上、具体的な理由を記載してください。）	3 B
	② 上記①以外の労働者	
	（1回の契約期間　　箇月、通算契約期間　　箇月、契約更新回数　　回）	3 C
	（契約を更新又は延長することの確約・合意の 有・無 （更新又は延長しない旨の明示の 有・無））	
	（直前の契約更新時に雇止め通知の 有・無 ）	3 D
	（を希望する旨の申出があった	
	労働者から契約の更新又は延長（を希望しない旨の申出があった	4 D
	（の希望に関する申出はなかった	
□ ……	(4) 早期退職優遇制度、選択定年制度等により離職	5 E
□ ……	(5) 移籍出向	
	3 事業主からの働きかけによるもの	
□ ……	(1) 解雇（重責解雇を除く。）	
□ ……	(2) 重責解雇（労働者の責めに帰すべき重大な理由による解雇）	
	(3) 希望退職の募集又は退職勧奨	
□ ……	① 事業の縮小又は一部休廃止に伴う人員整理を行うためのもの	
□ ……	② その他（理由を具体的に　　　　　　　　　　　　　　　　　）	
	4 労働者の判断によるもの	
	(1) 職場における事情による離職	
□ ……	① 労働条件に係る重大な問題（賃金低下、賃金遅配、過度な時間外労働、採用条件との相違等）があったと労働者が判断したため	
□ ……	② 就業環境に係る重大な問題（故意の排斥、嫌がらせ等）があったと労働者が判断したため	
□ ……	③ 事業主での大規模な人員整理があったことを考慮した離職	
□ ……	④ 職種転換等に適応することが困難であったため（教育訓練の有・無）	
□ ……	⑤ 事業所移転により通勤困難となった（なる）ため（旧(新)所在地：　　　　　　　）	
□ ……	⑥ その他（理由を具体的に　　　　　　　　　　　　　　　　　）	
● ……	(2) 労働者の個人的な事情による離職（一身上の都合、転職希望等）	
□ ……	5 その他（1～4のいずれにも該当しない場合）	
	（理由を具体的に　　　　　　　　　　　　　　　　　）	

具体的事情記載欄（事業主用）

転職希望による自己都合退職

⑯ ⑯離職者本人の判断（○で囲むこと）
事業主が○を付けた離職理由に異議　有り・無し
記名押印又は自筆による署名（離職者氏名）　加藤　聡　㊞

書式8 健康保険・厚生年金保険被保険者住所変更届

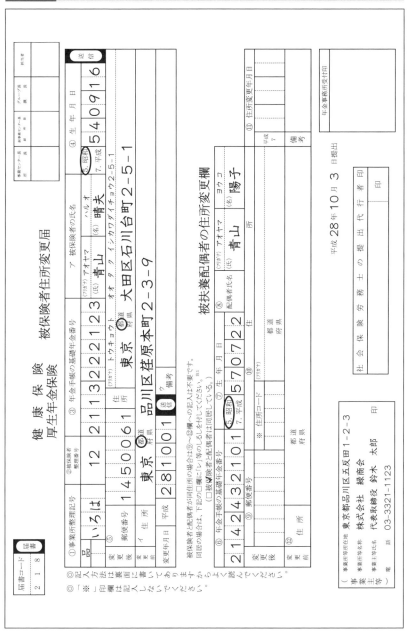

巻末 2 給与計算・源泉徴収にかかわる書式

書式9　算定基礎届（249ページ）

　定時決定時には算定基礎届、総括表、附表を事業所管轄の年金事務所に提出します。書式9は、被保険者数8人（社長山田一郎の他、正社員労働者として佐藤二恵・鈴木三佳・田中美四子・伊藤啓五、パートタイム労働者として山本豊六・小林七海・加藤八重の計8人）の事業所の算定基礎届です。

　算定基礎届では、支払基礎日数が17日以上ある月の報酬の平均額を算出します。なお、以下のケースでも同様となりますが、㋺㋩の欄には、協会けんぽと一部の健保組合では、記入しなくてもよいことになっています（本書では、参考のため記載しています）。

　また、㋑㋒の欄には5月19日以前に資格取得している者はすべてプリントされていますが、その内容が間違っている場合は、「氏名変更届」または「生年月日訂正届」を別途届け出るようにしましょう。

　山本豊六、小林七海、加藤八重のようなパートタイム労働者など、日給や時給で報酬額を決定する者については、㋗欄には出勤日数を記入します。また、㋛欄の報酬月額の総計や㋟欄の平均額の算定の方法も正社員と異なります。支払基礎日数が17日以上の月が全くなかった場合でも、15日以上の月が1か月でもあれば、その月だけで算定します。

　そして本ケースにはいませんが、15日以上の月が1か月もない場合には、従前の標準報酬月額で決定しますので㋛欄や㋟欄は記入を省略します。また、㋡欄には、「パート」と記載しておきましょう。

　なお、ケースでは、2表にわたっての記載となっているため、必ず

算定基礎届通番に、1枚目には「1」、2枚目には「2」と記載します。また、2表目以降は事業主の押印を省略します。

書式10　算定基礎届総括表（251ページ）

総括表の「報酬の種類」欄には、制度上（就業規則上または雇用契約上）支給されることがある報酬の種類をすべて記入します。書式に記載されていない場合には、「その他」に○をつけ、括弧内に名称を記載します。また、算定基礎届に該当する報酬が含まれていないときは、「いない」に○をつけます。

附表については、「1」欄には、常勤・非常勤を問わず役員となっている人やパートタイマー・アルバイトとして被保険者となっていない労働者も含めて、報酬を支払っているすべての人の人数を記載します。また、被保険者となっていない労働者や派遣労働者、請負労働者がいる場合には「3」「4」「5」の欄に人数などを記載する必要があります。雇用しているパートタイマーが社会保険の被保険者に該当する場合、総括表のク・ケ・コの欄にはパートタイマーも含めて記載します。

書式11　算定基礎届総括表附表（252ページ）

附表の「3」の「勤務（契約）期間」の欄については、雇用契約に期間の定めがあるときには、その期間を記入します。すでに1回以上更新している場合には、現在の契約満了時までの通算勤続期間を記入してください。

書式12　健康保険厚生年金保険被保険者賞与支払届（253ページ）／書式13　総括表（254ページ）

賞与支払日から5日以内に事業者が、「健康保険厚生年金保険被保険者賞与支払届」を管轄の年金事務所に届け出ます。添付書類は、「健康保険厚生年金保険賞与支払届総括表」（賞与を支払うごとに、賞

与を支払った従業員数や賞与額を合計した金額を保険者が把握するための書類）です。

標準賞与額には上限が決められており、健康保険については年額累計573万円（毎年4月1日〜翌年3月31日の累計）、厚生年金保険については1か月当たり150万円が上限になっています。健康保険の累計の関係上、上限573万円を超えていても実際に支払った額を届け出ることになります。資格取得月に支給された賞与については保険料がかかりますが、資格喪失月に支給された賞与については保険料がかかりません。資格取得と資格喪失が同じ月の場合は、資格取得日から資格喪失日の前日までに支払われた賞与について保険料がかかります。

書式14　労働保険概算・確定保険料申告書（255ページ）／
書式15　確定保険料算定基礎賃金集計表（256ページ）

事業主が毎年6月1日から7月10日までの間に手続きを行います。前年度の確定保険料と当年度の概算保険料を「労働保険概算・確定保険料申告書」に記載し、併せて申告・納付します。

労働保険料は、社員に支払う賃金の総額に保険料率（労災保険率＋雇用保険率）を乗じて算出された額です。しかし、社員のうち、雇用保険料の負担が免除となる高年齢継続被保険者や雇用保険の被保険者とならない者に対して支払った賃金がある場合には、労災保険に係る賃金総額と雇用保険に係る賃金総額とを区別して計算し、それぞれの保険料率を乗じて保険料を計算することになります。

賃金の総額については、「確定保険料算定基礎賃金集計表」を作成の上、保険料申告書の確定保険料算定内訳欄の労災保険分と雇用保険分の算定基礎額欄にそれぞれ転記します。概算・増加概算保険料算定内訳の算定基礎額欄については、賃金総額の見込額を記入することになります。見込額が前年度の賃金総額（確定保険料の算定基礎額）の50％以上200％以下である場合は、前年度の賃金総額（確定保険料の

算定基礎額）と同じ額を転記することになります。

　保険料率は業種によって異なります。労災保険についてはかなり細かく分類されています。一方、雇用保険については、一般の事業、農林水産の事業、建設の事業に大別されています。ただ、実務上は「年度更新」の時期に、都道府県労働局から送付されてくる保険料申告書に保険料率が印字されていますので、それに従い計算します。

　なお、年度当初に年度更新を行った場合、条件がそろえば、保険料を分割して納付することができます（延納）。概算保険料額が40万円（労災保険または雇用保険のどちらか一方の保険関係だけ成立している場合は20万円）以上の場合、または労働保険事務組合（事業主の委託を受けて、労働保険の事務を代行する中小事業主などの団体のこと）に労働保険事務の事務処理を委託している場合には、労働保険料を３回に分納できます。

書式16　給与所得の所得税徴収高計算書（一般分、257ページ）／書式17　給与所得の所得税徴収高計算書（納期特例分、257ページ）

　源泉所得税の納付の際、作成するのが「給与所得・退職所得等の所得税徴収高計算書」です。この計算書により、その月の給与等の支払年月日、人員（人数）、支給額、税額などを税務署に報告します。

　源泉徴収された所得税の金額は、あくまで概算であり、１年が終わってその年の給与所得が確定した時点で精算する必要があります。この手続きが年末調整です。年末調整による不足税額や超過税額がある場合には、算出税額から「年末調整による不足税額」または「年末調整による超過税額」を加減算して納付税額を計算します。

　作成した計算書は、納付書の役割を兼ねており、納付金額と併せて金融機関の窓口などへ提出します。納めるべき税額がない場合も所轄の税務署へ提出します。用紙は３枚一組の複写になっており、提出先から３枚目の「領収済通知書」に領収日の受領印が押印されたものを

受け取りますので、給与関係の書類と一緒に保管しておきましょう。

なお、常時使用する労働者が10人未満という要件を満たす小規模事業所については、源泉所得税の納付を年2回にまとめて行うこと（納期の特例）ができます。この特例を受けている事業者は1月1日から6月30日までの間に労働者から預かった源泉所得税を7月10日までに納付しなければなりません。7月1日から12月31日までの間に預かる源泉所得税は翌年1月20日までに納付することになります。一般分と納期特例分では、使用する様式が異なり、納期等の区分と支払い年月を記入する欄が異なります（257ページ下書式参照）。

書式18　給与所得・退職所得に対する源泉徴収簿（258ページ）

源泉徴収税額の計算と記録のために、「源泉徴収簿」を作成します。給与計算を行う都度、この源泉徴収簿に支給日、支給額、社会保険料等の額、源泉所得税の額を記入します。ただし必要事項が記載されているのであれば、オリジナルの給与台帳を利用してもかまいません。年度の途中で採用した社員の分についても、忘れずに作成しておくようにしましょう。源泉徴収簿は、税務調査などで提出を求められた場合に備えて保管しておくもので、通常はどこかへ提出する必要はありません。

なお、源泉徴収する税額についてですが、社員から「給与所得者の扶養控除等申告書」が提出されている場合は甲欄、提出されていない場合は乙欄となり、両者では税額が異なります。ただし乙欄が適用されるのは2か所以上の勤め先をもつ人の場合であるため、通常のフルタイムでの雇用であれば甲欄の適用となります。

書式9 算定基礎届（正社員とパートタイム労働者がいる場合）

健康保険 厚生年金保険 被保険者報酬月額算定基礎届

証書コード: 225
事業所整理番号: 0,1 ヤケサ
算定基礎届通番: 1

	⑦被保険者整理番号	①被保険者の氏名	⑦生年月日	①種別	⑨従前の標準報酬月額		⑩従前の改定月・原因
	算定基礎月の報酬支払基礎日数	⑦通貨によるものの額	⑦現物によるものの額	⊕合計	支払基礎日数17日以上の月の報酬月額の総計 / ⑪平均額 / ⑫修正平均額	⑬適用年月 / 決定後の標準報酬月額	備考 / 作成原因

Ⓐ
1	山田 一郎	5-450605		健 500千 厚 500千	27年9月11
4月31日	500,000円	0円	500,000円	1,500,000円	28年9月	
5月30日	500,000円	0円	500,000円	500,000円		
6月31日	500,000円	0円	500,000円	健 500千 厚 500千		

Ⓑ
2	佐藤 二恵	5-551220		健 260千 厚 260千	27年9月11
4月31日	250,000円	0円	250,000円	750,000円	28年9月	
5月30日	250,000円	0円	250,000円	250,000円		
6月31日	250,000円	0円	250,000円	健 260千 厚 260千		

Ⓒ
3	鈴木 三佳	5-551010		健 260千 厚 260千	27年9月11
4月31日	250,000円	0円	250,000円	750,000円	28年9月	
5月30日	250,000円	0円	250,000円	250,000円		
6月31日	250,000円	0円	250,000円	健 260千 厚 260千		

Ⓓ
4	田中 美四子	5-600430		健 200千 厚 200千	27年9月11
4月31日	200,000円	0円	200,000円	600,000円	28年9月	
5月30日	200,000円	0円	200,000円	200,000円		
6月31日	200,000円	0円	200,000円	健 200千 厚 200千		

Ⓔ
5	伊藤 啓五	5-610215		健 200千 厚 200千	27年9月11
4月31日	200,000円	0円	200,000円	600,000円	28年9月	
5月30日	200,000円	0円	200,000円	200,000円		
6月31日	200,000円	0円	200,000円	健 200千 厚 200千		

社会保険労務士記載欄

平成 28 年 7 月 10 日提出

受付日付印

事業所所在地 〒160-0000
東京都新宿区○○1-1-1
事業所名称　株式会社山田印刷
事業主氏名　代表取締役　山田一郎
電話　03（5555）局　5555 番

※※印欄は、記入しないでください。
◎記入方法並びに印字されている数字の説明が裏面にありますので、よく読んで記入してください。

健康保険 厚生年金保険 被保険者報酬月額算定基礎届

		事務センター長所長	副事務センター長副所長	グループ長課長	担当者

届書コード: 225　処理区分: ※

事業所整理記号: 0 1 - ヤケサ　社労士コード: 　　　算定基礎届通番: 2

	⑦被保険者整理番号	④被保険者の氏名	⑨生年月日	④種別	⑤従前の標準報酬月額	⑧従前の改定月・原因
	算定基礎月の報酬支払基礎日数	報酬月額 通貨によるものの額 / 現物によるものの額 / ⑪合計		支払基礎日数17日以上の月の報酬月額の総計 ⑫平均額 / ⑬修正平均額	⑭適用年月	⑮備考

	⑦	④	⑨	④	⑤健 / 厚	⑧
Ⓐ	6	山本 豊六	5-530525	健 134千 厚 134千		27年9月11
	4月15日	120,000円 / 0円 / 120,000円		136,000円	28年9月	パート
	5月16日	128,000円 / 0円 / 128,000円		136,000円		年　月
	6月17日	136,000円 / 0円 / 136,000円		健 134千 厚 134千		
Ⓑ	7	小林 七海	5-530910	健 134千 厚 134千		27年9月11
	4月16日	128,000円 / 0円 / 128,000円		248,000円	28年9月	パート
	5月15日	120,000円 / 0円 / 120,000円		124,000円		年　月
	6月14日	112,000円 / 0円 / 112,000円		健 126千 厚 126千		
Ⓒ	8	加藤 八重	5-540120	健 134千 厚 134千		27年9月11
	4月14日	112,000円 / 0円 / 112,000円		136,000円	28年9月	パート
	5月17日	136,000円 / 0円 / 136,000円		136,000円		年　月
	6月13日	104,000円 / 0円 / 104,000円		健 134千 厚 134千		
Ⓓ						年　月
	4月　日	円 / 円 / 円		円	年9月	年　月
	5月　日	円 / 円 / 円		円		
	6月　日	円 / 円 / 円		健　千 厚　千		
Ⓔ						年　月
	4月　日	円 / 円 / 円		円	年9月	年　月
	5月　日	円 / 円 / 円		円		
	6月　日	円 / 円 / 円		健　千 厚　千		

社会保険労務士記載欄　　　㊞

平成 28 年 7 月 10 日提出

受付日付印

事業所所在地　〒 160 - 0000　東京都新宿区○○1-1-1
事業所名称　株式会社山田印刷
事業主氏名　代表取締役　山田一郎　㊞
電話　03（5555）局 5555 番

※印欄は、記入しないでください。
※記入方法並びに印字されている数字の説明が裏面にありますので、よく読んで記入してください。

書式10 算定基礎届総括表（正社員とパートタイム労働者がいる場合）

健康保険 厚生年金保険 被保険者報酬月額算定基礎届 総括表

届書コード： 2 2 9

記入上の注意
ア、イ、ウ、※欄には記入しないでください。
※②欄には現在行っている事業について具体的に（機械器具製造業、卸売、小売、食堂など）記入してください。
③㉔について、この用紙で不足するときは、適宜用紙を補って記入し、本紙に添付してください。

⑦事業所整理記号	⑥事業所番号	⑧適用年度	㉔算定完了年月日	社労士コード	通番
01ヤケサ	10000	年	年 月 日		

総合調査又は会計検査院検査年月日	変更前の業態区分	業態	④事業の種類（変更の有無）	5月19日現在の被保険者数 男 / 女 / 計
年 月 日			印刷業　（有・㊙）	3人 / 5人 / 8人

本年6月1日から7月1日までに被保険者になった人	届書未記載の人で5月31日までに被保険者になった人	届書に記載されている人のうち6月30日までに退職した人	7月1日現在の被保険者総数（⑧＋⑨＋②－⑨）	差引届出者数（⑥－⑥）		7月に月額変更する人	8月に月額変更する人	9月に月額変更する人
0人	0人	0人	8人	8人		0人	0人	0人

報酬の支払状況欄

変更前の昇給月

⑨給与の支払日	毎月・当月・翌月　20日締切　25日支払	（支払日の変更の有無）有・㊙

昇給月（ベースアップを含む）	年　1回　4月　月　月　月	昇給月の変更の有無　有・㊙

報酬の種類（現在支給している給与等を○で囲むか、記入してください。）

		左の報酬を届に含めて いる / いない
固定的賃金	(基本給)・(月給)・日給・(時間給)など、家族手当、住宅手当、役付手当、物価手当、通勤手当、その他（　）	○
非固定的賃金	残業手当、宿日直手当、皆勤手当、生産手当、その他（　）	
現物給与 ⑩通勤定期券乗車券など	6ヶ月、3ヶ月、1ヶ月などの定期券、通勤回数乗車券	○
⑪食事、住宅、その他	食事（朝、昼、夜）、住宅、被服、その他（　）	○

⑫賞与など	賞与、期末手当、決算手当などの支給月　年　回（　月　月　月　月）　賞与などの支払月の変更の有無　有・無	送信	変更前の賞与支払予定月	直近の賞与支払月	備考

㉑ 7月1日現在、賃金・報酬を支払っている人のうち被保険者となっていない人	60歳未満の人	60歳以上の人	合計人数
	0人	0人	0人

※下記の①から④に印字されている区分・会社法人等番号を確認の上、訂正の必要がある場合や印字されていない場合は、「⑦訂正後」の⑤から⑧の各欄について、該当する事項を○で囲むまたは会社法人等番号を記入してください。個人事業所及び国・地方公共団体の場合は、①欄のみ確認ください。なお、⑥欄へ会社法人等番号を記入した場合は、法人（商業）登記簿謄本等のコピーを添付してください。

㋑個人・法人等区分	① 1	※1.法人、2.個人、3.国・地方公共団体、4.私学共済	⑤	1.法人　2.個人　3.国・地方公共団体　4.私学共済
㋺会社法人等番号	② 123456789012		⑥ 訂正後	
㋩本・支店区分	③ 1	※1.本店、2.支店	⑦	1.本店　2.支店
㋥内・外国区分	④ 1	※1.内国法人、2.外国法人	⑧	1.内国法人　2.外国法人

社会保険労務士の提出代行者印	氏名 / 所在地	㊞

平成28年7月10日提出　受付日付印

事業所所在地	東京都新宿区○○1-1-1
事業所名称	株式会社山田印刷
事業主氏名	代表取締役　山田一郎
電話番号	03-5555-5555

書式11 算定基礎届総括表附表（正社員とパートタイム労働者がいる場合）

健康保険／厚生年金保険　被保険者報酬月額算定基礎届　総括表附表（雇用に関する調査票）

事業所整理記号	事業所番号
01 ヤマケサ	10000

項番	業態分類
10	印刷業

※「事業所業態分類票」を参照して、項番及び業態分類を記入してください。（項番については、法人の場合は01～42、個人事業所の場合は51～91の数字から選択してください。）

1. 7月1日現在、賃金・報酬を支払っている人の人数を記入してください。　　8 人

2. 就業規則等で定めている一般従業員の勤務状況を記入してください。

1か月の勤務日数	1日の勤務時間
22 日	8 時間

3. 7月1日現在、賃金・報酬を支払っている人のうち被保険者となっていない人の内訳を記入してください。
（協会管掌健康保険又は厚生年金保険のいずれにも加入していない人の人数を記入してください。）

雇用形態	人　数				平均的な勤務状況		
	59歳以下	60～69歳	70歳以上	合計	1か月の勤務日数	1日の勤務時間	勤務（契約）期間
パートタイマー	人	人	人	0 人	日	時間	か月・定めなし
アルバイト	人	人	人	0 人	日	時間	か月・定めなし
外国人労働者	人	人	人	0 人	日	時間	か月・定めなし
その他（役員・嘱託等）	人	人	人	0 人	日	時間	か月・定めなし
後期高齢者医療制度に加入している人	0 人						

注1：該当者がいない場合は、合計欄に0人と記入してください。
注2：「パートタイマー」、「アルバイト」欄については、「外国人労働者」を除いた人数を記入してください。

4. 請負契約をしている人、派遣労働者、被保険者のうち海外で勤務している人について記入してください。

請負契約をしていて、自社の施設等を利用し業務を行わせている人がいる。	(いない)・いる（　　人）
派遣業者から派遣されている労働者がいる。	(いない)・いる（　　人）
海外（子会社等）で勤務している人がいる。	いない・いる（　　人）

5. 7月1日現在の事業所の適用形態について記入してください。

① 支社(店)、工場、出張所など複数の事業所を有している。（貴事業所が支社等の場合は、「いいえ」に○を付けてください。）	はい・いいえ
② 上記①で「はい」と回答された場合に記入してください。	
支社(店)、工場、出張所などの総数。	____か所
複数の事業所は、それぞれ事業所単位で適用されている。	はい・いいえ

事業所所在地　東京都新宿区○○1-1-1
事業所名称　株式会社山田印刷
事業主氏名　代表取締役　山田一郎

平成 28 年 7 月 10 日提出
受付日付印

提出上の注意
・算定基礎届を提出する際に、総括表と同時に提出してください。
・該当者がいない場合でも提出してください。

記入方法は裏面を参照してください

書式12 健康保険厚生年金保険被保険者賞与支払届

届書コード	事業区分			
265		健康保険厚生年金保険被保険者賞与支払届		

2265　　　　　　　　261215

事業所整理記号　品ABC　　　事業所コード　　　　賞与支払年月　26.12

	項番	被保険者整理番号	生年月日	賞与支払額	氏名
	1	5-390101		100	本上貴志　100,000　0
	2	5-501225		250	石川桜子　250,000　0
	3	5-590808		180	木村裕人　180,000
	4	5-440404		500	菅谷恭介　500,000　0

標準字体 **0 1 2 3 4 5 6 7 8 9**　平成 26 年 12 月 20 日提出

受付日付印

社会保険労務士記載欄

事業所所在地　〒141-0000
　　　　　　　東京都品川区五反田1-2-3
事業所名称　　株式会社　緑商会
事業主氏名　　代表取締役　鈴木　太郎
電　話　　　　03（3321）局　1123　番

※印欄は、記入しないでください。
○OCR枠への記入は、上記標準字体でお願いします。
○この書面は、機械処理されますので、汚したり折り曲げたりしないよう取り扱いに注意し、油性の黒色ボールペンを使用して丁寧に記入してください。
○記入方法並びに印字されている数字の説明が裏面にありますので、よく読んで記入してください。

巻末　日常業務で使う届出書式集　253

書式13 健康保険厚生年金保険被保険者賞与支払届総括表

届書コード	処理区分		健康保険
2 6 6		届書	厚生年金保険

被保険者賞与支払届
総括表

事務センター長所長	副事務センター長副所長	グループ長課長	担当者

① 事業所整理記号: 品ABC
② 事業所番号: 123456

社労士コード	賞与支払届通番

⑦ 賞与支払予定年月: 平成26年12月
③ 賞与支払年月: 平成 26 1 2
④ 支給・不支給: 支給 ⓪ / 不支給 1

④ 賞与を支給した被保険者数: 4 人
⑤ 賞与支給総額: 1030000 円

㋺ 被保険者人数: 9 人

㋑ 賞与の名称: 冬期賞与
㋩ 変更前の賞与支払予定月: 06月12月
㋥ 変更後の賞与支払予定月: 月 月
送信

平成 26 年 12 月 20 日提出

受付日付印

社会保険労務士記載欄

㊞

事業所所在地: 〒141-0000 東京都品川区五反田1-2-3
事業所名称: 株式会社　緑商会
事業主氏名: 代表取締役　鈴木　太郎　㊞
電話: 03 (3321) 局 1123 番

【記入上の注意】
1. ※印欄は、記入しないで下さい。
2. ④は、賞与の支払が有ったとき、支給「0」に九印を付けて下さい。
   また、支給が無かったとき、不支給「1」に九印を付けて下さい。
3. ㋺は、全被保険者の賞与支払届⑤欄「賞与額（合計）」を総計した額を記入して下さい。
4. ㋩は、賞与を支給した日現在の被保険者数を記入して下さい。
5. ㋥は、賞与、決算手当、期末手当のように支給した賞与の種類別にその名称を記入して下さい。
6. ㋭は、現在の賞与支払予定月が㋩の賞与支払予定月と異なるとき記入して下さい。
7. 賞与の支給が無い場合、㋩、㋭に記入しないで下さい。
8. 事業主の押印については、署名（自署）の場合は省略できます。
9. 本手続は電子申請による届出も可能です。なお、全国健康保険協会が管掌する健康保険及び厚生年金保険においては、本手続について、社会保険労務士が電子申請により本届書の提出を事業主に代わって行う場合には、当該社会保険労務士が当該事業者の提出代行者であることを証明することができるものを本届書の提出と併せて送信することをもって、当該事業主の電子署名に代えることができます。（当該届書は、賞与支払届の添付書類として送信して下さい。）

書式14 労働保険概算・確定保険料申告書

書式15 確定保険料算定基礎賃金集計表

労働保険番号	府県	所掌	管轄	基幹番号	枝番号
	13	1	09	654321	000

受入者数	0 名
出向者数	0 名
出向労働者の有無	

事業の名称	株式会社 緑商会
事業の所在地	東京都品川区五反田1-2-3
電話番号	03 (3321) 1123
郵便番号	141-0000
具体的な業務又は作業の内容	衣料品の小売業

労災保険・一般拠出金対象労働者数及び賃金

区分 月別	① 常用労働者 人 / 円	② 役員で労働者扱いの者 人 / 円	③ 臨時労働者 人 / 円	④ 合計 (①+②+③) 人 / 円
平成26年 4月	9 / 6,010,000	( )		
5月	9 / 6,150,650	( )		
6月	10 / 6,120,250	( )		
7月	10 / 6,145,100	( )	1 / 190,000	10 / 6,200,000
8月	9 / 6,210,355	( )	1 / 208,000	10 / 6,358,650
9月	8 / 6,250,628	( )	1 / 210,000	11 / 6,330,250
10月	8 / 6,310,124	( )	1 / 185,000	11 / 6,330,100
11月	9 / 6,210,254	( )	1 / 198,000	10 / 6,408,355
12月	9 / 6,110,000	( )	1 / 225,500	9 / 6,476,128
平成27年 1月		( )	1 / 235,500	9 / 6,545,624
2月		( )	1 / 196,000	10 / 6,406,254
3月		( )	1 / 168,000	9 / 6,278,000
賞与26年 7月	638,000	( )		638,000
26年12月	16,580,000	( )		16,580,000
年　月		( )		
合計	81 / 72,735,361	( ) 0	9 / 1,816,000	90 / 74,551,361

雇用保険対象被保険者数及び賃金

区分 月別	⑤ 被保険者 人 / 円	⑥ 役員で被保険者扱いの者 人 / 円	⑦ 合計 (⑤+⑥) 人 / 円	⑧ うち高年齢労働者分 人 / 円
平成26年 4月	9 / 6,010,000	- / -	9 / 6,010,000	2 / 385,005
5月	9 / 6,150,650	- / -	9 / 6,150,650	2 / 380,200
6月	10 / 6,120,250	- / -	10 / 6,120,250	2 / 416,000
7月	10 / 6,145,100	- / -	10 / 6,145,100	2 / 391,100
8月	9 / 6,210,355	- / -	9 / 6,210,355	2 / 398,895
9月	8 / 6,250,628	- / -	8 / 6,250,628	2 / 505,235
10月	8 / 6,310,124	- / -	8 / 6,310,124	2 / 485,265
11月	9 / 6,210,254	- / -	9 / 6,210,254	2 / 453,680
12月	9 / 6,110,000	- / -	9 / 6,110,000	2 / 435,000
平成27年 1月				
2月				
3月				
賞与26年 7月	638,000	( )	638,000	
26年12月	16,580,000	( )	16,580,000	
年　月		( )		
合計	81 / 72,735,361	( ) 0	81 / 72,735,361	18 / 3,850,380

備考

「労働保険　概算・確定保険料申告書」雇用保険被保険者数 ⑨÷12 (端数は切り捨て)
常時使用労働者数※1 ⑨÷12 (端数は切り上げ) 9 人
免状対象高年齢労働者数 ⑩÷12 (端数は切り上げ) 2 人

「労働保険　概算・確定保険料申告書」　算定・確定保険料に転記する額
労災保険・一般拠出金分 (A) 74,551 千円
雇用保険分 (B) 72,735 千円
※2 3,850 千円 68,885 千円

※1 船員法、波止場、岸壁、沖船、船舶により貨物の取扱いを行う事業にあっては当該年度の取扱貨物数量と同年度の所定労働日数に応じて得た労働者数。
※2 「労災保険分」欄の額と「雇用保険分」欄の額が同一の場合のみ、申告書⑧の(イ)に記入してください。申告書⑧の⑨の(ロ)又は(ハ)には記入不要。

書式16 給与所得の所得税徴収高計算書（一般分）

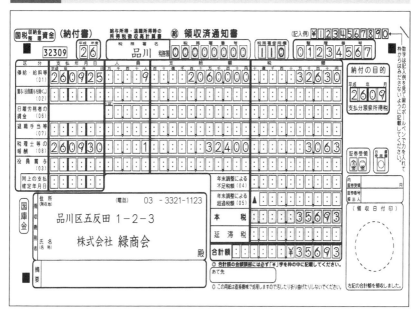

書式17 給与所得の所得税徴収高計算書（納期特例分）

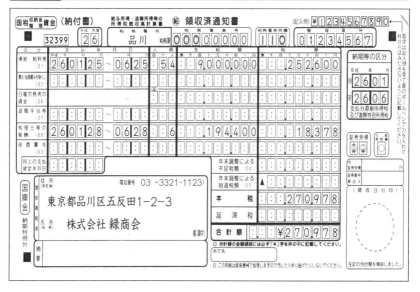

書式18 給与所得・退職所得に対する源泉徴収簿

平成27年分 給与所得・退職所得に対する源泉徴収簿

整理番号 03

所属: 営業課　職名: 営業職員　氏名: アオヤマ ハルオ 青山 晴夫（生年月日 昭和52年9月16日）
住所: 〒142-0063 東京都品川区荏原本町2-3-9

給料・手当等

区分	月日	総支給金額	社会保険料等控除後の給与等の金額	扶養親族等の数	算出税額	年末調整による過不足税額	差引徴収税額
給 1	1/24	250,000	36,467	213,533	1	3,640		3,640
料 2	2/25	250,000	36,467	213,533	1	3,640		3,640
3	3/25	250,000	36,467	213,533	1	3,640		3,640
4	4/25	250,000	36,467	213,533	1	3,640		3,640
5	5/23	250,000	36,467	213,533	1	3,640		3,640
6	6/25	250,000	36,467	213,533	1	3,640		3,640
7	7/25	250,000	36,467	213,533	1	3,640		3,640
8	8/25	250,000	36,467	213,533	1	3,640		3,640
計	7/10	① 250,000	② 21,400	228,600	1	③ 4,668		

賞与等

| 計 | | ④ | | | | | | |

年末調整

㋑ 給料・手当等の総額
㋺ 賞与等の総額
㋩ 給与所得控除後の給与等の金額
㊁ 配偶者の合計所得金額
㋭ 配偶者特別控除額
㋬ 社会保険料等の控除分 (給与等からの控除分①+②)
㋣ 小規模企業共済等掛金の控除分
㋠ 生命保険料の控除額
㋷ 地震保険料の控除額
㋦ 配偶者特別控除額
㋸ 扶養控除額、基礎控除額及び障害者等の控除額の合計額
㋾ 差引課税給与所得金額 (㋩-㋬-㋣-㋠-㋷-㋦-㋸) 及び算出年税額
㋻ (特定増改築等) 住宅借入金等特別控除額
㋕ 年調所得税額 (㋾-㋻、マイナスの場合は 0)
㋖ 年調年税額 (㋕×102.1%) (100円未満切捨て)
㋗ 差引超過額又は不足額 (㋖-③)
超過額の精算 本年最後の給与から徴収する税額に充当する金額
　　　　　未払給与に係る未徴収の税額に充当する金額
　　　　　差引還付する金額 (㋗-㋘-㋙)
　　　　　同上のうち本年中に還付する金額
　　　　　　　　翌年において還付する金額
不足額の精算 本年最後の給与から徴収する金額
　　　　　翌年に繰り越して徴収する金額

※この様式は、平成26年9月1日現在の所得税法等関係法令の規定に基づいて作成してあります。

巻末 3 その他労働関係の書式

書式19　時間外労働・休日労働に関する協定届（261ページ）

　法定労働時間を超えて時間外労働、休日労働を行う場合、労使協定（三六協定）を定めなければなりません。「延長することができる時間」については、1日の労働時間の上限が法律上定められていないため、24時間から法定労働時間（8時間）と休憩時間（1時間）を差し引いた15時間で申請するケースが実務上は多く見られます。「時間外労働・休日労働に関する協定届」は、締結するだけでなく、事業所を管轄する労働基準監督署への届出が必要です。三六協定を結ぶとしても、1か月あるいは1年といった期間内に時間外労働をさせてよい時間の上限が定められており、これを「時間外労働の限度基準」といいます。時間外労働の限度は一般の労働者の場合、以下の通りです。

> 1週間：15時間、2週間：27時間、4週間：43時間、1か月：45時間、2か月：81時間、3か月：120時間、1年間：360時間

　しかし実際の事業活動の中で、どうしても限度時間を超過してしまうこともあり、臨時的な特別な事情があるときは、「特別条項付き時間外・休日労働に関する協定」を締結し、限度時間を超えて時間外労働時間の上限時間を設定することができます。特別な事情は臨時的なものを前提としていますので、一時的または突発的な事情であることが必要です。また、限度時間を超える時間外労働を実施しようとしている期間が、全体として1年の半分を超えないことが見込まれるようなものでなければなりません。具体的には、①予算、決算業務、②

ボーナス商戦に伴う業務の繁忙、③納期のひっ迫、④大規模なクレームへの対応、④機械のトラブルへの対応が挙げられます。一方、業務上必要なとき、使用者が必要と認めるとき、などといった抽象的で事由が特定されていないものは、臨時的なものとして認められません。

また、特別条項がある場合には、限度時間は定められていませんが、近年急増している長時間残業に起因するメンタル不調の予防の観点から、あまり長時間になりすぎないように、また連続して何か月も長時間残業が続かないような配慮が必要です。

書式20　就業規則（変更）届（262ページ）

従業員が10人以上の企業には、就業規則の作成義務があります。就業規則を作成した場合には、ⓐ労働者の過半数を代表する労働組合または労働者の過半数を代表する労働者の意見を聴取する、ⓑ労働基準監督署に届け出る、ⓒ対象となる労働者全員に周知する、といった手続きが必要になります。この手続きは、初めて就業規則を作成した場合に加え、変更をするたびに必要とされます。

なお、労働基準監督署に届け出る際は、正副2部の就業規則を作成します。そのうち一部（正本）は労働基準監督署に提出し、副本の方は受理印をもらい、会社に就業規則原本として保管します。

書式21　意見書（263ページ）

就業規則を作成または変更した際に、労働組合または労働者の過半数を代表する労働者の意見を聴き、就業規則に添付した上で労働基準監督署に届出する書類です。この「意見を聴く」ことの解釈には「同意する」ことまで要求されていないため、反対意見が付されていても差し支えありません。しかし、不利益変更の場合には、不利益の対象となる労働者の同意が必要と解されます。

書式19 時間外労働・休日労働に関する協定届（特別条項付）

様式第9号（第17条関係）

時間外労働 ・ 休日労働 に関する協定届

事業の種類	事業の名称	事業の所在地（電話番号）		
ソフトウェア開発業	日本パソコン株式会社	東京都港区芝中央1-2-3（03-3487-6543）		

	時間外労働をさせる必要のある具体的事由	業務の種類	労働者数（満18歳以上の者）	所定労働時間	延長することができる時間		期間
					1日	1日を超える一定の期間（起算日）	
① 下記②に該当しない労働者	臨時の受注、納期変更	設計	10人	1日8時間	10時間	45時間 360時間	平成28年4月1日より一年間
	月末の決算事務	経理	5人	同上	6時間	45時間 360時間	同上
② 1年単位の変形労働時間制により労働する者	臨時の受注、納期変更	企画	10人	同上	6時間	42時間 320時間	同上

	休日労働をさせる必要のある具体的事由	業務の種類	労働者数（満18歳以上の者）	所定休日	労働させることができる休日並びに始業及び終業の時刻	期間
	臨時の受注、納期変更	設計	10人	毎週土日	法定休日のうち1か月に1日、8:30～17:30	平成28年4月1日より一年間

<特別条項>
設計の業務において、通常の生産量を大幅に超える受注が集中し、特に納期がひっ迫したときは、労使の協議を経て、1か月に80時間まで、1年について450時間まで上記の時間を延長することができる。この延長時間をさらに延長できる回数は1年間に6回までとする。なお、1か月45時間を超えた場合の割増賃金率は25％とし、1か月60時間を超えた場合の割増金率は50％とする。

協定の成立年月日 平成28年 3月 12日

協定の当事者である労働組合の名称又は労働者の過半数を代表する者の 職名 設計課主任
氏名 川野 三郎

協定の当事者（労働者の過半数を代表する者の場合）の選出方法（　　　　　）

平成28年 3月 15日

使用者 職名 代表取締役社長
氏名 山田 太郎　印

三田 労働基準監督署長殿

記載心得
1 「業務の種類」の欄には、時間外労働又は休日労働をさせる必要のある業務を具体的に記入し、労働基準法第36条第1項ただし書の健康上特に有害な業務について協定をした場合には、当該業務の他の業務と区分することとすること。
2 「延長することができる時間」の欄の記入については、次のとおりとすること。
(1)「1日」の欄には、労働基準法第32条から第32条の5まで又は第40条の規定により労働させることができる最長の労働時間を超えて延長することができる時間であって、1日についての限度となる時間を記入すること。
(2)「1日を超える一定の期間」の欄には、労働基準法第32条の2から第32条の5まで又は第40条の規定により労働させることができる最長の労働時間を超えて延長することができる時間について、その上記に当該機関についての限度の期間及び1年以内の限度の期間について協定する場合は3箇月以下の期間及び1年間についての延長の限度の時間を記入すること。
3 ②の欄は、労働基準法第32条の4の規定による労働時間により労働する者（対象期間が3箇月を超える1年単位の変形労働時間制により労働する者に限る。）について記入すること。
4 「労働させることができる休日並びに始業及び終業の時刻」の欄には、労働基準法第35条の規定による休日であって労働させることができる休日の日数並びに当該休日の労働の始業及び終業の時刻を記入すること。
5 「期間」の欄には、時間外労働又は休日労働をさせることができる期間の属する期間を記入すること。

書式20 就業規則変更届

就業規則(変更)届

平成 27 年 11 月 2 日

　　　　大田　　　労働基準監督署長　殿

　今回、別添のとおり当社の就業規則を制定・変更いたしましたので、意見書を添えて提出します。

　主な変更事項

条文	改　正　前	改　正　後
社員就業規則第53条(時間単位の年次有給休暇)	(3) 時間単位年休は、2時間単位で付与する。	(3) 時間単位年休は、<u>1時間単位</u>で付与する。
パートタイム労働者就業規則第9条(正規社員への登用)	2 正規社員として登用した場合、正規従業員の就業規則第〇条に定める退職金の算定上、パートタイム労働者の期間は勤続年数に通算しない。	2 正規社員として登用した場合、<u>会社が認めた場合を除き、</u>正規従業員の就業規則第〇条に定める退職金の算定上、パートタイム労働者の期間は勤続年数に通算しない。

労働保険番号	都道府県	所轄	管轄	基幹番号	枝番号	被一括事業番号
	0 0	0 0	0 0	0 0 0 0 0 0	0 0 0	

ふりがな 事　業　場　名	たまりばーかぶしきがいしゃ 多摩リバー株式会社		
所　在　地	東京都大田区東多摩川1-2-1　TEL 03-〇〇〇〇-〇〇〇〇		
使用者職氏名	代表取締役社長　川崎　一男　　　　　　　　　　㊞		
業種・労働者数	小売業	企業全体　　83 事業場のみ　20	人 人

〔前回届出から名称変更があれば旧名称
　また、住所変更もあれば旧住所を記入。〕

書式21 意見書

意 見 書

平成27 年 10 月 30 日

多摩リバー株式会社
代表取締役社長　川崎　一男 殿

　平成23年3月22日付をもって意見を求められた就業規則変更案について、下記のとおり意見を提出します。

記

対象となる規程
　1. 社員就業規則
　2. パートタイム労働者就業規則

上記規程の変更につき、全く異議はなく、同意いたします。

　なお、1については、社員を集め意見聴取をし、2については、パートタイム労働者を集め意見聴取をしましたが、異論は出ませんでした。

以上

労働組合の名称又は労働者の過半数を代表する者の
労働者の過半数を代表する者の選出方法（　従業員の互選により選出　　　　）

職名　一般事務職
氏名　従業員代表　品川　二郎 ㊞

【監修者紹介】
加藤　知美（かとう　ともみ）

社会保険労務士。愛知県社会保険労務士会所属。愛知教育大学教育学部卒業。総合商社、会計事務所、社会保険労務士事務所勤務を経て、「エスプリーメ社労士事務所」を設立。
総合商社時代は、秘書・経理・総務が一体化した管理部署のリーダーとして指揮を執り、苦情処理に対応。人事部と連携し、数々の社員面接にも同席。会計事務所、社会保険労務士事務所勤務時代は、顧問先の労務管理のかたわら、セミナー講師としても活動。
監修書に『図解で早わかり　総務・人事・労務の法律と手続き』『最新版　医療保険・介護保険・年金の知識と疑問解決マニュアル157』『就業規則と社内規程実務マニュアル』『図解で早わかり　労働安全衛生法のしくみ』『セクハラ・パワハラ・マタハラをめぐる法律とトラブル解決法130』（小社刊）などがある。

エスプリーメ社労士事務所
専門知識をわかりやすく伝え、理解を得ることをモットーに、文章能力を活かしたオリジナルの就業規則・オリジナルの広報誌作成事業の2本柱を掲げ、企業の支援に取り組んでいる。
TEL：052-720-5533　FAX：052-720-5534
http://esprimesr.wix.com/esprime-sr-office

重要事項&用語　図解
最新　会社で使う
社会保険・給与計算・労務法律用語辞典

2016年7月10日　第1刷発行

監修者　　加藤知美（かとうともみ）
発行者　　前田俊秀
発行所　　株式会社三修社
　　　　　〒150-0001　東京都渋谷区神宮前2-2-22
　　　　　TEL　03-3405-4511　FAX　03-3405-4522
　　　　　振替　00190-9-72758
　　　　　http://www.sanshusha.co.jp
　　　　　編集担当　北村英治
印刷・製本　萩原印刷株式会社
©2016 T. Katou Printed in Japan
ISBN978-4-384-04685-4 C2032

R〈日本複製権センター委託出版物〉
本書を無断で複写複製（コピー）することは、著作権法上の例外を除き、禁じられています。本書をコピーされる場合は事前に日本複製権センター（JRRC）の許諾を受けてください。
JRRC（http://www.jrrc.or.jp　e-mail：jrrc_info@jrrc.or.jp　電話：03-3401-2382）